高校社科文库
University Social Science Series

教育部高等学校
社会科学发展研究中心

汇集高校哲学社会科学优秀原创学术成果

搭建高校哲学社会科学学术著作出版平台

探索高校哲学社会科学专著出版的新模式

扩大高校哲学社会科学科研成果的影响力

全球主义批判与
当代中国意识形态建设

申小翠／著

A Critique on Globalism and the
Construction of Socialism Ideology in
Contemporary China

光明日报出版社

图书在版编目（CIP）数据

全球主义批判与当代中国意识形态建设 ／ 申小翠著 .
－－北京：光明日报出版社，2011.6（2024.6 重印）

（高校社科文库）

ISBN 978－7－5112－1268－9

Ⅰ . ①全… Ⅱ . ①申… Ⅲ . ①全球化—研究②社会意
识形态—研究—中国—现代 Ⅳ . ①C913②D092.7

中国版本图书馆 CIP 数据核字（2011）第 105534 号

全球主义批判与当代中国意识形态建设

QUANQIU ZHUYI PIPAN YU DANGDAI ZHONGGUO YISHI XINGTAI JIANSHE

著　　者：申小翠

责任编辑：田　苗　杜　星　　　　责任校对：王沈洁　李　勇

封面设计：小宝工作室　　　　　　责任印制：曹　净

出版发行：光明日报出版社

地　　址：北京市西城区永安路 106 号，100050

电　　话：010-63169890（咨询），010-63131930（邮购）

传　　真：010-63131930

网　　址：http：//book.gmw.cn

E－mail：gmrbcbs@gmw.cn

法律顾问：北京市兰台律师事务所龚柳方律师

印　　刷：三河市华东印刷有限公司

装　　订：三河市华东印刷有限公司

本书如有破损、缺页、装订错误，请与本社联系调换，电话：010-63131930

开　　本：165mm×230mm

字　　数：274 千字　　　　　　　印　　张：15.25

版　　次：2011 年 7 月第 1 版　　　印　　次：2024 年 6 月第 2 次印刷

书　　号：ISBN 978－7－5112－1268－9－01

定　　价：68.00 元

CONTENTS 目 录

导 论

一

意识形态是一个内涵非常复杂因而颇具争议的概念。而且，意识形态从来就不仅是一个纯粹的理论问题，而是一个关乎国家的政权巩固与社会稳定，关乎一个民族的精神状态和价值观念的重大现实问题。因此，在现代的思想家中，无论是无产阶级的代表者马克思还是资产阶级的代言人马克斯·韦伯、涂尔干等，都特别强调意识形态对于一个社会的维系和良性运行中的不可替代的重要作用。

尤其是在人类走过了以大刀长矛争夺土地资源的农业社会，走过了利用坚船利炮掠夺矿产资源的工业社会，步入了以知识经济为基础的信息时代时，"有吸引力的文化、政治价值观和政治制度、被视为合法的或有道义威信的政策等"①，这些软力量更成为了扩展国家利益的重要手段。如约瑟夫·奈所说，对于现代大国来说，单纯依靠传统的经济威胁、军事讹诈等强制性手段，将付出极为高昂的代价，等于是用导弹攻击自己的投资。相比之下，依靠文化、意识形态、国际机构准则与社会制度等"软实力"，尤其是利用其中的文化传播之类的无形力量，利用大量制造的文化产品和现代传播工具，从观念上、感情上、心理上影响别国人民，则是一种代价小却收获明显的替代性方式。这种无形的力量虽然不如导弹驱逐舰护卫下的货轮那样气势汹汹，却能够弥散于全球

---

① ［美］约瑟夫·S. 奈：《硬权力与软权力》，门洪华译，北京大学出版社 2005 年版，第 6 页。

各个角落，影响千百万人的思想感情，从而最终改变导弹和货轮的归属。①

正因为如此，虽然"冷战"已经结束，但西方发达国家尤其是美国并没有放弃其意识形态战略，而只是将其战略重点做了调整，从反对共产主义意识形态转变为反对与西方文明异质的一切文明。因此，西方发达国家把促进西方资本主义意识形态在国外的传播，维护和推动其文化价值观的全球统治，作为其冷战后称霸全球的战略部署的重要组成部分之一。也正因为如此，美国等国家总是根据具体的历史条件，不断更换其意识形态的面纱，不断增强其意识形态的欺骗性，淡化其所宣称的意识形态在人民心目中的意识形态实质。在经济全球化趋势深入发展的背景下，这种意识形态又换上了一副新面孔——"全球主义"（globalism）。

具体言之，"全球主义"就是西方发达国家借助一系列全球性现象的出现，打着"全球意识"、"全人类共同利益"的幌子，为张扬其政治制度、经济制度和文化价值的普世意义，炮制出来的一种新型的资产阶级意识形态表现形式。西方发达国家制造全球主义意识形态的根本目的，就是操纵处于现代进行时态中的全球化的方向和进程，推动全球化向西方化、美国化的方向发展，用西方的特别是美国的经济模式、政治制度和价值观念统治全球，构建一个以美国为首西方发达国家"稳定获利"的全球模式。② 西方资产阶级意识形态以全球主义的新样态出现，使其具有更大的隐蔽性和虚伪性，更易迷惑人。美国学者埃里克·方纳一语道破了美国推广全球主义价值观的效果：当前世界上"其他国家中的许多人也把美国看作是自由的化身，并竭力仿效和追求美国的价值观以及那些支撑这些价值观的体制——包括民主政府、自由的市场经济、基于平等公民权之上的法律制度等。"③ 由此可以看出，这种已经变了味的"普世主义"、"全球主义"价值观，正在侵蚀着广大发展中国家的民族认同和国家利益。

中国既是一个发展中国家，又是当今世界上的社会主义大国。这种双重性质决定了全球主义对我国社会造成的冲击将更为严重，并直接威胁到中华民族几千年中积累的民族文化传统，可能导致我国丧失当前正在进行的将社会主义

---

① 参见［美］约瑟夫·S.奈：《美国定能领导世界吗》，何小东等译，军事译文出版社1992年版，第144～161页。

② 韩源：《全球化背景下维护我国文化安全的战略思考》，《毛泽东邓小平理论研究》2004年第4期。

③ ［美］埃里克·方纳：《美国自由的故事》，王希译，商务印书馆2002年版，中文版序言。

文化与民族传统文化有机结合的努力所获得的成果。

可是，在国内政治界和理论界，有人对全球主义渗透可能产生的上述严重后果并没有理性的认识：要么对其麻木不仁，浑然无觉；要么消极对待，希冀通过"无为而无不为"的方式，实现社会主义意识形态的成功建设；要么因社会主义阵营瓦解、原苏东地区进入西方资产阶级意识形态文化圈，西方资产阶级文化共同体得到空前扩张，而马克思主义作为一种意识形态的影响力却有所下降，以及我国打开国门，主动参与经济全球化进程、积极进行市场经济体制改革等原因，而羞于批判全球主义意识形态，甚至不顾中国国情，热衷于把全球主义意识形态的神话照搬到中国，自觉地与西方宣扬的论调一唱一和。

一言以蔽之，与美国等西方国家不断操纵意识形态的做法恰恰相反，在我国，一方面是官方对意识形态建设的高度重视，另一方面却是马克思主义意识形态和中国传统优秀文化建设在民间的弱化，"消解主流意识形态"、"陶醉于淡化意识形态的全球一家"的气氛正在蔓延。如果放任上述弱化社会主义意识形态的错误思潮的泛滥，必然使民族性、国家性、社会主义性在思想领域中的地位式微，最终影响到整个中华民族的凝聚力和发展合力，中国可能因此自觉或不自觉地跌入由美国等西方发达国家所设置的新殖民主义陷阱！因此，在经济全球化以及全球主义甚嚣尘上的背景下，社会主义意识形态和中国优秀传统文化如何实现自身的建设，重建国民的民族认同感和社会主义认同感，成功抵制和反击全球主义的挑战，是当前我国理论界的一个重要课题！

二

冷战后，经济全球化是当今世界的一个最为显著的变化趋势。全球化已经成为世界学术界的共同主题，掀起了经久不衰的研究热潮，至今仍是方兴未艾，继续向纵深推展，相关文献浩如烟海。

西方对全球化的研究从 20 世纪 80 年代就已开始，其研究触角无所不及，研究内容纷繁复杂，包揽了对全球化的动因、历史进程，全球化的内容和特点，全球化的后果和前景，全球化与现代性、后现代性，全球化与本土化，全球化与民族国家，全球化与资本主义制度的矛盾，全球化与社会主义的历史命运，全球化与反全球化等几乎所有相关问题。1993 年，亨廷顿的《文明的冲突》的发表，在国际理论界、学术界引起了强烈的反响，使全球化与地方性文化的关系，成为了深入研究全球化问题的重点，文化霸权主义与民族文化的冲突、外来文化与本土文化的冲突等问题更是引起了学者们的高度重视。

我国的全球化研究则迟至20世纪90年代初才开始，经过了一个对西方全球化基本理论的转译、理解的阶段后，学者们开始关注全球化与中国的历史命运，从政治、经济、文化、国际关系等不同角度，探讨了全球化与中国改革开放和现代化建设的关系。20世纪末，文化全球化成为全球化研究中的热门话题，主要聚焦于以下几个问题上。

（1）围绕经济全球化探讨价值认同。有些学者对全球化背景下的文化冲突、文明变迁以及自我认同做了详尽的探讨。① 有学者认为，迄今为止，全球化中的价值认同实质上是对发达国家和西方社会所倡导的价值的认同，而这种性质的价值认同必然导致不同价值观之间的冲突，价值认同与价值冲突并存于全球化过程之中②，两者同时并存的根源在于不同价值主体在价值追求中的多样性和一元性的统一③。为正确对待这种认同与冲突的关系，我们应以马克思的"世界历史理论"为基础，在深入研究历史和现实的基础上，探索能够拥有自身风格的全球化理论和观念，用以指导国内文化建设和对外文化交流。④换言之，探索我国转型期符合世界文化发展潮流的价值观建设机制已为当务之急。⑤

（2）全球化背景下国家文化尤其是文化产业的发展问题。有学者认为，文化产业是文化全球化的现代形态，它是我国参与国际经济分工、提升国家竞争能力、建构先进文化体系的重要途径。⑥ 全球化对我国传统民族文化和文化产业的冲击颇大，学者们普遍呼吁发展壮大中国文化产业，以抵制西方强势文化利用资本、技术和市场优势对我国文化的渗透、控制和强行"市场准入"。为了从根本上维护中国的文化安全，有人提出要把中华民族的文化资源与各种优质资本、技术、专利、人才、品牌等加以整合优化，熔铸提升，形成强大的文化产业竞争力，为中华民族的振兴和人类文明的进步做出应有的贡献。⑦《2010年文化产业发展报告》则建议，要全面深化改革来推动文化产业发展模式转型，为我国文化产业的可持续发展奠定稳定的制度基础和形成完善的政策

① 苏国勋、张旅平、夏光：《全球化：文化冲突与共生》，社会科学文献出版社2006年版。
② 汪信砚：《全球化中的价值认同与价值观冲突》，《哲学研究》2002年第11期。
③ 王伦光：《论全球化背景下价值认同与价值冲突的根源》，《理论与改革》2008年第3期。
④ 李德顺：《全球化中的价值冲突与我们的战略》，《社会科学管理与评论》2003年第1期。
⑤ 贺善侃：《经济全球化背景下的价值认同与冲突》，《毛泽东邓小平理论研究》2003年第5期。
⑥ 王琳：《文化的全球化及文化产业的全球竞争策略》，《天津大学学报》2006年第2期。
⑦ 花建等著：《文化产业竞争力》，广东人民出版社2005年版。

保障。①

（3）全球化背景下的意识形态问题。冷战结束后，在新一轮全球化浪潮中，广大学者认为西方"反共主义"意识形态战略并没有改变，只是在手段和方式上出现一些新变化，使其战略更具有隐蔽性、迷惑性和欺骗性。刘建飞在《美国与反共主义》一书中详细分析了冷战后西方推进自由民主、进行人权外交、实施"新干涉主义"这些对外政策中的反共主义因素。有学者一针见血地指出，通过话语霸权和网络技术"于无声处"推广西方文化和生活方式，是全球化时代资本主义意识形态的新特点。② 国际意识形态领域内出现的这些新变化，使中国的社会主义意识形态建设面临更加复杂的情势，如何应对西方资产阶级意识形态的渗透成为了当前政策界、学术界、理论界共同关注的话题。有学者指出：要确保社会主义意识形态安全和社会主义本质不变，就要认真面对全球化带来的意识形态冲击，确立科学的国家意识形态教育和发展战略；就要强化意识形态斗争的自觉性，坚持社会主义意识形态的主导地位；就要在积极参与全球意识和全球价值的形成中不断增强全球竞争力，在积极参与现代民族文化的构建中不断增强民族凝聚力，在积极服务中国特色社会主义建设的伟大实践中不断增强现实说服力。③

从以上讨论中我们不难发现，我国学者在关注经济全球化下我国文化安全问题时，更多的是关注中国文化产业的发展，对意识形态问题的关注则较多集中于研究当前意识形态领域内斗争的特点、方式的新变化以及如何应对西方的意识形态渗透；而对"全球主义"——所谓的"当今世界的主导主义"④ ——对社会主义意识形态的冲击问题还少有涉猎。虽然全球主义这个词不停地出现在诸多学者的笔下，但除了国际关系领域中有所研究外，其他学科中还未曾对其进行过系统、全面的阐述。而且，即使国际关系领域的一些影响较大的全球主义研究成果，如蔡拓的《全球化专题：全球主义与国家主义》，朱锋的《关于区域主义与全球主义》，也都只是从全球主义与国家主义、全球主义与区域主义的关系来展开论述，而未讨论全球主义的意识形态性以及全球主义与我国社会主义意识形态之间的冲突关系。有鉴于此，本文的研究重点在

① 张晓明等：《2010 年中国文化产业发展报告》，社会科学文献出版社 2010 年版。

② 沈湘平：《全球化的意识形态陷阱》，《现代哲学》1999 年第 2 期。

③ 刘宝村：《全球化的挑战和国家意识形态教育战略》，《马克思主义与现实》2008 年第 2 期。

④ ［新西兰］迈克尔·穆尔：《"全球主义"不应被"妖魔化"：博鳌亚洲论坛一言集》，新华网，2003 年 11 月 4 日。

于：全球主义的意识形态本质及其与当代中国社会主义意识形态之间的关系，以及我国社会主义意识形态建设的战略和策略选择。

三

本书以唯物史观为指导，在坚持理论与实践相一致的原则基础上，运用马克思主义的阶级分析方法、矛盾分析方法和系统分析方法，汲取社会学、政治学、国际关系等多学科的知识，吸收当今社会理论、政治理论与意识形态研究的最新成果，在对全球主义的来源、流变、当今表现形式、本质，以及全球主义对社会主义意识形态的冲击进行系统分析的基础上，提出了加强社会主义意识形态建设的若干战略和策略选择。包括导言和余论，本书共分七章，具体结构如下：

第一章论述意识形态的内涵、特点和功能等基本理论问题，并从分析阶级社会中意识形态的历史演进的一般规律切入，得出科学社会主义的产生是意识形态领域内的革命性变革的结论。

第二章对经济全球化条件下国际意识形态格局的变化及现状进行分析。本章从经济全球化条件下世界经济联系日益紧密、政治"一超多强"的现状、文化"多元化"的发展趋势出发，阐述了经济全球化条件下国际意识形态领域呈现出的新特点，分析了资本主义意识形态强势地位和社会主义意识形态弱势地位的暂时性，论述了社会主义制度取代资本主义制度以及社会主义意识形态代替资本主义意识形态的历史必然性。并进一步指出，经济全球化在为社会主义意识形态的发展与创新提供重要历史机遇的同时，也不得不面对"和平演变"和"文化霸权主义"双重挑战的压力。

第三章对全球主义的历史流变、一般特征、在经济全球化条件下勃兴的原因、基本主张、推销方式等作了系统梳理，并对其实质进行了揭露与批判。本章首先比较分析了国际主义、世界主义、全球主义等概念之间的区别和关联，然后转入对全球主义理论渊源的追溯，指出"世界帝国论"、"普遍主义"等固有的反爱国、反民族的趋向都在全球主义思想中有所表现。再进一步分析了全球主义是西方发达国家——当今主要是美国，借助全球化浪潮下不断涌动的全球性现象和世界共产主义运动暂时处于低潮时期的时机，开始其意识形态形式的新一轮蜕变，它借助因特网、文化产品等灵活多样的新方式垄断社会理论话语权，对其他国家的文化进行新一轮的轰炸；揭露出它以普遍主义的姿态，要求建立统一的全球市场，鼓吹建立世界政府等主张的根本目的，即削弱民族国家主权，为美国牟取全球利益扫清路障。

第四章重在分析全球主义在中国滋生的原因，所产生的错误思潮及其潜在的危害。本章指出，全球主义事实上已经对我国社会主义意识形态构成了严重的危害。近年来我国思想领域开始盛行"普世价值论"，支持西方国家以"人权"为借口来干预我国内政的"人权高于主权论"，叫嚣民族国家在全球化时代已经过时，应该最小化，代之以接受世界政府的领导的"民族国家空心论"，声称历史将终结在自由资本主义阶段，马克思主义已经不适合人类社会的发展要求的"马克思主义过时论"，认为只有全盘私有化才是中国市场经济改革的正道的市场浪漫主义，以及提出要用"儒家社会主义代替中国特色社会主义"、以"宪政民主代替四项基本原则"的政治浪漫主义，都是全球主义在我国意识形态领域内的投影。本章详细分析了社会主义意识形态建设的失误、"理念崇拜"的历史心态、对参与经济全球化的误解等因素造成了全球主义在我国的蔓延。并明确指出，苏东原社会主义国家盲目认可全球主义，最终导致了解体的命运，我们若不从中吸取教训，盲目认可全球主义，就有可能产生使我国市场经济体制改革偏离社会主义方向，削弱民族认同，最终使中国沦为发达资本主义国家的新殖民地的严重后果。

第五章结合时代背景和中国现实国情，重在探讨如何努力加强社会主义意识形态建设，提升自身的吸引力和解决问题的能力，获得相对于全球主义意识形态的比较优势。具体地看，社会主义意识形态建设可以从三个层面来分析。在基本原则上，必须以马克思主义为基本指导思想，以服务中国特色社会主义现代化建设为基本目标，坚持"二为"方向与"双百"方针相统一的基本原则，坚持社会主义核心价值体系的主导地位与其他相关意识形态的多样性的统一。在基础性结构上，应该通过推进构建社会主义和谐社会，实现社会主义意识形态的核心内容同社会建设现实之间的不断接近和对接，来增强社会主义意识形态的说服力，增进民众的政治认同和民族国家认同。在具体建设策略上，首先是要实现"三个创新"，即通过实施马克思主义理论研究和建设工程、优秀传统文化与马克思主义合成研究的综合创新工程等来实现内容创新；通过改革文化体制、建构高度有效的社会主义意识形态的运行和传播机制等来实现形式和手段创新；特别是要在信息社会背景下，根据互联网络的运行和信息传播规律和机制来创新社会主义意识形态传播方式。在社会主义意识形态的对外交流和传播中，一方面我们要坚持"和而不同"的文化交流原则，倡导世界文化交往的新规则，同世界各国开展"求同存异"的文化交流；另一方面，我们要主动出击，利用21世纪以来全球反思和检讨新自由主义带来的恶果和反对霸权主义、中国崛起与美国陷入金融危机成为千夫所指对象的历史机遇，铁肩担道义，树立负责任的大国形象，推动"和谐世界"的建设，同时应该积极总结和向世界介绍"中国经验"，即中国模式、中国道路、"北京共识"，向世界表明全球主义和"华盛顿共识"的有限性和"中国经验"的成功。唯有如此，社会主义意识形态在全球主义冲击波中才能保持自身的独立性和自主性，才能借助全球化浪潮向世界传播中国传统优秀文化和社会主义文化。

四

应当补充说明的是，在论述我国社会主义意识形态建设时，有必要对文化与意识形态的关系、社会主义文化与社会主义意识形态的关系、社会主义社会的意识形态与社会主义意识形态的关系予以界定。

文化是社会生活的内在构成性因素，既是人们在日常生活中不断创造和积淀下来的，又是任何社会行动不可或缺的条件。从根本上讲，意识形态本身就是文化，是文化的核心，但意识形态又不完全等同于一般的文化。

英国人类学之父泰勒在《原始文化》中，把文化定义为"包括全部的知识、信仰、艺术、道德、法律、风俗以及作为社会成员的人所掌握和接受的任何其他的才能和习惯复合体。"① 在这个定义中，文化被视为一个多层次、多面相的复合体，概括来说可包括"知识、信仰一类的思想信念（beliefs）；艺术、法律（文本）一类的表意符号（symbols）；以及习俗、道德一类的价值观念（values）。"② 泰勒的这个定义已成为后来社会学家、文化人类学家讨论文化问题的共同基础。

后来一些社会学家、文化人类学家对泰勒的文化定义加以修正，在知识的前面加进了"实物"，以说明文化不仅是指精神性的东西，而且包括物质性的东西。③ 这样，文化的外延就扩展到了人类社会所创造的全部物质财富和精神财富的总和，包括物质文化、制度文化、观念文化和行为文化四大面相。然

---

① ［英］爱德华·泰勒：《原始文化》，连树声等译，广西师范大学出版社2005年版，第1页。

② 苏国勋：《全球化背景下的文化冲突与共生》，《国外社会科学》2003年第3～4期。

③ 罗文东：《中国特色社会主义文化理念》，中国法制出版社2003年版，第103页。

而，这种把文化外延无限扩大的做法招致了许多学者的反对，如学者黄楠森认为，如果文化的外延同人类社会的外延完全一致，文化在人类社会中的地位和作用就无从谈起了，那样，问题将变成文化的几个组成部分——物质文化、制度文化和精神文化——之间的关系问题。因此，对文化采取狭义的理解不仅是约定俗成的，而且也是合理的。①

狭义的文化指观念形态的文化。早在1940年，毛泽东在《新民主主义的政治与新民主主义的文化》中，就对狭义的文化概念作出了科学解释："一定的文化（当作观念形态的文化）是一定社会的政治和经济的反映，又给予伟大影响和作用于一定社会的政治和经济；而经济是基础，政治则是经济的集中表现。这是我们对于文化和政治、经济的关系及政治和经济的关系的基本观点。"② 由此可见，狭义的文化概念是在与经济、政治相并列的角度和层次上使用的，其核心部分是指建立在一定经济基础之上，与一定政治制度相适应的社会意识形态。

社会意识形态作为观念文化的核心部分决定着文化的发展方向，起到了为文化发展提供核心价值理念的重要作用。所以，中国共产党在关于社会主义文化建设的纲领中，向来是把意识形态放在突出的位置加以强调。党的十六大强调指出，"必须坚持马克思列宁主义、毛泽东思想和邓小平理论在意识形态领域的指导地位，用'三个代表'重要思想统领社会主义文化建设。"党的十七大明确指出："当今时代，文化越来越成为民族凝聚力和创造力的重要源泉、越来越成为综合国力竞争的重要因素，丰富精神文化生活越来越成为我国人民的热切愿望。""建设社会主义核心价值体系，增强社会主义意识形态的吸引力和凝聚力。"这些论述强调了社会主义意识形态在社会主义文化建设中的重要地位与作用。

需要指出的是，社会主义社会的意识形态不同于社会主义意识形态。社会主义意识形态只是社会主义社会意识形态的最重要的组成部分，也就是以马克思主义为指导的意识形态，它在整个社会主义社会意识形态体系中占主导地位。而社会主义社会的意识形态是一个具有复杂结构的观念总体：除了社会主义意识形态外，还有资产阶级意识形态以及从旧社会遗留下来的种种传统意识形态的残余，后者还会与前者争夺在社会主义社会的意识形态领域的主导权。

---

① 黄楠森：《论文化的内涵与外延》，《北京社会科学》1997年第4期。

② 《毛泽东选集》第2卷，人民出版社1991年版，第663～664页。

当前主要表现为资产阶级意识形态与社会主义意识形态的斗争，而且这种矛盾冲突还会通过各种方式顽强地表现出来。本文讨论当代中国意识形态建设问题，其实也就是中国社会主义意识形态的建设问题，目的是在错综复杂的意识形态斗争中，维护社会主义意识形态在社会主义社会的各种意识形态中的主导地位。

还需要指出的是，邓小平在《改革是中国发展生产力的必由之路》中提出了"社会主义是什么，马克思主义是什么，过去我们并没有完全搞清楚。马克思主义的另一个名词就是共产主义。……在我们最困难的时候，共产主义的信念理想就是要搞共产主义"① 的论断，俞吾金提出了"马克思主义，即社会主义的意识形态也不是凭空产生的，而是在批判地继承资本主义的文化成果——德国古典哲学、英国古典经济学、法国空想社会主义和英美人类学的基础上形成和发展起来的。"② 另外一些学者则指出了"马克思主义这一概念，在很大程度上与社会主义意识形态、科学社会主义、共产主义以及无产阶级意识形态等概念，具有内在的相通性或一致性，甚至可以将其视为同义词。或者反过来说，社会主义意识形态即是指作为意识形态的马克思主义。"③ 根据以上列出的观点，本文没有太多地区分马克思主义、共产主义、科学社会主义、社会主义意识形态，而只是根据不同语境选择不同的概念。

①　《邓小平文选》第 3 卷，人民出版社 1993 年版，第 137 页。

②　俞吾金：《意识形态论》，上海人民出版社 1993 年版，第 366 页。

③　郑永廷：《社会主义意识形态发展研究》，人民出版社 2002 年版，第 45 页。

第一章

意识形态的理论表述

第一节　意识形态的基本内涵

一、"意识形态"的多元内涵及其发生

今天，无论是在社会生活还是学术话语中，"意识形态"都是一个使用频率特别高的术语。但高频率使用的背后却隐藏着这个概念在内涵和指涉上的混乱局面：一方面，它与福柯的"知识/权力"命题密切挂钩，是人们用以批判其所痛恨的各种社会现象的重要标签；另一方面，它又同国家利益、民族利益、文化认同相联系，指涉人类生存和发展必需的各种价值凭依。因此，齐泽克忍不住感叹其为"意识形态的幽灵"①。笔者试图从发生学角度对"意识形态"这一概念的流变做一项学术思想史的考察，希望这种努力有助于揭开"意识形态"的神秘面纱。

培根的"假象说"。意识形态作为一种思想形式已经存在很长一段时间，甚至可以说，利益和阶级的分化出现之时，也就是意识形态现象浮现之日。但是，在当前学术界，大多数学者都认为，现代意识形态学说的先驱只能追溯到培根的"四假象说"②。培根在《新工具》③ 中指出，人类之所以无法达到科学真理的殿堂，根本症结在于人性本身的假象和错误的概念劫持了人的理解力，并且困扰着人的心灵。具体言之，围困人们心灵的假象有四种："种族假象"（the idols of the tribe）、"洞穴假象"（the idols of the cave）、"市场假象"

---

① 斯拉沃热·齐泽克等：《图绘意识形态》，方杰译，南京大学出版社2002年版，第1页。

② 参见 Larrain, J., 1979, *The Concept of Ideology*, London：Hutchinson；［德］曼海姆：《意识形态与乌托邦》，艾彦译，华夏出版社2001年版，第71页；俞吾金：《意识形态论》，上海人民出版社1993年版，第16页。

③ ［英］培根：《新工具》，商务印书馆1987年版。

（the idols of the market-place）、"剧场假象"（the idols of the theatre）。

培根的"四假象说"自觉不自觉地为日后的意识形态学说的形成奠定了两个基础：从内容上看，"意识形态"是由各种非理性的情感性因素构成的，是对科学的反动，其对立面是科学，因此，"意识形态"成为启蒙哲学家们批判各种非理性现象、为科学和理性开路的重要武器；从根源上看，"意识形态"虽然与人性、人的感觉和情感的不正确有关，但最主要的还是由外部因素引起的，植根于人的社会关系，因此，它表征了一种重要的唯物主义思想，是马克思的"社会存在决定社会意识"的历史唯物主义论断的重要前兆。

托拉西的"观念科学"。第一次正式使用"意识形态"这一概念的是法国大革命时期的哲学家托拉西（Destutt de Tracy）。他提出要用该概念来表征一门新兴学科——"观念科学"（science of ideas）。托拉西非常乐观地认为，作为"观念科学"的"意识形态"，其研究对象揽括了所有的观念联合物（the combination of ideas），在学科谱系学中应该占据龙头老大的位置，即"第一科学"（first science）。这门学科应该是"积极的、有用的、非常精确的"，只要以它为凭据来指导社会，人们将会从中获益颇丰，因为它既能帮助人们把握人性，尽可能地减少烦恼，又能够根据人的需要和意愿来安排社会和政治秩序。①

可是，托拉西的作为一门新科学的"意识形态"还没来得及真正建立就夭折了。当拿破仑发现妨碍他建立帝国和实现称帝野心的最大障碍之一就是以托拉西为代表的哲学家时，他就轻蔑地把托拉西之流呵斥为"意识形态专家"。在拿破仑的强权下，作为一门理性的观念学科的"意识形态"隐匿了，而"变成了皇帝用以拼命压制其反对者并维持即将瓦解的政权的斗争武器"②。这正如法国著名社会学家布迪厄所指出的那样，政治资本决定了学术思想的动向。③ 从此，"意识形态"被涂抹上了一层浓厚的否定色彩。而且，"意识形态"的否定意义还随着其后法国实证主义和德国唯心主义哲学对宗教和形而上学的批判而不断彰显。

---

① Thompson, J. B., 1992, *Ideology and Modern Culture*, Cambridge：Policy Press. p. 30.
② Thompson, J. B., 1992, *Ideology and Modern Culture*, Cambridge：Policy Press. p. 31.
③ ［法］布迪厄、华康德：《实践与反思》，李猛等译，中央编译出版社 1998 年版。

马克思、恩格斯的"虚假的意识"① 与"观念上层建筑"。马克思、恩格斯的意识形态概念是在批判历史唯心主义、创立唯物史观的基础上产生和发展起来的。马克思对历史唯心主义进行批判分析时，其"意识形态"概念采用了拿破仑对"意识形态"的否定意义的用法。马克思认为意识形态的本质就是"虚假的意识"，并从两个方面做了论证。从意识形态的产生来看，在人类历史上（马克思主义产生之前）历史唯心主义长期占据统治地位，那时的社会意识形式都脱离了人们现实生活的历史过程，单纯从抽象的人本身而不是从人生活的具体的现实社会关系中出发，因而不能如实地反映社会关系的本质。在这个意义上，它们是头足倒立的，是"幻想"和歪曲。从意识形态执行其功能上来说，它们又是在真实地维护自己的生产关系、既有的社会秩序和剥削阶级的利益。统治阶级把自己的特殊利益抽象成全体社会成员的共同利益，"赋予自己的思想以普遍性的形式，把它们描绘成唯一合乎理性的、有普遍意义的思想"②，以达到支配全体社会成员的思维和意识、维护其统治地位的企图。

另一方面，在马克思、恩格斯创立的历史唯物主义的理论体系中，其"意识形态"概念，又是对社会有机体另一个层次上的理论概括。当马克思从经济基础—上层建筑的关系角度来分析社会结构时，"意识形态"是指系统地、自觉地、直接地反映社会经济形态和政治制度的思想体系，是社会意识诸形式中构成"观念上层建筑"的部分。马克思在《政治经济学批判序言》中非常明确地表述了这一思想："人们在自己生活的社会生产中发生一定的、必然的、不以他们的意志为转移的关系，即同他们的物质生产力的一定发展阶段相适合的生产关系。这些生产关系的总和构成社会的经济结构，即有法律的和政治的上层建筑竖立其上并有一定的社会意识形式与之相适应的现实基础。物质生活的生产方式制约着整个社会生活、政治生活和精神生活的过程。"③

而且，当马克思从历史唯物主义角度把"意识形态"概括为社会有机体的一个层次时，这一概念适用于各种社会形态。如他在《路易·波拿巴政变

---

① 有学者指出，马克思本人并没有使用过"虚假的意识"，但却使用了"不正确的"、"扭曲的"、"不真实的"、"幻想"等概念，因此，我们可以把"虚假的意识"看做马克思的观点。（参见 Seliger，M.，1977，*The Marxist Conception of Ideology*：*A Critical Essay*，London：Cambridge University Press. p. 30. ）

② 《马克思恩格斯选集》第 1 卷，人民出版社 1995 年版，第 100 页。

③ 《马克思恩格斯选集》第 2 卷，人民出版社 1995 年版，第 32 页。

记》中指出，"在不同的占有形式上，在社会生存条件上，耸立着由各种不同的、表现独特的情感、幻想、思想方式和人生观构成的整个上层建筑。"① 也就是说，奴隶社会、封建社会、资本主义社会以及未来的共产主义社会，由于各自的生产关系不同，它们的意识形态也是不一样的。

综上所述，我们可以把马克思、恩格斯的"意识形态"概念总结为：在阶级社会中，适合一定的经济基础以及竖立在这一基础之上的法律的和政治的上层建筑而形成起来的，代表统治阶级根本利益的情感、表象和观念的总和，其根本特征是自觉地或不自觉地用幻想的联系来取代并掩蔽现实的联系。②

列宁的"科学的意识形态"。由于马克思的意识形态学说聚焦于对黑格尔的思辩唯心主义哲学的抽象教条和资本主义"虚假的意识"的批判，而且在创立并发展科学社会主义学说的道路上，几乎每走一步都得同各种错误思潮进行斗争，所以马克思从不把自己的学说界定为"意识形态"，也从未使用过"社会主义意识形态"和"无产阶级意识形态"的概念。到了列宁的时代，马克思、恩格斯创立的科学社会主义，"已经绝对地战胜了工人运动中的其他一切思想体系"③，成为国际工人运动中最有影响的一种学说，成长为当时社会意识中的一股巨大的精神力量。为了解决对马克思笔下意识形态概念的阐释的分歧，并同不可知论、哲学唯心主义等思潮划清界限，列宁提出"科学的意识形态"这一新概念来指称马克思主义。

在列宁看来，以往一切剥削阶级的意识形态都是"虚假的意识"，只有马克思主义才是"科学的意识形态"，有以下几个层面的理论支撑。（1）从马克思主义产生的认识论基础来看，与"虚假的意识"是以历史唯心主义为认识论基础相反，马克思主义是以辩证唯物主义为其认识论基础的。列宁在驳斥波格丹诺夫对相对真理和绝对真理的相互关系的错误理解时写道：从"现代唯物主义即马克思主义的观点来看"，"任何思想体系都是受历史条件制约的，可是，任何科学的思想体系（例如不同于宗教的思想体系）都和客观真理、绝对自然相符合，这是无条件的。"④（2）建立在辩证唯物主义基础之上的马

---

① 《马克思恩格斯选集》第 1 卷，人民出版社 1995 年版，第 611 页。

② 俞吾金：《意识形态论》，上海人民出版社 1993 年版，第 129 页。

③ 《列宁选集》第 2 卷，人民出版社 1995 年版，第 2 页。《现代俄汉词典》认为 "идеология" 有 "意识形态" 和 "思想体系" 两种含义，但《列宁选集》中文版则把它译为 "思想体系"，似乎不妥，宜译为 "意识形态"。（俞吾金：《意识形态论》，上海人民出版社 1993 年版，第 207 页。）

④ 《列宁选集》第 2 卷，人民出版社 1995 年版，第 96 页。

克思主义科学地阐明了人类社会发展的规律。也正是在这个意义上，列宁后来把"马克思创立的共产主义理论"称作"共产主义科学"①。（3）与"虚假的意识"把自己的特殊利益抽象为普遍利益相反，马克思主义从不掩饰自己的阶级性，公开申明它是为无产阶级的根本利益服务的。因此，马克思主义作为"科学的意识形态"，体现了科学性与阶级性、相对真理与绝对真理的统一。

列宁的"科学的意识形态"概念的产生，对于马克思主义意识形态学说的发展具有重要的意义——它区分了两种类型的意识形态，即剥削阶级意识形态和无产阶级意识形态。列宁在批判认为群众能自发性地接受社会主义意识形态的"经济主义"时指出，可能对工人产生影响的"或者是资产阶级的思想体系，或者是社会主义的思想体系。这里中间的东西是没有的。"② 资产阶级有他们的意识形态，无产阶级也该有自己的意识形态，即社会主义的意识形态。社会主义的意识形态是"工人群众在其运动进程中自己创立的独立的思想体系"③，而不是资本主义意识形态压迫下无产阶级意识的"扭曲"；它既是无产阶级认识世界和改造世界的工具，又是无产阶级革命行动的思想武器。

曼海姆的"知识社会学"。一度作为马克思学说的追随者，曼海姆对马克思的"意识形态"学说既有继承，又有背叛。继承是指曼海姆从"社会存在决定社会意识"的角度来研究意识形态；背叛则指他把马克思的"意识形态"概念区分为特殊的和总体性的两种，即与阶级利益相关的特定意识形态和与价值无涉的总体性意识形态。曼海姆做这种区分的基本目的是为创立知识社会学做认识论的铺垫。他认为，当意识形态由特定观念发展到总体性观念，并对总体性意识形态进行一般的系统表述时，也就是宣称"当分析者不仅敢于对其对手的观点进行意识形态分析，而且敢于对包括本人的观点在内的所有各种观点进行意识形态分析"的时候，"关于意识形态的朴素观念就发展成为知识社会学"④。在知识社会学看来，所有的知识都具有社会性和历史性，一切政党的意识都具有意识形态的特征，因为它们都是由特定社会情境决定的。

曼海姆的知识社会学理论力图以"价值中立"的姿态，建立一门超阶级、超党派的意识形态学说，这使"意识形态"的性质及其在社会生活中的作用发生了重大的变化，也大大削弱了马克思的"意识形态"思想对资产阶级的

---

① 《列宁选集》第4卷，人民出版社1995年版，第284页。
② 《列宁选集》第1卷，人民出版社1995年，第326页。
③ 《列宁选集》第1卷，人民出版社1995年，第326页。
④ ［德］曼海姆：《意识形态与乌托邦》，艾彦译，华夏出版社2001年版，第87页。

虚伪和剥削阶级实质的揭露能力和斗争锋芒。① 我们在研究曼海姆的学说时，对此应保持高度警惕。

小结。"意识形态"概念发展到今天，出现了两股比较明显的思潮。一方面，在西方主流学术界和舆论中，"意识形态"成了一个受到歧视的弃儿，他们要么"纷纷放弃意识形态概念"；要么把一切名声不好的思想都往"意识形态"概念的筐中放，"意识形态可以指称任何事物，从曲解对社会现实依赖性沉思的态度到行动取向的一套信念，从个体赖以维系其与社会结构之关系的不可缺少的媒介，到使得主导政治权力合法化的错误观念，几乎无所不包"②，极力贬低"意识形态"；要么旗帜鲜明地赞同曼海姆的知识社会学所推崇的把一切知识都归结为意识形态的超阶级、超党派的立场，他们只承认并且炫耀自己有一套完整的、普世的、超阶级的"价值观"，而否定这些价值体系的意识形态性质，并宣称只有共产主义的价值取向才是意识形态的。随着冷战的结束和全球化浪潮的兴起，他们还到处祭起"意识形态终结"的旗帜，宣布共产主义意识形态的失败。另一方面，马克思所建立的意识形态学说正日益广泛地成为社会上各种弱势群体反抗强势群体的支配和压迫、维护自身利益的重要武器。这不仅反映在无产阶级对资产阶级的反抗上，而且体现在各个社会等级之间的斗争中，如福柯的知识/权力理论，女性主义对社会生产和生活中男权主义的揭露和批判，黑人对白人种族主义的反抗，全球化浪潮中地方性和民族性诉求对普遍主义的不甘示弱，等等。这些斗争的强劲不衰，恰恰表明了马克思主义意识形态学说的正确性和生命力。

二、意识形态的特征

阶级性与利益性的统一是意识形态最为基本的特征。在阶级社会中，作为上层建筑的意识形态，是一定社会集团、社会阶层和不同阶级对社会经济基础和政治生活现象的直接反映，"其核心问题是对自身根本利益的认识"③，这一论述说明了意识形态具有强烈的社会政治倾向性，以维护、实现某个社会群体、阶级的具有全局性的、根本性的利益为根本目的。在阶级社会里，每一个阶级都力求实现自身利益在各种社会资源分配过程中的最大化。但是，在人类

① 申小翠、肖瑛：《马克思与曼海姆的意识形态思想的比较研究》，《广西大学学报》2004 年第 2 期。

② ［斯洛文尼亚］斯拉沃热·齐泽克等：《图绘意识形态》，方杰译，南京大学出版社 2002 年版，第 4 页。

③ 童世骏：《意识形态新论》，上海人民出版社 2006 年版，第 1 页。

社会中，利益的诉求和获取并不仅仅依靠武力等"硬"手段就能实现，同时还需要"意识形态"这类"软"手段的积极作用，有以下三点原因。（1）什么是利益、什么是资源等问题并不是单纯由先天决定的，而在很大程度上是一种被有意识有目的地策划、宣传和建构起来的产物，如"国家"、"民族"等观念的形成都有一个历史过程，在这过程中理论家们的努力阐释和建构具有非常显著的作用。（2）共同的价值观、世界观等是实现民族认同和阶级认同、统一阶级行动步伐的重要手段，而只有通过意识形态教育，才能在特定群体中培养出共同的价值观和利益观，同时通过这种共同的思维和意识树立起边界，有效地区分我与非我、本阶级与他阶级、本民族国家与他民族国家，最终在特定群体中实现民族认同和阶级认同，使边界内的个体和团体能自觉地为本阶级、本民族和本国家的利益而奋斗。（3）对于历史上的几大剥削阶级而言，从意识和理论上遮蔽、蒙昧、破坏对立阶级的阶级认同、共同的利益诉求和行动步伐是本阶级获取利益的必要手段。因此，对于特定阶级来说，建构"意识形态"，一方面如上所述是为了反映和统一本阶级的共同利益要求，并以此统一本阶级的认识，为本阶级的社会斗争和发展提供思想动力，另一方面是为了把本阶级的特殊利益泛化成为一定区域内的各社会阶级和阶层的普遍利益，把本阶级粉饰成各阶层人民的共同利益的代表者，以此换取不同阶级和阶层对本阶级支配社会、经济、政治和文化等各类资源的支持。在此意义上，我们可以说，任何一种意识形态都是阶级性和利益性的统一，都是特定阶级的意识形态，是为该阶级获取利益而服务的。

逻辑性与实践性的统一。一个社会群体、阶级要使反映自己根本利益的意识形态能为尽可能多的人理解、认同和接受，必须在形式上保持该意识形态体系的逻辑自恰性，同时在内容上与实际社会生活保持一致性即具有实践性，因为，"意识形态的本质上是实践，可实践性是意识形态的基本特征和功能。"[1] 对于意识形态的这种逻辑性与实践性的统一，我们可以作如下理解。

作为一种完整的思想体系，意识形态在形式上显然要区别和高于各种自然生成的社会心理、社会舆论，从而必须具有严密的逻辑性和系统性。逻辑性是指意识形态必须保持自身各构成部分之间的相互协调，以免给论敌提供攻击的机会。系统性指一种意识形态在体系上必须是完备的，能反映本阶级各个方面的利益需求和社会的、经济的、政治的以及文化上的主张。另外，意识形态还

---

① 俞吾金：《意识形态论》，上海人民出版社 1993 年版，第 130 页。

必须保持自身的一定程度的抽象性和概括性，唯有如此才能以有限的形式容纳尽可能多的内容。

与此同时，这种抽象的、逻辑性的思想体系又必须具有强烈的实践性。这种实践性表现在两个方面。第一，它是一种被意识到的社会存在，在实质上必须能体现和反映本阶级根本的和共同的利益需求，在形式上要能代表最广大阶级和民众的利益。因此，意识形态必须在一定程度上反映自发的社会心理、集体意识以及社会舆论的内容，因为这些内容是民意的体现，在不同程度上凝聚着相关阶级和社会群体的利益期待和社会理想；正是在这个角度上，有些学者把意识形态称为"社会群体意识的结晶"①。第二，在实现形式上，抽象的意识形态又要能还原为社会心理、社会舆论和集体意识以及其他各种为受众喜闻乐见的艺术形式，因为只有这类形式才最符合人们的接受心理，具有"润物细无声"的效果。

独立性与继承性的统一。历史唯物主义认为，一方面经济基础的性质决定了意识形态的性质；另一方面，意识形态并不是经济基础消极的附属品，而是整个社会生活中一个能动的组成部分，它不仅表明自己具有相对的独立性，而且对社会物质经济生活具有能动的反作用。

意识形态的相对独立性突出表现为它的发展创新并不是与社会物质生活的变迁亦步亦趋的，它的"繁荣或衰弱并不是与经济基础的发展或瓦解一一对应"②。在社会历史急剧变迁的时期，它既有可能成为指导社会变革的先导，也有可能因自身相对的稳定性成为社会发展的阻力。

意识形态又具有继承性特征。任何一种意识形态的形成与发展既不能脱离现实社会的物质经济关系，需要反映一定历史时期的经济政治要求，同时也不可能完全与其所在社会的衍生不息的文化流程彻底"决裂"，必须要也必然能反映出思想意识的历史继承性，与该社会的文化传统保持某种程度的协调性，自觉不自觉地从传统意识形态中择选有用的价值为其所用，做到推陈出新、古为今用。事实上，任何简单地摒弃本土传统文化的做法都是相当幼稚的，既无必要，亦完全不可能。"文化大革命"中，我国对待自身绵延数千年的文化传统的态度和做法及其后果就为明证。

现实性与理想性的统一。任何一种具体的意识形态，不仅包括现实性因

---

① 宋惠昌：《当代意识形态研究》，中央党校出版社1993年版，第20页。
② 俞吾金：《意识形态论》，上海人民出版社1993年版，第136页。

素，也内含着理想性成分，这两者是任何意识形态中必不可少的、相互支持的组成部分。

如上文所述，无论是从意识形态是对相应的经济基础和其他社会存在的反映来看，还是从其内涵和实现形式都必须具有现实根源的角度看，任何一种意识形态都必须也必然是现实性的。（1）特定社会中的任何一种意识形态都是对该社会的经济基础、特殊社会存在的一定程度的反映，不可能完全超越具体的社会情境。意识形态诸形式中那些直接反映现实的社会关系，如经济关系、法律关系的经济思想、法律思想、政治思想相对来说要求与现实之间达成真实的、相契合的关系，广大社会主体常常根据这些思想与社会现实关系之间相契合的程度来断定意识形态的真实性，契合程度也是意识形态能被广大社会主体所接受的依据。（2）在实现形式上，任何意识形态都必须包含强烈吸引广大社会主体的理想性因素，凝聚人心的理想性因素才能使国家和民族在面对危难时万众一心，因而也正是意识形态的生命力所在。

需要注意的是，我们必须把意识形态中的理想性因素与虚假意识区别开来。虚假意识的目的并不是揭示现实生活的真相，而是竭力将真相遮蔽，维护它所支持的统治阶级的利益。而意识形态中的理想性因素同时又是以现实性因素为基础和出发点，通过现实性因素不断地体现出来，理想性因素是现实性因素的导向，使现实性因素在社会实践中不至于偏离意识形态所反映的利益取向、追求的价值取向和终极目标。

排他性与开放性的统一。各种意识形态之间的关系处于一种矛盾交织的状态。如前所述，意识形态始终是阶级利益的产物，在阶级社会里，不存在超越某一阶级或某些阶级的根本利益的意识形态。意识形态的这一最本质的特征决定了意识形态具有排他性的特点，不同性质的意识形态之间总是处于相互攻击的状态。社会上占主导、支配地位的意识形态要维护已有的地位，也常凭借自己的统治地位和经济实力对其他阶级的意识形态进行排斥、瓦解、同化。也正因为如此，被统治阶级一般很难拥有自己完整的意识形态。

但是，意识形态具有排他性特征并不意味着各种意识形态能孤立地发展。相反，意识形态需要在彼此不间断的、频繁的交锋和碰撞、对话和交流中，从对方身上汲取各种有益于自身发展和完善的因素。正如邓小平指出的："社会主义要赢得与资本主义相比较的优势，就必须大胆吸收和借鉴人类社会创造的一切文明成果。"① 从这种意义上来说，意识形态又是开放的理论体系。

此外，虽然不同的社会群体从各自的利益出发，站在不同立场、以不同的视角来观察世界，会得出完全不同的结论，但意识形态还是具有一定程度的客观性，即能在一定程度上客观反映社会现实存在。因此，当不同意识形态反映共同的对象时，仍存在相互对话的可能性。而且，在特定的历史时期，不同的意识形态也可能在一定程度上反映不同阶级的共同愿望。这些都决定了任何一种意识形态都必然具有不同程度的开放性。事实上，唯有这种开放性的存在，才能使不同意识形态之间具有对话的可能性，也才可能缓和不同阶级、不同民族国家之间的紧张关系，才能在这些冲突集团之间达成某种妥协。反过来说，虽然冲突和紧张依然是当今世界的重要特点，但和平与发展已经成为了主流，后者的存在和不断强化，恰恰就是不同意识形态之间相互对话和开放的基本表征。

三、意识形态的功能

根据马克思在《德意志意识形态》和《〈政治经济学批判〉序言》中关于历史唯物主义的表述，社会结构主要是由经济基础、法律和政治的上层建筑和意识形态三大因素组成。这一结构表明，在任何阶级社会中，意识形态都是社会总体中不可或缺的组成部分，社会再生产的过程也是经济关系、国家关系和意识形态再生产的过程。进一步说，意识形态的功能就是建构社会认同，推动社会在价值观念上的统一性。

意识形态与社会认同。关于社会认同，肖瑛在一篇长篇论文中做了较为深入和全面的研究，本书以肖瑛对"社会认同"的界定为依据。

在英语中，"认同"的一个重要内涵是"使自己与某一个人或者群体密切联系或者依附于他们"，建立同他人或者群体的一致性。从这样一个简单界定中，我们可以引申出关于"认同"的多个维度的理解。

第一，"认同"是一个社会学（或者至少是一个社会心理学）概念。它是以特定社会中的人或者社会群体为参照而展开的，是对自己"归属于何种社会范畴或者组织"的思考。

第二，"认同"强调的是个人或者群体的自我建构，即强调认同承载者的主体性。"认同"的形塑不同于简单的意识形态灌输或者角色安排，个人或者

---

① 《邓小平文选》第3卷，人民出版社1993年版，第373页。

群体具有较强的能动性和建构权力，能够对各种外在因素作出适当的"诠释"（interpret），作出接受（内化）或拒绝的选择，是行动者自我反思（self-reflection）能力和行动的反身性监控（reflexive monitoring of action）能力提升的结果和表征。

第三，寻求"认同"与行动者诠释、建构自身的生命意义和价值归属是同一个过程，从心理和精神层面体现和强化着人的社会性。认同深刻地影响一个人的各种行为和基本偏好。

第四，"认同"对意义的追寻与其对秩序的追寻纠缠在一起，不仅追求社会的秩序，也追求个人心灵的秩序，追求心灵的安顿和安全。

第五，信任构成认同的基础。"认同"的最高境界应该是"信仰"（belief），最低标准是"认可"（accept），核心机制是"信任"（trust）。

第六，"认同"建立在区分"内群体"（in-group）和"外群体"（out-group）这样一种社会分类基础上。"认同"在很大程度上是在渴望独特性和归属性这两种相反动机的同时推动下进行的，因此，在寻求对立面的过程中确立认同是其基本的手段。①

以上述对"认同"的基本内涵的理解为参照，我们可以发现，意识形态的本质就在于向民众灌输一套价值观念，影响甚至引导民众的各种社会认同的建构，包括对政治制度的认同，对经济体制的认同，对民族文化的认同和对执政党执政理念的认同，以及对"敌"和"我"的区分标准，以统一民众的基本观念，建构执政党的合法性，维护社会秩序。正是在这种认同的建构过程中，意识形态推动了自身各种功能的实现。

政治服务功能。阶级性与利益性的统一是意识形态最基本的特征。这一基本特征说明，意识形态是一个政治性非常强的概念，政治服务功能是其最基本的功能。列宁对此作了非常精辟和形象的阐述："所有的一切压迫阶级，为了维持自己的统治，都需要两种社会职能：一种是刽子手的职能，另一种是牧师的职能。刽子手的任务是镇压被压迫者的反抗和暴乱。牧师的使命是安慰被压迫者，给他们描绘一幅在保存阶级统治的条件下减少苦难和牺牲的前景，从而使他们顺从这种统治，使他们放弃革命行动，打消他们的革命热情，破坏他们

---

① 肖瑛：《作为风险的认同与作为认同的风险——社会认同视角下的风险社会生产机制研究》，《社会理论论丛》2009 年第 4 辑。

的革命决心。"① 意识形态就是通过"软国家机器"（意识形态国家机器），在阶级统治的过程中发挥着这种牧师式的政治职能，论证统治阶级进行统治的合理性、合法性和公正性：该阶级的统治符合社会发展的规律和要求，而且前景一派光明；社会群体只有服从这种统治才能过上安定和幸福的生活，只有在这种统治下个人才能实现个人价值。最终，达到使广大社会成员顺从既有的社会秩序、保证既定统治秩序长治久安的目的。

社会价值导向功能。一个社会若要协调、有序地运行，就必须为其行为主体提供一套认知标准，规范行为主体的社会行动的价值导向。意识形态是"广大社会成员的各种思想因素的创造性合成"②，是广大社会成员在长期的历史发展过程中，通过化约的抽象方式，形成的一套能被广大成员接纳并遵循的规范公式。正如马克（Mark）所说，"每一种意识形态都包含一套满足社会或心理的实现这种而不是其他的价值观的特定的判断标准。"③ 有了这一套判断标准，广大社会成员彼此之间就有可能轻松自如地交流。阿尔都塞把意识形态这一社会职能形象地比喻为"想象性地图"，每一个社会行为主体在意识形态这张地图上都能找到自己在社会中的位置并予以协调，明确自己为之奋斗的理想以及实现理想的途径和规范，并使行为主体对自己所承担的社会责任和社会角色形成共识。伯纳德·萨瑟（Susser, B.）则把意识形态比作社会的"导航仪"，它指引着人们穿越茫然混沌的日常生活行为，"如果没有一种社会政治思想体系指导我们，我们将彻底分不清南北。"也正是意识形态，在我们的思想和我们每天所遇到的事实之间制造一种可以理解的满意状态④。

社会整合功能。根据帕森斯（Parsons, T.）的说法，社会系统的整合功能是由文化子系统来担当的，意识形态在其中发挥的功能具有无法替代的作用。意识形态本身是作为特定阶级和利益集团的价值体系而出现的。统治阶级利用其在"社会上占统治地位的精神力量"，"支配着社会上的精神生产资料"⑤ 的有利条件，"赋予自己的思想以普遍性的形式，把它们描绘成唯一合乎理性的、有普遍意义的思想。"⑥ 并动用自己占有的大量物质资源和社会资

---

① 《列宁选集》第 2 卷，人民出版社第 1995 年，第 478 页。

② Carlton, E., 1977, *Ideology and Social Order*, London: Routledge & Kegan Paul. p. 38.

③ Kinloch, G. C., 1981, *Ideology and Contemporary Sociological Theory*, New Jersey: Prentice-Hall, Inc., p. 9.

④ Susser, B., 1995, *Political Ideology in the Modern World*, Massachusetts.

⑤ 《马克思恩格斯选集》第 1 卷，人民出版社 1995 年版，第 98 页。

⑥ 《马克思恩格斯选集》第 1 卷，人民出版社 1995 年版，第 100 页。

源，向各阶级大力灌输和推广自身的意识形态，使本阶级以及在社会上处于被统治地位的、没有精神生产资料的人，不知不觉地认同这种意识形态。这样，统治阶级的行动纲领、理想目标就被普遍化为全社会发展的共同目标，左右着整个社会行为主体的理想信念、是非价值观和行为方式，从而实现统一全社会成员的思想、意志和行动，整合社会秩序，保持社会稳定的功能。学界因意识形态具有这方面的功能而赋予其诸多美名，如：将社会连结在一起的"智力胶水"，社会共同体的"强大的精神力量"①，"社会水泥"，凝聚和激励全体社会成员朝着共同目标而努力的"思想旗帜"②。

意识形态的经济功能。意识形态对经济发展的重要功用受到许多学者的关注，如三大古典社会学家之一的马克斯·韦伯在《新教伦理与资本主义的精神》中对基督教在西方经济发展中作用的强调，以及在《儒教与道教》中儒教对东方经济阻碍的论述，都是在揭示意识形态与经济发展的关系。较为全面而又系统阐述意识形态在经济发展过程中的作用的，应该首推美国新经济史学家、诺贝尔经济学获奖者诺斯教授。诺斯的代表作《经济史中的结构与变迁》把意识形态看做经济人节约从认识世界到行为决策所需费用的工具，更直白地说，意识形态是一种行为方式，这种方式通过提供给人们一种"世界观"而使行为决策更为经济。该书有一段颇为精彩的叙述："如果每个人都相信私人家庭'神圣不可侵犯'，那么可以在室内无人而门不闭户的情况下不用担心房屋会被毁或被盗。如果一个美丽的乡村被认为是公共物品，个人就不会随便乱扔杂物。如果人们相信政治民主的价值，他们就会把投票当作一项公民的义务来履行。为了所有者的利益，劳动会勤勤恳恳，管理会兢兢业业；契约就像在法律上那样，同样在精神上受到尊重。"③ 在这段话中，诺斯强调了个人对价值观念、伦理道德、习俗等相关的意识形态的认同和信赖，"能淡化机会主义、降低交易成本、减少搭便车行为、提高资源配置的效率，促进经济的增长。因此，任何政府都通过意识形态教育的投资，来增进社会成员的意识形态资本积累和降低治理国家的交易费用。"④

---

① 朱兆中：《中国社会主义意识形态建设纵论》，上海人民出版社2003年版，第23页。

② 宋惠昌：《当代意识形态研究》，中共中央党校出版社1993年版，第25页。

③ ［美］道格拉斯·C. 诺斯：《经济史中的结构与变迁》，陈郁等译，上海三联书店1993年版。

④ 杨立英等：《全球化、网络化境遇与社会主义意识形态建设研究》，人民出版社2006年版第193页。

四、作为"软实力"的意识形态

20 世纪 80 年代以来，国家实力的衡量标准从单纯看重经济实力、军事力量转向了对包括政治、科学、文化和国民素质等综合国力的注重。哈佛大学教授约瑟夫·奈在《美国定能领导世界吗?》一书和他的论文集《硬权力和软权力》中指出，一国的综合国力应该包括"硬实力"（command/hard power）和"软实力"（soft power）两个不可分割的部分。"硬实力"，即经济实力和军事力量，夯实了一个国家在世界体系中竞争的力量基础，主要是凭依"大棒"威胁，迫使他国接受和承认它的大国地位。但是，在日益高涨的世界和平的呼声中，以暴力争夺国家利益的方式越发遭受国际舆论的谴责，并引起国内民众的强烈抗议，所以这种方式越来越被强权政府所藏匿，不到万不得已的时候不会动用。相反，与文化相关的各种因素所构成的"软实力"的作用则逐渐受到各国政府的关注和重视。"软实力"就是"通过吸引而非强迫或收买的手段来达己所愿的能力"①，或者说是"一个国家所具有的那种让别国心甘情愿地去做它希望后者去做的事情的能力"②。利用"软实力"提高本国在世界民族之林中的地位，在一定程度上可以归功于意识形态这一无形的精神力量的成功传播，从观念、心理、情感各方面去影响他国民众，使他们自愿认同本国的生活方式、价值观念、社会制度，实现不战而胜的目的。正如摩根索所说，"意识形态同一切观念一样都是武器，既能提高国民士气并随之增强一国实力，同时在这个过程中又会削弱敌国的斗志。"③ 由此可见，作为一种"软实力"，意识形态建设的成功与否影响着一个国家的国内整合度和国际竞争力。

从国内整合度来说，意识形态为一个国家制定与贯彻外交政策提供了理论依据和价值框架。无论对政策制定者还是普通大众来说，意识形态都为他们设定了一个理性认识与价值选择的框架和边界。"政策制定者在这个框架内处理特定的问题，公众在这个框架内理解这些问题。"④ 于是，许多纷繁复杂的外交事物都能化约为可理解的、可操纵的交易，并能掩盖少数当权者对外扩张的私欲，还能在国内获得民众的认可和支持。

---

① [美] 约瑟夫·S. 奈:《软力量:世界政坛成功之道》，吴晓辉等译，东方出版 2005 年版，第 2 页。转引自童世骏:《文化软实力》，重庆出版社 2008 年版，第 12 页。

② 童世骏:《文化软实力》，重庆出版社 2008 年版，第 12 页。

③ [美] 摩根索:《国家间政治》，徐昕等译，中国人民公安大学出版社 1990 年版，第 128 页。

④ [美] 迈克尔·H. 亨特:《意识形态与美国外交政策》，褚律元译，世界知识出版社 1999 版，第 18 页。

从提高国际竞争力的角度来看，意识形态可为民族国家在国际上推行的政策和行为进行掩护，使之在舆论上处于有利地位。在国际关系中谋求国家利益的最大化是每一个民族国家的外交宗旨，但在保证自身利益最大化时不可避免地会与同样追求自身利益最大化的其他国家发生冲突和矛盾，若没有一定的意识形态为之辩护和宣传，就难以得到其他国家的理解、认可和支持，还可能会遭到世界上其他国家的责难和反对，使自己陷入孤立被动的地位。① 一般来说，"具有类似文化和体制的国家会看到它们之间的共同利益"②，在对方与他国卷入了国际冲突时，更倾向于支持与自己意识形态相同的国家。由此可见，当一个国家的意识形态得到他国的接受和认可时，在国际互动中也就能争取到更多的支持，从而获得更多的利益。

从理论上看，意识形态作为一种特定阶级和阶层的利益获取工具，会随着人类理性能力的不断提升而日益被识破，从而逐渐丧失其维护剥削阶级利益的价值。但现实生活恰恰表明，意识形态非但没有随着现代社会的高度发达、科技理性的不断彰显而式微，反而越来越受到关注，不同群体和阶层的主体意识在理性能力提升的过程中不断凸显，这种凸显一方面是对他者话语的意识形态化即批判，另一方面则努力建构切合自身利益的意识形态话语。而且，意识形态的形式和传播手段也越来越微妙，揭露各种剥削阶级的意识形态的真实面目也因此更加困难。

出现这种现象的一个非常重要的原因是现代社会结构的变化。在传统社会中，人们在一个封闭的、狭隘的区域内生活，社会结构单一，权力精英能成功地实现对教育的垄断，社会秩序主要依靠不言自明的、不可挑战的家族权威来维持。而现代社会则是一个开放的、透明的、自由流动的社会，人们在很大程度上摆脱了血缘、地缘等因素的束缚，人与人之间的交往互动空前加剧。另外，由于教育的普及化和社会阶层的不断分化，现代社会秩序呈现出个体化、多元化和碎片化的显著特征，"新的思想就像商品的时尚一样，令人目眩地接踵而至。"③ 形形色色的信条、学说在知识场域中竞相争夺权威，每一种制度和价值体系都试图在与异质文化交锋的瞬间证明并说服他人认可自身的价值，

---

① 方书涛：《当前国际政治与社会主义发展》，世界知识出版社 2002 年版，第 86 页。

② ［美］塞缪尔·亨廷顿：《文明的冲突与世界秩序的重建》，周琪等译，新华出版社 2002 年版，第 15 页。

③ ［斯洛文尼亚］斯拉沃热·齐泽克：《图绘意识形态》，方杰译，南京大学出版社 2002 年版，第 251 页。

证明自身处理问题的方法的有效性，从而逐步扩大自身的利益活动空间，迫使其他的宗教权威和政治权威难以继续维持其对知识的垄断权。在全球交往和互动日益频繁的今天，阶级利益的冲突已经不仅仅限于一个民族国家内部，而是表现为强势国家与弱势国家之间的利益分殊和对立，以意识形态为手段来操控弱势国家的人民和领导者，已经成为西方强势国家最为常用的手段。因此，国际竞争和矛盾在很大程度上表现为意识形态领域的纷争与对抗。

综上所述，在现代社会中，意识形态的功用正在逐步被放大，"所以形形色色的意识形态吸引着各国领导者，以它们来指导行动。"① 加强意识形态建设，提升意识形态"软实力"是任何一个民族国家和群体、阶级和阶层都不容忽视的大问题。

第二节　意识形态的历史演进

马克思主义意识形态学说建立在唯物史观的基础之上，并始终从社会存在、物质实践的角度出发来解释观念。在《德意志意识形态》中，马克思主义创始人揭示了意识形态的产生、发展和消亡与社会的物质生产发展、社会经济制度的不断变革是紧密相关的。

一、意识形态的产生

意识形态的产生不同于人的意识的产生。在马克思看来，人的意识是"绵羊意识或部落意识获得了进一步的发展和提高"②。具体说来，因为人的意识起初只对直接的、可感知的环境即自然界产生感觉，此时人对自然界产生的意识是一种"纯粹动物式的意识（自然宗教）"，当人开始意识到必须和周围的他人交往时产生的也仅是"畜群意识"③。只有随着人们需求的增长和人口的增多，在现实生活的历史过程中人与人之间的交往由必要变成现实时，交流的迫切性催生了语言的产生，这时，人的意识的成功表达才成为可能，同时也实现了从"绵羊意识"或"畜群意识"到人的意识的质的飞跃。一言以蔽之，"思想、观念、意识的生产最初是直接与人们的物质活动，与人们的物质交

---

① ［美］约翰·刘易斯·加迪斯：《加迪斯序》，［美］雷迅马：《作为意识形态的现代化：社会科学与美国对第三世界政策》，牛可译，中央编译出版社 2003 版。

② 《马克思恩格斯选集》第 1 卷，人民出版社 1995 年版，第 82 页。

③ 《马克思恩格斯选集》第 1 卷，人民出版社 1995 年版，第 82 页。

往，与现实生活的语言交织在一起的。"①

而意识形态则是物质劳动和精神劳动分工后的产物。随着生产效率的进一步提高和生产力的不断发展，分工也随之发展起来了，由起初的以性别差异为基础的分工发展为物质劳动和精神劳动的分工，"从这时候起，意识才能摆脱世界而去构造'纯粹的'理论、神学、哲学、道德等等。"② 另外，意识形态并不等同于意识，还在于前者需要具有极强理论概括能力的思想家整理统治阶级的社会意识，并将其上升为该阶级的思想体系时才能称之为"意识形态"。随着统治阶级内部分工进一步细化，还出现了专门从事生产意识形态的思想家，"他们是这一阶级的积极的、有概括能力的玄想家，他们把编造这一阶级关于自身的幻想当作主要的谋生之道。"③ 统治阶级之所以需要一批意识形态家专门生产意识形态，根本原因在于："分工不仅使精神活动和物质活动、享受和劳动、生产和消费由不同的个人来分担这种情况成为可能，而且成为现实。"④ 这种现实必然使从事不同活动的人的利益发生分歧。统治阶级为使自身的特殊利益得以实现，就必须生产一套能让其他阶级接受的理论来解释社会利益分配的合理性，把自己的利益说成是全社会成员的共同利益，从而防止社会各阶级之间的利益之争。因此，可以说，意识形态就是社会分工后阶级利益的产物。而只要社会分工还不是出于自愿而是自发的，"生产力、社会状况和意识，彼此之间可能而且一定会发生矛盾"⑤，这一矛盾关系推动着意识形态的变化发展。

二、意识形态的发展

唯物史观认为，社会意识始终是社会存在的反映，意识形态的发展只能是随着社会实践的发展而发展。马克思、恩格斯在《德意志意识形态》中简明扼要地对意识形态这一发展的特性做了精辟概括：我们的出发点是从事实际活动的人，而且从他们的现实生活过程中还可以描绘出这一生活过程在意识形态上的反射和反响的发展。甚至人们头脑中的模糊幻象也是他们可以通过经验来确认的、与物质前提相联系的物质生活过程的必然升华物。因此，道德、宗教、形而上学和其他意识形态，以及与它们相适应的意识形式便不再保留独立

① 《马克思恩格斯选集》第 1 卷，人民出版社 1995 年版，第 72 页。

② 《马克思恩格斯选集》第 1 卷，人民出版社 1995 年版，第 82 页。

③ 《马克思恩格斯选集》第 1 卷，人民出版社 1995 年版，第 99 页。

④ 《马克思恩格斯选集》第 1 卷，人民出版社 1995 年版，第 83 页。

⑤ 《马克思恩格斯选集》第 1 卷，人民出版社 1995 年版，第 83 页。

性的外观了。它们没有历史，没有发展，而发展着自己的物质生产和物质交往的人们，在改变自己的这个现实的同时也改变着自己的思维和思维的产物。不是意识决定生活，而是生活决定意识。①

由此可见，每一种意识形态都与其创造者的社会生产和生活环境有着密切的关系，不管意识形态在形式和内容上看起来与现实多么的脱节，它们都在一定程度上反映了现实生活，这是意识活动的必然性特征，而不是像唯心主义者认为的那样，只是想象性主体的想象性活动。在《共产党宣言》中，马克思和恩格斯再次深刻地总结了意识形态的这一唯物主义内涵，并以反问的口气写道："人们的观念、观点和概念，一句话，人们的意识，随着人们的生活条件、人们的社会关系、人们的社会存在的改变而改变的，这难道需要经过深思才能了解吗？"② 另外，从意识形态履行其职能的角度看，意识形态必须要能描绘出现实生活的变化过程，才能对社会行为主体起到价值导向作用，当社会现实生活发生了变化时，意识形态也要适时地发展创新，更新内容。

另外，社会的生产力和生产关系的矛盾发展推动着意识形态的发展。马克思在《德意志意识形态》一书中阐明其唯物史观的时候指出：从直接生活的物质生产出发阐述现实的生产过程，把同这种生产方式相联系的、它所产生的交往形式即各个不同阶段上的市民社会③理解为整个历史的基础，从市民社会作为国家的活动描述市民社会，同时从市民社会出发阐明意识的所有各种不同理论的产物和形式，如宗教、哲学、道德等等，而且追溯它们产生的过程。④

也就是说，宗教、哲学、道德等意识形态的产生只能与社会生产方式相联系，也只能从直接的、生活的物质生产出发来阐述意识形态。而且，每一个历史阶段人们的交往形式发生变化时，意识形态的内容必然也会随之发生变化。

三、意识形态的消亡

在《德意志意识形态》中，虽然马克思没有谈到意识形态的最后的历史命运，但我们从意识形态的产生、发展过程以及马克思对意识形态的特征分析中，就能发现：在马克思看来，作为维护剥削阶级利益产物的意识形态最终是

---

① 《马克思恩格斯选集》第 1 卷，人民出版社 1995 年版，第 73 页。
② 《马克思恩格斯选集》第 1 卷，人民出版社 1995 年版，第 291 页。
③ 马克思把市民社会定义为："过去一切历史阶段上受生产力制约同时又制约生产力的交往形式。"（《马克思恩格斯选集》第 1 卷，人民出版社 1995 年版，第 87～88 页）在这里所说的生产力的交往方式即后来所谓的生产关系，市民社会就是指生产力和生产关系这一对矛盾范畴。
④ 《马克思恩格斯选集》第 1 卷，人民出版社 1995 年版，第 92 页。

难逃消亡的命运的。

如前所述，意识形态是精神劳动和物质劳动分工的产物。当这种分工是自然形成的而不是出于自愿时，意识形态只是"孤立的个人的一种唯心的、思辨的、精神的表现"①，对于大部分社会成员来说，总是一种异己的力量。这是因为受分工的制约，不同个人的共同活动产生的社会力量并"不是他们自身的联合力量，而是某种异己的、在他们之外的强制力量"，而且这种强制性的分工越发达，异化也越剧烈，意识形态也就越倾向于掩盖人与人之间真实的社会关系。当"这种异化成为了一种'不堪忍受的'力量，即成为革命所反对的力量"② 时，被统治阶级就会揭竿而起推翻统治阶级的统治，建立新的统治秩序，这已被人类历史所证明。"每一个新阶级赖以实现自己统治的基础，总比它以前的统治阶级所依赖的基础要宽广些，可是后来，非统治阶级和正在进行统治的阶级之间的对立也发展得更尖锐和更深刻。"③ 直至建立起一个消灭了阶级、消灭了强制性分工的社会，意识形态也就难逃被消灭的厄运了。对此，马克思作了清晰阐述：只要阶级的统治完全不再是社会制度的形式，也就是说，只要不再有必要把特殊利益说成是普遍利益，或者把"普遍的东西"说成是占统治地位的东西，那么，一定阶级的统治似乎只是某种思想的统治这整个假象当然就会自行消失。④ 换言之，意识形态只有在消灭了自然分工和阶级统治的前提下才能走向灭亡。

同时，马克思还指明了消灭意识形态的途径。他强调某种意识形态的消灭不能单纯依靠精神批判这一手段，只能"靠改变了环境而不是靠理论上的演绎来实现"⑤。旧的思想体系的瓦解，是旧的社会条件解体的必然结果，而不是纯粹的观念批判的结果。同样，新的观念的形成也不是哪个头脑的任意的产物，而是新的社会关系在头脑中的反映。共产主义社会消灭了私有制、阶级剥削和阶级压迫，也就失去了意识形态产生的社会环境，意识形态自然也就不存在了。

马克思进一步指出，只有通过革命才能消灭意识形态产生的社会环境：不可能"通过把它们消融在'自我意识'中或化为'幽灵'、'怪影'、'怪想'

---

① 《马克思恩格斯选集》第1卷，人民出版社1995年版，第83页。
② 《马克思恩格斯选集》第1卷，人民出版社1995年版，第86页。
③ 《马克思恩格斯选集》第1卷，人民出版社1995年版，第100页。
④ 《马克思恩格斯选集》第1卷，人民出版社1995年版，第101页。
⑤ 《马克思恩格斯选集》第1卷，人民出版社1995年版，第95页。

等等来消灭的，而只有通过实际地推翻这一切唯心主义谬论所产生的现实的社会关系，才能把它们消灭；历史的动力以及宗教、哲学和任何其他理论的动力是革命，而不是批判。"① 这为无产阶级在共产主义意识形态的指导下，自觉掀起革命，推翻现存的资本主义制度提供了行动指南。

值得注意的是，关于意识形态消亡的以上论述，指的是马克思着力批判的"虚假的意识"，它存在于阶级社会中，从唯心史观出发，把维护统治阶级利益的意识形态说成是普遍思想形式，而不是指存在于一切社会结构之中的与经济基础相对应的"观念上层建筑"。

第三节　意识形态史的革命性变革

一、阶级社会意识形态的几种类型

意识形态是对社会经济基础的反映，是对该社会形态中与社会生产力相适应的生产关系的解释，不同历史时期生产关系的不停演变，造成人际关系的不同特点，从而表现为不同的意识形态关系。马克思从社会生产力与生产关系的矛盾关系出发，认为在人类历史发展的长河中，"大体说来，亚细亚的、古代的、封建的和现代资产阶级的生产方式可以看做是经济的社会形态演进的几个时代。"② 即生产力与生产关系之间的矛盾冲突推动着人类社会从原始社会向奴隶社会、从奴隶社会向封建社会、从封建社会向资本主义社会依次演进。与每一种社会形态的经济基础相对应，意识形态也相应地表现为奴隶社会意识形态、封建社会意识形态和资本主义社会意识形态。

原始社会部落所有制是与生产力的不发达阶段相适应的。那时的社会分工还很不发达，社会结构仅限于家庭中现有的自然形成的分工的进一步扩大，还未出现阶级分化、精神劳动和物质劳动的分离，也没有专门从事意识形态生产的阶层的存在。当然，建立在血缘关系基础上的部落所有制，也不需要维护某一阶级利益的意识形态存在。

奴隶社会的意识形态是对"古典古代的公社所有制和国家所有制"③ 的反映。到了奴隶社会，随着人口和需求的增长以及外部交往的扩大，分工也逐渐

---

① 《马克思恩格斯选集》第 1 卷，人民出版社 1995 年版，第 92 页。
② 《马克思恩格斯选集》第 2 卷，人民出版社 1995 年版，第 33 页。
③ 《马克思恩格斯选集》第 1 卷，人民出版社 1995 年版，第 69 页。

发展起来了，原始社会的公社所有制逐渐衰落，私有制尤其是不动产私有制不断地发展。这样，在原始社会中还只潜在于家庭中的奴隶制也开始充分地发展起来了，出现了公民与奴隶之间的尖锐对立，直接生产的阶级与整个国家共同体的对立。根据马克思对国家的定义，国家是一个阶级压迫另一个阶级的工具。奴隶社会国家共同体的利益就是奴隶主、贵族的利益，直接生产的阶级除了处于社会最底层的奴隶，还有介于有产者公民和奴隶之间的平民。那么，奴隶社会的意识形态必然是对这种生产关系的反映，维护的就是奴隶主贵族的利益和统治。

封建社会的意识形态则是对封建或等级的所有制的反映。封建社会的等级制度非常鲜明，它把阶级社会的等级制发展到了顶峰：在乡村里根据土地占有份额出现了王公、贵族、僧侣和农民的划分；在城市里随着帮工制和学徒制的发展产生了一种与农村等级制极为相似的等级制：师傅、帮工、学徒、平民短工。在严格的等级制结构下，农村庄园主与农奴之间、城市行会师傅和帮工之间形成了宗法关系和人身依附关系。不言而喻，封建社会的意识形态必须要维护这种宗法关系和人身依附关系，因此，其主导性意识形态必然内含忠、诚、信、义等观念。

资本主义社会意识形态是随着资本主义商品经济的发展和资本主义经济、政治制度的确立形成和发展起来的。美洲的发现、非洲的航行、大片殖民地的开拓，使封建的或行会的生产方式无法满足市场扩大、需求不断增加的要求，无疑面临着被现代化大工业生产方式淘汰出局的历史命运。而且，这种现代化生产方式需要大批的劳动力不停地补充进生产领域，而封建等级制下的人身依附关系显然严重阻碍了现代化生产方式对劳动力的需求。14—16 世纪文艺复兴时期兴起的提倡个人自由、个性解放、平等、博爱等人文主义思潮，就是对这种社会现实的呼应，它既是为了满足现代化大生产、资本主义生产方式对劳动力的需求，又是对封建等级专制主义下人身依附关系的彻底清算。马克思高度赞扬资本主义意识形态的产生在人类文明史上具有的重大意义："资产阶级在它已经取得了统治的地方把一切封建的、宗法的和田园诗般的关系都破坏了。它无情地斩断了把人们束缚于天然尊长的形形色色的封建羁绊。"①

资产阶级意识形态是人类社会意识形态发展史上的一个重要的历史时期，也曾经是推动资本主义社会向前发展的强大精神力量。但是，由于资本主义制

---

① 《马克思恩格斯选集》第 1 卷，人民出版社 1995 年版，第 274～275 页。

度本身并不能解决社会化大生产带来的生产力高度发达与生产资料私人占有制之间的对抗关系，相反，这一对矛盾日益激化，在整个资本主义世界呈现出财富积累极不平衡、贫富两极分化的病态现象，资产阶级的意识形态也日益腐朽，局限性越来越凸显。马克思入木三分地揭示了资本主义意识形态所提倡的个人主义的局限性以及自由、平等价值观的虚假性：它使人与人之间除了赤裸裸的利害关系，除了冷酷无情的"现金交易"，就再也没有任何别的联系了。它把宗教虔诚、骑士热忱、小市民伤感这些情感的神圣发作，淹没在利己主义打算的冰水之中。它把人的尊严变成了交换价值，用一种没有良心的贸易自由代替了无数特许的和自力挣得的自由。总而言之，它用公开的、无耻的、直接的、露骨的剥削代替了由宗教幻想和政治幻想掩盖着的剥削。①

这种赤裸裸的露骨剥削使贫困人口的增长比财富的增长还要快，工人阶级的生活状况不是随着工业进步而上升，而是越来越降到本阶级的生存条件之下，甚至还不能维持生活。这样，维护资产阶级私有制、维护资产阶级统治地位的意识形态也越来越失去合理性，显示出了逐渐没落的历史趋势。与此同时，科学社会主义的产生却是不可避免的。

二、科学社会主义：意识形态史的革命性变革

社会主义意识形态具有久远的思想渊源，它是人类对美好社会的一种向往和追求，是社会大众和志士仁人为摆脱现实苦难而选择的一种精神诉求。可是，在马克思主义产生以前的社会主义思想家对理想社会的设计尽管为社会思想的发展提供了极具价值的理论资源，但这些设想都是超历史的道德理想的产物，他们对资本主义制度的批判也是非历史的，因此，他们所设计的各种理想社会蓝图始终只能停留于"应该"的彼岸，无法走向现实。直至19世纪40年代，马克思与恩格斯最大限度地吸收了意识形态发展史上的一切有价值的因素，以唯物史观和剩余价值为依据，从生产力和生产关系的矛盾运动出发，揭示了人类社会发展的客观规律，合理地论证了资本主义制度产生的历史条件和它在一定历史时期存在的必然性，以及走向灭亡的、不可抗拒的历史趋势，使社会主义意识形态实现了从空想到科学的飞跃。恩格斯在《社会主义从空想到科学的发展》一文中，开门见山地概括了现代社会主义，即科学社会主义产生的实践基础和理论来源：现代社会主义，就其内容来说，首先是对现代社

---

① 《马克思恩格斯选集》第1卷，人民出版社1995年版，第275页。

会中普遍存在的有财者和无财产者之间、资本家和雇佣工人之间的阶级对立以及生产中普遍存在的无政府状态这两个方面进行考察的结果。但是，就其理论形式来说，它起初表现为18世纪法国伟大的启蒙学者们所提出的各种原则的进一步的、似乎更彻底的发展。①

也就是说，科学社会主义理论，一方面是对资本主义私有制下两极分化的社会现状的深刻揭露和反思的思想结晶，另一方面又是对空想社会主义思想合理成分的继承发展。二者的结合，恰恰表明科学社会主义的产生是意识形态发展史上的一次革命性变革。它使广大劳动者的利益诉求第一次以完整的理论形态表现出来，在人类历史上出现了真正能抗衡剥削阶级意识形态的崭新的意识形态，为广大劳动者争取自身合法利益提供精神动力和理论支撑。

而且，作为一种意识形态，科学社会主义与以往的作为"虚假的意识"的剥削阶级意识形态的关键区别之一在于：前者鲜明地宣布了自己的代表对象和不代表的对象，实现了内容与形式的完全统一，而后者只是形式上宣称代表所有人的利益而实质上则只代表剥削阶级的利益。其次，在科学社会主义理论的指导下，世界工人运动推进到一个崭新的阶段，工人阶级提出了一系列鲜明的政治斗争和经济斗争目标，迫使资产阶级不得不让渡部分政治利益和阶级利益。进入20世纪后，社会主义意识形态在俄国获得空前发展并取得了重大成就，列宁主义的诞生标志着社会主义意识形态发展到一个崭新的阶段。伴随着社会主义从理论到实践、从理想到制度的历史性飞跃的实现，社会主义意识形态也成为社会主义俄国占主导地位的意识形态。中国社会主义意识形态，经历了由马克思列宁主义这一科学社会主义思想在中国传播、与中国革命与建设实际相结合的过程，形成了具有中国特色的科学社会主义理论——毛泽东思想、邓小平理论、"三个代表"重要思想，既是对马克思主义的丰富与发展，也是中国社会主义意识形态形成与发展的标志。

纵观科学社会主义意识形态发展史，不难看出，它从西方逐渐扩展到东方，从被统治阶级的思想体系上升为统治阶级的思想体系，从少数先进人物或无产阶级政党的意识形态跃居为社会主义国家的意识形态，其间虽充满曲折和反复，但却以不可阻挡的趋势走上了由小到大、由弱到强、不断走向胜利的发展历程。

---

① 《马克思恩格斯选集》第3卷，人民出版社1995年版，第719页。

第二章

经济全球化条件下国际意识形态领域的新特点

第一节　全球化与经济全球化

一、"全球化"的初步界定

冷战结束至今，不同地域、不同国家之间在经济、政治、文化等诸方面的联系和相互依赖性都空前加强，"全球化"成为这个时间段中使用频率最高的词汇之一，并已经演变成为一种语境，当下的许多言论都必须置于其下方能理解。

但是，何谓"全球化"，却依然是一个难题。在"全球化"的后果、方式、真正的推动者及其目的的问题上，人们意见纷纭，甚至人言人殊。比如：塔布劳（M. Dlbrow）认为，全球化主要是指世界各个民族融合成一个单一的称号或全球社会的过程；肯明蒂（Paul Kemedy）则指出，全球化应被理解成为或多或少同时发生的一系列相互强化的社会转型，其中没有哪一方比另一方更具意义；赫尔德（David Held）指出，全球化的概念是表示一种跨越疆界而延伸的社会、政治与经济活动，这些活动促使世界某个区域所发生的事件、决策与活动，可能对全球遥远区域以外的个人或集体产生重大影响。还有人认为，全球化有两种趋向，一种是随着知识经济与通讯技术的发展而出现的资本主义体系向外扩张的过程，一种则是在前一过程中所出现的全球本土化运动，是对资本主义霸权体系的挑战。

上述情形出现的原因主要有两点：首先在于作为社会现象的"全球化"本身的高度复杂性，任何的理论努力都很难甚至不可能全面地把握它真实的和整体的面貌；其次，人们对于"全球化"的研究本身很难摆脱价值判断的束缚，难以区分描述性研究和规范性研究的界限。

我们知道，研究"全球化"有两种路数。一是试图揭示"全球化"的真实的和客观的面貌，即描述性研究；二是利用吉登斯所谓的理论研究与研究对象之间存在的"双重诠释学"关系①，试图通过研究为"全球化"立法，控制"全球化"的走向，即规范性研究。从原本意义来说，任何一种界定和研究都不可避免地具有规范性意味，而且"全球化"实质上是一个在全球范围内进行利益再生产和再分配的过程，所以如何定义"全球化"本身就是一个意识形态问题。由此，把主观上的"规范性"研究宣称为"描述性"研究的可能性就大大增加了。这样一来，"全球化"就被赋予各种外在的价值、利益和权力取向，"全球化"研究因此就变得更加复杂。

笔者认为，要从理论上把握"全球化"的核心内涵，首先必须拂去人为添加在"全球化"上的各种泥沙和浮土，克服"规范性"研究带来的各种难辨真伪的意识形态问题。做到这一点的关键是对"全球化"做一非常中性且简约的概括，并在此基础上把描述性定义同规范性定义区分开来，然后剖析规范性定义所蕴涵的特定利益和价值观念的指向。在这里，我们首先来完成第一项工作，即以最简约的语言来厘清"全球化"的真实面貌。在后文对全球化的本质的探讨中，我们将进一步对"全球化"的各种规范性定义及其意识形态特征进行分析。

阿克斯佛德（Axford. B.）一直着力于阐明"全球化"的复杂的历史进程和多种面相，并对将"全球化视为互联性（interconnectedness）的增长"的界定不屑一顾，但是本文认为应该用这一简约且中性的语言来尽量准确描述"全球化"。

中性地说，"全球化"是指在能造成"时空脱域"②的现代科学技术包括交通和信息技术的推动下，不同地区之间的联系日益紧密，相关性和依赖性不断增强，"人类社会在广度和深度上不断发展"③，世界俨然正在成为一个"网络整体"的过程④。在这个定义中，我们避免使用"民族国家"的概念，原因在于在各种全球化理论中，"民族国家"已经成为一个颇有争议的概念。在全球化语境中，"民族国家"能否继续享有其主权和主体地位，已经成了一个悬而未决的理论问题，无论怎样评价"民族国家"的历史命运，都会变成一个价值判断而非事实陈述；相反，作为纯地理学意义上的"地区"则不管

① Giddens, A., 1993, *New Rules of Sociological Method*, Cambridge: Polity Press.
② Giddens, A., 1990, *The Consequences of Modernity*, California: Stanford University Press.
③ 李延明：《全球化与共产主义的历史趋势》，《马克思主义研究》2001年第6期。
④ 李崇富：《认准大时代 拥抱新世纪》，《当代思潮》2000年第1期。

全球化如何紧张却始终存在，它既不是主体也没有意识，是完全中性的。

在本文中，我们还避免使用阿克斯佛德喜欢使用的"全球系统"（global system）概念，而取阿兰·罗伯森的"整体"（whole）概念①。因为在英语中，"系统"（system）与秩序、和谐、条理性以及互补性等概念具有相似性，如果把全球化视为一个"全球系统"的形成，就无法解释当前全球各种冲突的此起彼伏，也无法说明贝克所谓的"风险社会"，事实上，阿克斯佛德的"全球系统"同他对这个系统的特点的概括之间就存在差异甚至冲突。相反，"整体"（whole）则较为中性，一是作为一个数量概念，表明其包容度的完备，二则表明这些组成部分之间并非散沙一盘，而是相互关联的（interrelated），这种关联既是相互冲突的，也可以和谐相处。由此可见，虽然上述"全球化"定义相当乏味，却尽到了纯粹描述的功能，而若在这个基础上哪怕再前进一小步，都可能进入规范性定义的地盘。只有在这个基础上，我们才能进一步对相关的规范性定义进行分析。

二、"经济全球化"的简约界定

全球化有两个主要维度。其一是在广度上，地球上各个角落的人们都被卷入到这个过程之中，参与或者受到其他地区人们的生产、生活的影响。其二是在深度上，即这种影响的表现是仅仅限于政治生活、经济生活、社会生活以及文化生活的某一个方面还是囊括了所有内容。无论是从广度还是深度上看，经济全球化都是全球化的基础和核心。②

美国学者赫尔曼把"经济全球化"等同于"全球化"的做法，可以说代表了大部分人对全球化的认识："全球化既是公司跨国界扩张的活动过程，又是这个过程积聚力量时持续增长和变化的跨国界设施和经济联系的一种结构。"③ 美国全球化理论权威、哈佛大学肯尼迪学院院长约瑟夫·奈也认为，全球化的第一个层面就是经济全球化，包括资金、信息、商品、服务在全球范围远距离流动；其次才是环境全球化——空中和海洋远距离的物质传送，影响到全球环境的污染和保护，军事全球化——使用武力的危险促使了全球军事上的联系，以及社会与文化的全球化——包括宗教的传播、科技知识的推广和文

---

① ［美］罗兰·罗伯森：《全球化：社会理论和全球文化》，梁光严译，上海人民出版社2000年版，第1页。

② 李延明：《全球化与共产主义的历史趋势》，《马克思主义研究》2001年第6期。

③ ［美］赫尔曼：《全球化的威胁》，《新华文摘》2000年第1期。

化的交流，等等。①

那么，什么是"经济全球化"呢？不同的人们有不同的认识。约瑟夫·奈认为经济全球化是指资金、信息、商品、服务在全球范围内的远距离流动。国际货币基金组织则认为经济全球化是第二次世界大战以后由物资、劳务和资本构成的国际市场的融合，其中高新技术扮演了非常重要的媒介作用。学者李琮指出，经济全球化指各国经济超越了一般的互相联系和交往，而是互相交织、互相融合，以至形成了全球经济的整体，在这种情况下，个别国家经济的重大变动，特别是在世界经济中占重大份额的大国经济的变动，都不可避免地通过各种渠道，牵动或波及他国乃至全世界，但是，经济全球化又绝对不是指每个国家在利益上趋于某种一致性，而是存在着发展的不平衡。②

从上述不同界定中不难看出，"经济全球化"指的就是世界上不同地区之间的经济联系日益紧密，相互依赖性不断增强的过程。

第二节　经济全球化及其对国际政治文化格局的深刻影响

一、世界经济联系日益紧密

当前，国际贸易规模呈加速增长趋势。随着冷战的结束，军备竞赛让位于经济竞争，越来越多的发展中国家，特别是中东欧诸国、苏联解体后的各独联体国家，以及其他一些社会主义国家的经济体制纷纷向市场经济体制转轨，先后实行了对外开放的经济政策，从而使世界经济的市场化和国际贸易的全球化、自由化趋势越来越显著。世界贸易组织（WTO）发表的《年度报告》显示，国际贸易总额总体上一直呈急剧增长的态势，1950 年约为 602 亿美元，到 1980 年约为 1.86 万亿美元，1996 年已达到 6.3 万亿美元，2008 年攀升到 15.775 万亿美元。其中，1950—1980 年的 30 年间世界贸易总额增长了 31 倍；1980—1996 年的 16 年间，尽管世界贸易总额的基数已很大，但世界贸易总额仍然增长了 3.4 倍；2008 年的国际贸易总额与 2007 年相比，同比增长 15%。而且国际贸易总额增长速度超过世界工业总量的增长速度，在 1990—1995 年间，尽管西方发达国家经济处于滞胀阶段，国际贸易滑坡，世界贸易的总量基数已经很大，但世界贸易年均增长率仍然保持在 6% 左右；而同期世界各国工

---

① 转引自吴迎春：《如何面对经济全球化》，《人民论坛》2000 年第 7 期。
② 李琮：《论经济全球化》，《中国社会科学》1995 年第 1 期。

业生产总值年均增长率仅为1%，这时期（20世纪90年代前期）的国际贸易总额年平均增长率比世界工业生产总额年平均增长率高出整整5个百分点。[①]

其中，国际贸易中的服务贸易急剧增加。由于发达国家凭借知识经济的发展带动了产业结构调整，提升了第三产业的地位，促使贸易结构发生重大变化，国际贸易服务量的增长速度远远超过商品贸易的增速。根据世界银行的统计，在全球贸易总额中，服务贸易的比重从1980年的17%上升到2000年的20%左右，此期间内绝大多数年份出口额的增长率都明显高于货物贸易。[②] 国际服务贸易的急剧增长，标志着国际贸易发展到了一个新阶段。

跨国公司的国际化生产和经营活动的全球化。如果说经济全球化最初起源于国与国之间商品的互通有无即国际贸易，那么，今日的全球化突出表现为跨国公司的国际化生产和经营活动。过去，国际贸易只是各国间以所在国企业为基地生产的产品进行交换，世界经济联系体现为一种比较间接的、需要政府和其他组织作为"媒介"，才能对资源配置和经济结构进行调整的经济活动。而在20世纪80年代后，世界经济活动的主体从国家（地区）转向了跨国公司。

跨国公司通过在全球并购中小企业不断地发展壮大自身，并通过在全球范围内开设子公司，将触角延伸到世界各地。目前，无论跨国公司还是分布于全球范围的子公司，其数量都增长得很快，但后者的增速大大高于前者。从现在前溯5年，子公司的总量增加超过60%，而母公司却只有20%左右。[③] 不管是微软、英特尔这样的高技术企业，还是麦当劳、肯德基这样的食品业巨头，旗下分布于世界各地尤其是中国的子公司数量都在不断增加，然而母公司的数量却不变，这说明跨国公司控制力在不断地加强。

跨国公司的经营活动促使一个超地域市场的形成。今天，许多超级市场和百货商店出售的大都是全球商品，如柯达、富士胶卷，雀巢、摩卡咖啡，可口可乐饮料，意大利百纳通服装，等等。

金融的全球化。在现代民族国家存在的前提下，商品和服务的国际贸易、人才和技术的跨国交流还要受到许多限制，如各国为了保护本国生产者的利益和市场，可以设置贸易和非关税技术壁垒，唯有对金融流动无法设立关卡。电讯和互联网不可遏止地延伸，为金融的全球化奠定了技术和物质基础，打破时

---

① 《经济全球化的影响与挑战》，http：//www. cn-doc. com/_ education_ thesis_ economic/2005_ 08_ 27_ 23/20050827231818818_ 2. htm.

② 转引自马维野：《全球化时代的国家安全》，湖北教育出版社2003年版，第170页。

③ 转引自马维野：《全球化时代的国家安全》，湖北教育出版社2003年版，第170页。

空界限成为极其便当的事情，只要借助电脑就可在世界任何一个地方调动全球金融资源。20世纪90年代中期，主要商业银行都建立了计算机化的全球结算系统，凭借电信技术，人们能够在银行的不同营业所之间进行转帐。绝大多数与超地域证券交易有关的支付，都受到一两家计算机化清算银行的影响，这些巨型电子薄记公司在全球证券交易中扮演的角色，类似于世界银行间金融系统和清算银行间支付系统在超地域银行业中所起的作用。和当代绝大多数主要证券市场一样，金融衍生工具业主要也是电子化的，即用电话线和信息显示终端把世界各地的交易者联系起来，经纪人只要打一个电话或点击一下鼠标就能即时在世界任何地方完成金融工具的买卖。① 很明显，金融的全球化使经济活动摆脱了地域性的限制，成为经济全球化最名副其实的表现形式。

国际经济组织的兴起。全球性经济活动的发展趋势必然促使国际经济组织的兴起，并使其活动遍及全球。目前，最引人注目的有欧洲共同体、北美自由贸易区、亚太经济组织等区域性自由经济组织，以崭新的姿态展现在国际经济贸易活动中，从不同的角度推动着本区域和国际经济的发展。另外，以鼓吹并实施贸易、投资和金融自由化为主旨的国际经济组织的主干，如世界贸易组织、国际货币基金组织、世界银行等，其协调面在不断扩大，涉入度也在不断深化。虽然这些机构内部各成员国都在为自己的利益争斗，发达国家也会竭力压制发展中国家使其就范，但它总算是一个松散的"经济政府"，协调管理全球经济是它的职能，在某种程度上强制推行了许多全球规范、法规和程序。通过这类组织的协调活动，经济交往和处理纠纷的"对话成本"代替了冷战时期以军事政治安全为标志的"对抗成本"，使人类为发展付出的代价大大减少了。

二、"一超多强"的政治格局与多极化的发展趋势

经济全球化以不可阻挡之势向21世纪挺进时，人们越来越清晰地感受到它带来的双重政治效应：既可能促进世界政治格局多极化的形成，也可能被意欲建立单极格局的超级大国所利用。

美国霸权欲望膨胀，是因为唯一能与之抗衡的苏联解体了，这使世界政治格局由两极世界演变成"一超多强"的现状，美国力量在当今世界重大问题上的影响已无所不在。

---

① Waters, M., 1995, *Globalization*, London：Routledge. pp. 86~88.

（1）美国的影响力来自其经济优势。从 20 世纪 90 年代中期开始，美国经历了自二战以来最强劲的经济增长，使其在科技水平、生产效率和经济竞争力等方面都独占鳌头。而且，以经济全球化为核心的全球化进程，为美国推行全球战略创造了极好的国际环境：一是经济全球化所要求的世界市场化、全球贸易自由化，无疑将给经济实力最强大的美国提供更多的贸易和投资机会；二是经济全球化的主要推动力——40% 的巨头跨国公司总部设在美国，跨国生产使美国在世界经济中的实力进一步得到了增强；三是抢占信息产业制高点。在以信息为基础的经济中，"力量正在向'占有丰富的信息'方面，而不是'占有雄厚的资本'方面转化。"① 美国清醒地认识到了这一点，充分利用信息技术的核心地位，率先推行"信息高速公路计划"，制定"数字地球"发展战略，优先发展信息产业，并且凭借以信息技术为核心的全球性技术增强其经济、军事、政治与文化实力；四是在国际金融（包括国际货币体制与国际投资规则等）和国际贸易制度化过程中，美国握有很大的主导权或主动权，对现存国际经济组织及其规则有掌控权，这使美国能主导全球化进程，锁定大国力量对比，在国际舞台上大大拓展按照自己意志自由选择的空间，使世界格局朝着有利于自己的方向发展。

（2）从军事力量角度看，在核武器、军费开支总额以及将大规模部队运往遥远地区的能力等方面，美国都占有绝对优势地位。早在 2000 年，美国著名核武器专家斯蒂芬·扬格就指责美国的核武器太多了，数量超过了 5000 枚的大当量的核武器足以达到任何军事战略目的。② 尽管美国政府口口声声地宣称自己要遵守《核武器不扩散条约》，但事实上美国是一方面"削减"，即削减大爆炸当量、远射程的战略核武器，一方面生产和制造更多的小型化的核弹头。2005 年，美国已拥有 1.06 万亿件核武器，是世界上拥有核武器数量最多的国家，平均每年要花费大约 46 万亿美元来维持其核武器的开发和生产。③ 美国军费年年高居全球榜首，2009 年在军火工业方面的开支高达 6610 亿美元，占全球军费开支的 43%。④ "9·11"事件后，美国又加强了海外军事力量，美国目前在世界数十个国家和地区设有数百处军事基地，海外驻军人数约

---

① ［美］约瑟夫·奈：《美国定能领导世界吗》，何小东等译，军事译文出版社 1992 年版，第 162 页。

② 夏文：《美国核武器专家说——美国的核武器太多了》，《人民日报》2000 年 1 月 11 日。

③ 《背景资料：美国核武器》，新华网，2005 年 2 月 9 日。

④ 《全球军费开支去年创新高　美国居首中国第二》，《联合早报》2010 年 6 月 3 日。

57 万。① 海外驻军正是美国全球战略的显示力量，是美国维持世界"领导者"地位的重要支柱，"是射向全世界的利剑"②。

（3）从文化和意识形态等软实力角度上来看，美国的优势更加明显。从20 世纪70 年代以来，以民主价值观、文化等为代表的"软"力量呈现逐步上升的趋势。约瑟夫·奈在对1990 年美、苏、欧洲、日、中各主要对手的国力进行比较后指出："美国的文化全球性普及能力是最强的"③，虽然欧洲文化的全球性普及能力也较强，但"美国文化吸引力要比英国文化的吸引力大得多……在国际体系中比其他国家具有更强的同化能力。"④ 根据联合国教科文组织的研究，美国电视节目出口量比第二位出口国（英国）多7 倍，并拥有唯一的全球影片发行网。虽然美国影片的产量只占世界电影产量的6% 或7%，但却占据了世界荧屏播放时间的50%。⑤

在美国的对外战略中，硬实力和软实力有机地结合在一起，齐头并进，具有极大的威慑力。如果说在冷战结束后的短暂时期内，美国还愿屈就于多极化中的一员，但在经过20 世纪90 年代的过渡之后，美国的实力已高度膨胀，羽翼丰满的美国已不再甘于和他国平起平坐，它决定要不顾其他盟国的反对，不必联合国授权，单独依靠自己的实力，确立它在世界上的第二个罗马帝国的地位。

但是，美国的"帝国"之梦并不能顺利实现。

首先，世界上其他大国和国际同盟在经过一个重要的发展、调整时期后，无论是综合国力还是国际影响力都开始露出尖尖角，对美国的霸权主义构成了挑战。虽然目前俄罗斯的国际影响力不及前苏联时期，但值得注意的是，俄罗斯继承了前苏联一半多的人口和幅员，60% 的经济，85% 的军事力量，是核领域内唯一能与美国抗衡的国家，随着俄罗斯政局的稳定和经济的复苏，核大国优势将继续得到保持，在未来世界格局中将会重新成为十分重要的一极。

欧盟作为一个整体，其人口超过美国一半，国民生产总值超过日本，并于

---

① 《背景资料 美国海外驻军情况》，新华网，2009 年12 月2 日。

② 王蔚：《美国海外驻军 射向全世界的利剑》，《南方周末》2000 年6 月2 日。

③ ［美］约瑟夫·奈：《美国定能领导世界吗》，何小东等译，军事译文出版社1992 年版，第145 页。

④ ［美］约瑟夫·奈：《美国定能领导世界吗》，何小东等译，军事译文出版社1992 年版，第158 页。

⑤ ［美］约瑟夫·奈：《美国定能领导世界吗》，何小东等译，军事译文出版社1992 年版，第160 页。

1995 年达到 7.5 万亿美元，首次超过美国的 6.26 万亿美元，占全球 23 万亿美元的 1/3，其在世界贸易中所占的份额也已超过美国。① 可以预料，欧盟将作为未来多极世界的一极，在国际政治舞台上的作用正在不断恢复并将越来越重要。

日本是亚洲经济的排头兵，经济实力仅次于美国，在世界经济发展中的作用是显而易见的，随着经济实力的增长，日本正向"政治大国"和"军事大国"迈进，只要不出现意外情况，日本显然会成为未来多极世界中的一极。

中国在冷战时期以其独特的方式，在美苏争夺世界霸权的夹缝中成功地构建了"三极世界"，提出了"三个世界"的划分及和平共处五项原则的国际关系基本准则，为发展中国家树立了榜样。随着改革开放的深入，中国经济实力大增，综合国力上升，国际政治地位提升，在亚太事务和联合国中，已经发挥并将继续巩固和扩大政治大国的作用。实践证明，在解决世界诸多问题中，如朝鲜半岛问题、南亚核试验问题等等，已经离不开中国的参与。此外，在地区大国中，印度、沙特阿拉伯、埃及、南非、巴西等国在所在地区性事务中的影响也越来越大。

第二，维护经济全球化的正确进展方向，避免被一个国家操纵，也是世界各国发展本国经济的必要条件。经济全球化需要世界格局多极化为其扫清前进道路上的障碍，排除单极世界带来的干扰和冲击。所以，各大国只有自觉地在全球范围内进行广泛的合作，共同致力于建立相对平衡的国际协调与控制机制，才能抵制美国单极独霸的战略，才能保证各国经济在世界经济联系日益紧密的条件下健康有序地协调发展。2008 年由美国次贷危机所引发的全球性金融危机以残酷的事实雄辩地证明了以美国为主导的世界金融和经济体系的不合理性和脆弱性。因此，自 2008 年以来，要求改革世界经济体系和金融体系的呼声不断高涨，重建世界经济新格局的努力开始展开。这些都是对美国单极地位的挑战，也动摇了美国的世界霸主地位。相反，中国因其对世界经济的强劲引擎功能以及负责任的经济政策赢得了世界各国的尊重。

第三，反对单极世界、争取世界和平的呼声日益高涨。国际社会普遍认识到美国并不是一个负责任的大国，它的普遍正义的自我包装掩盖了太多的自我利益和等级主义诉求，它的单边主义行动不仅没能保护世界和平，反而严重破坏了全球安全，造成了恐怖主义这一弱者的武器的更为强劲的反弹，所以国际

---

① 常欣欣：《经济全球化对国际关系的影响》，《当代世界》1999 第 2 期。

社会普遍反对并采取各种措施来阻止美国成为"世界警察"。美国企图利用世界力量暂时失衡、国际新秩序尚未形成的时机，到处推行霸权和强权政治，虽然一时得逞，却遭到了世界各国爱好和平的人民的普遍反对和几乎所有大国的警惕和强烈抵抗。

第四，美国国内大部分民众也对美国单极霸权战略持否定态度。布热津斯基说道："冷战结束后，美国成为唯一的全球性大国，并未在美国公众中引起太多洋洋得意之感。"赞成美国作为剩下的唯一超级大国，在解决国际问题方面继续担任一个举足轻重的世界领袖的美国公众越来越少。大部分民众还认为美国因缺乏公认的合法性而成不了世界警察，因缺乏偿债能力而成不了世界银行家，因自身不清白而成不了全球道德家，他们更"倾向于对美国在海外的责任作出更加有限的界定，1995 年和 1996 年进行的民意测验表明，一般公众更喜欢与别人'分享'全球力量，而不是由美国一家垄断。"①

综上所述，尽管目前单极霸权主义严重影响着世界多极政治格局的进程，但是，随着经济全球化进程的加快，建立以和平共处五项原则为核心内容的国际新秩序，以力量相对均衡的多极化世界格局来共同维护世界的和平与发展，必将取代目前的"一超多强"格局。

三、世界文化的多元格局与多元趋势

在经济全球化条件下，世界文化必然出现相互交流、相互融汇的状态。首先，随着经济全球化进程的进一步加快，人类共同实践活动的扩展与加深，使世界各国的经济体制、经济运行方式、社会生产的共性不断增加，这就要求世界各国在经济交往中按照相同或相似的规则活动，在相互理解中达成共识，这一发展趋势使各民族的文化也不能孤立地独自发展。早在《共产党宣言》中，马克思与恩格斯就高瞻远瞩地预言，"过去那种地方的和民族的自给自足和闭关自守状态，被各民族的各方面的互相往来和各方面的互相依赖所代替了。物质的生产是如此，精神的生产也是如此。"② 其次，新科技革命为人类提供了自动化、信息化、电子化、智能化的生产力，提供了高速、高效、大容量的交通运输和信息通讯工具，人类交往互动加强，大大缩短了各民族在文化上的距离，势必产生不同文化的交流融合和相互交流的趋势。

---

① ［美］兹比格涅夫·布热津斯基：《大棋局：美国的首要地位及其地缘战略》，中国国际问题所译，上海人民出版社 1998 年版，第 34 页。

② 《马克思恩格斯选集》第 1 卷，人民出版社 1995 年版，第 276 页。

但是，世界文化在全球层面上大规模的交流与互动状态，并不意味着文化的同质化和同一化。文化全球化只是"各民族文化通过交流、融合、互渗、互补，不断突破本民族文化的地域和模式的局限性而走向世界，不断突破本民族的国界并在人类的评判与取舍中获得文化的认同，不断将本民族文化资源转变为人类共享共有的资源的过程。"① 个中原因包括：虽然每一个国家在经济全球化条件下都很难保持单一民族国家的"纯粹性"，但是，由于各民族的文化都是植根于其地理生态环境与各民族的社会实践生活之中，具有鲜明的民族性、地域性，文化自身又具有稳定性与继承性，决定了文化在交流发展的过程中将保留着自身的民族特色和地域特色，单一文化不可能普及。

而且，经济全球化也并不是指全球经济发展模式的完全一元化，而是指劳动和产业分工在全球范围内的重新调整，以及不同地域、不同民族国家之间经济贸易关系的不断加强，因而需要制定为各个国家和地区所承认和遵守的世界性生产和贸易规则。正是在这个意义上，民族性的和地域性的经济活动和产业也可能成为世界性的经济活动和产业。文化同样如此，在全球交往过程中，一方面必须建立全球性的共同标准，以缓和因话语差异而造成的各种不必要的冲突，另一方面各种文化模式和类型又具有自身独特的适应性和功能，并因此而具有自身的生命力。在 2000 年联合国安理会首脑会议上，江泽民同志对世界文化在经济全球化条件下的发展趋势作了精辟而又深刻的阐述："世界是丰富多彩的。各国人民走过了不同的历史发展道路，有着不同的经济发展水平、文化背景、社会制度和价值观念，延续着不同的生活方式，这是世界多样化的体现。我们应当承认差异，有差异才能有进步。"

但是，就像经济全球化进程中出现的新殖民主义现象一样，文化领域也必然存在文化霸权主义现象。由于不同民族、不同国家在经济全球化进程中事实上存在的力量差异，尤其是发达国家与不发达国家文化力的悬殊差别，使西方国家尤其是美国能刻意凭依其强势力量，将其地域性文化鼓吹为全球普适性标准，并在全球范围内推行"文化霸权"。

可是，这种文化霸权主义甚嚣尘上的一个重要后果是，唤醒了不同民族国家对本民族和国家的本土性文化的重要性的认识和认同，必然激发弱势的、拥有异质性文化的民族和国家为保存自身文化而抗争；催生出各非西方国家和非资本主义国家，对西方文明特别是美国文明的自我中心论的全球主义和普遍主

---

① 衣俊卿：《全球化的文化逻辑与中国的文化境遇》，《社会科学辑刊》2002 年第 11 期。

义的持久反抗；催生出各种民族主义主张和多元文化主义等各种反全球主义运动和话语的全球蔓延；甚至还催生出恐怖主义这一弱者的武器，即美英在冷战结束后所奉行的变本加厉的霸权主义政策，与"恐怖主义"在世界各地更强劲的反弹之间的尖锐对抗，使亨廷顿预言的"文明冲突"在现实生活中被残酷地复制。诸种对文化霸权主义的反抗，必然能够在一定程度上为维持世界文化的多元化格局做出贡献。

四、中国文化应是世界多元文化中的一元

张岱年、方克立等在《中国文化概论》中指出，"文化是一个生生不息的运动过程。任何一种民族文化，都有它发生、发展的历史，都有它的昨天、今天和明天。"① 同样，中国文化是中华民族在漫长的历史发展进程中辛勤劳动和集体智慧的结晶，也有它的发展历史，"'昨天'的中国文化——中国传统文化，'今天'的中国文化——中国特色的社会主义文化"② 都是维系中华民族生生不息的精神纽带，是构成中华民族自身特色的重要内容，都对世界文化的发展做出过重大贡献。在 21 世纪世界文化多元并存的格局之下，中国文化无疑是世界多元文化中的重要一元。

首先，从历史上看，中国之所以能获得世界四大文明古国之一的美誉，主要原因之一在于它在几千年文明发展史中形成、积累和流传下来的中国传统文化。考古学、历史学的研究以及文化线索证明，中华大地是世界古人类的发祥地之一，在几千年的历史过程中，中国文化经历了创始、奠基、一统、交融、交汇等发展阶段，并最终形成了多元一体的文化结构。这一悠久历程的重大结果就是中国文化基本类型和模式的形成，具体表现为中国人独具特色的文化传统、价值观念、生活理想、伦理道德、思维模式和制度法则等等，更重要的是，从很早开始，中国文化就奠定了在世界文化范围内的重要地位，成为世界多元文化中不可或缺的重要组成部分。

第二，中国文化是各民族文化长期交融的结果，它本身多元一体、内涵深厚。考古学家在黄河、长江这两大流域之外的广大地区发现了古老文化遗址，研究证明这些文化中心从远古时期开始就是多元文化因素长期融合的结晶，相互间存在着明显的影响与交融。中国文化的发端就是立足于不同地区、不同族群之间互相交流、启发基础之上的文化建构。在其后的历史发展中，经过魏晋

---

① 转引自张骥等：《文化与当代国际政治》，人民出版社 2003 年版，第 396 页。
② 转引自张骥等：《文化与当代国际政治》，人民出版社 2003 年版，第 396 页。

南北朝、宋元明清时期的民族大融合，族属各异、文化不同的各族人民，经过长期而深入的文化间的互相熏染，不论是在观念的层面还是在物质生活方面，都有了基本的文化认同，各民族原有的文化传统逐渐杂糅，并在民众生活中得到了普及与深入，形成了我中有你、你中有我的文化共同体。

第三，中国文化是中外文化交汇的结果，它兼容并蓄，气象万千。任何一种民族文化，在各个历史时期都要受到其它民族文化的影响，引进和吸收其它文化就成为一种历史现实，被吸收的外来文化一旦与自身的文化相融合，便也成为传统文化的一部分。可以说，没有一种文化是纯而又纯的，吸收外来文化是丰富和发展本体文化的正常途径之一。纵观中国文化史，中国文化在与外界的接触中，相继兼容了草原游牧文化、波斯文化、佛教文化、伊斯兰文化和以基督教为中心的西方文化，这些外来文化与中原农业文化不断调适并本土化，形成了中国文化的恢宏气象，并与世界文化紧密相关，不可分割。

第四，中国文化历来都是面向世界的文化，它有力地显示出中国文化系统充分的开放性和文化交流的互渗性。中国文化曾使中华民族跻身于世界强国之列，也为人类文明发展做出了重大贡献。正如美国著名汉学家德克·卜德所说："中国对西方世界做出了很多贡献，这些贡献极大地影响了西方文明的发展。从公元前200年到公元1800年的这两千年间，中国给予西方的东西，超过她从西方所得到的东西。中国文化西传的结果，甚至完全改变了我们的生活方式，成为我们整个现代文明的基础。"[①] 中国古代文化处于世界领先水平，例如，在古代技术方面，中国古代的四大发明走向了世界各地，形成了多向度的文化传播，不但向世界输出了技术文化，而且促使了世界范围内的技术创新。其次，在交汇、交流、交融过程中，中国文化始终是开放性的，对待优良的外来文化来者不拒，兼容并包。丝绸源于中国，通过丝绸之路，中国不仅输出了丝绸，同时也输入了异域文化，所以说丝绸之路是东西方交流的文化通道。

第五，中国特色社会主义文化，是指我们在改革开放和社会主义现代化建设过程中，坚持以马克思主义为指导，从民族意识和全球意识相结合、民族精神和时代精神相统一的高度出发，立足于既批判继承历史传统又充分体现时代精神、立足本国而又面向世界的基础，所形成和发展起来的社会主义新文化。它既为建设有中国特色社会主义事业，实现中华民族伟大复兴提供了精神动力

---

① 转引自张骥：《文化与当代国际政治》，人民出版社 2003 年版，第 397 页。

和智力支持，也为解决当前经济全球化进程中资本主义生产方式日益普遍化所带来的种种社会弊端提供有益的启示，所以中国特色社会主义文化理应在未来世界多元文化发展中占有重要的一席之地。

第三节 经济全球化条件下国际意识形态领域的新特点

作为社会上层建筑之组成部分的意识形态，归根结底是对社会经济政治关系和历史状况的反映。在经济全球化条件下，世界经济的新特征、政治的新格局必然使当前的国际意识形态领域呈现出前所未有的新特征。

一、共存与竞争：意识形态领域出现的新态势

20世纪下半叶，因为意识形态领域的分歧，资本主义与社会主义两大阵营之间长期尖锐对抗，部分地区的人民付出了沉重的代价。冷战结束后，在世界经济联系日益紧密的条件下，和平与发展已成为世界广大人民的共同心愿，国际意识形态领域出现了共存与竞争的新态势。

第一，作为冷战的重要一极，苏联的崩溃，改变了由意识形态分歧造成的长达半个世纪的社会主义与资本主义阵营直接对抗的局面。中国作为冷战后最主要的社会主义国家，自20世纪70年代末开始自觉地采取更加务实的对内和对外政策，提出了"不去计较社会制度和意识形态的差别"[1] 的新思路，集中精力于国内经济发展，在国际交往中把国家利益和民族利益放在首位，作为处理国际关系的新原则。社会主义阵营的这些变化和举措迫使美国等西方国家的冷战思维难以为继，为意识形态领域纷争的缓和创造了条件。

第二，在经济全球化条件下，经济建设和市场经济体制改革是世界上大多数国家共同关注的话题，这使得冷战之后的主要国家之间第一次有了一个可以相互对话的意识形态平台。大多数国家都认识到，只有靠抓住经济全球化以及绝大多数国家都集中精力进行经济建设这一历史机遇，创造和平的国际环境，充分利用国内外资源和机遇努力发展经济，提高自身的综合国力，才能在国际交往中显示自身的优越性，提高自身的吸引力，为战胜其他制度打造坚实的基础。

第三，对文化多元化存在的必要性的普遍认同，为各国在意识形态问题上

---

① 《邓小平文选》第3卷，人民出版社1993年版，第330页。

展开对话提供了认识论依据。冷战时期，各个主要国家都奉行一种非理性的"你死我活"的思维方式来对待意识形态的分歧，为此不惜开展了长达数十年的军备竞赛。冷战结束后，虽然美国依然奉行其全球主义政策，并变本加厉地推进其"新帝国"计划，难以容忍不同文化和意识形态的存在，但大多数国家都开始更为理性地看待异质性制度和文化存在的必要性和必然性。比如，在中国，悠久的传统文化同社会主义文化的融和日益紧密，传统文化中"和而不同"的思维正在逐渐复苏；被美国讥讽的"老欧洲"中，以"价值多元主义或某种价值相对主义"为核心的自由主义也开始重新生长。①

正是在这种观念转变的背景下，"取长补短"、"求同存异"、"平等对话"等处理各国分歧的准则，得到了大多数国家的普遍认同，不同文化之间的对话和相互借鉴开始增多，文化生态正在被逐渐培育出来。譬如，我国对待资本主义意识形态的态度已从"宁要社会主义的草，不要资本主义的苗"这样的盲目拒绝，向强调对资本主义意识形态进行辩证分析而转变，积极开展对话，还提出了推动"和谐世界"建设的新理念。这既是对当前国际意识形态共存与竞争趋势的认同，也是提升自身意识形态生命力的重要举措。唯有以这些方式才能营造一个丰富多样的世界文化生态空间。

二、国际意识形态领域矛盾的广泛性

实践证明，冷战结束以来，意识形态领域中共存与竞争的新态势，只是改变了冷战时期以美苏为首的东西方两大阵营，基于政治制度与意识形态的差异来决定国家间关系亲疏好恶的范式。事实上，西方发达国家尤其是美国并没有放弃其意识形态战略，反而从冷战前的单纯反对共产主义意识形态，转变为对一切与西方文明异质的文明类型宣战。关于这一点，邓小平说得非常明白，"我希望冷战结束，但现在我感到失望。可能是一个冷战结束了，另外两个冷战又已经开始。一个是针对整个南方、第三世界的，另一个是针对社会主义的。西方国家正在打一场没有硝烟的第三次世界大战。所谓没有硝烟，就是要社会主义国家和平演变。"② 具体言之，有以下三点。

第一，资本主义与社会主义两种意识形态的对抗，仍是国际意识形态领域最重要的矛盾，社会主义国家仍是西方实施意识形态战略的重点对象。这是因

---

① 李强：《美国新帝国主义全球战略的政治哲学解读》，《思想理论信息》（清华大学高校德育研究中心）2003 年第 30 期。

② 《邓小平文选》第 3 卷，人民出版社 1993 年版，第 344 页。

为意识形态具有鲜明的阶级性和排他性，决定了资本主义意识形态与社会主义意识形态不可能和谐共存，两种意识形态对立的本质并没有改变。当前的资产阶级希望能建立一个按照自身目的和世界观运转的世界政治、经济和文化新秩序，抢夺世界事务的领导权。而社会主义国家之所以暂时转变了国际政策，根本原因不在于放弃了意识形态领域的抗争，而是为了一方面吸收西方发达国家的资源，来增强自身各个方面的硬实力，另一方面是理性吸收和借鉴其他思想体系的合理成分以发展和完善自身，壮大自身的软实力，为最终战胜资本主义制度做铺垫。

第二，广大发展中国家对自己正当的政治、经济和文化利益的诉求，对文化多样性的尊重，以及对本民族文化的认同和积极维护，给资本的全球渗透和扩张设置了极大的障碍，迫使资本主义国家意识形态渗透和演变的对象扩展到第三世界。冷战结束后，美国学者亨廷顿马上抛出了"文明冲突论"。这种论调一方面较为真实地反映了世界文明的多样性和复杂格局以及西方文明对其他文明的敌视，另一方面则是对冷战后意识形态领域的冲突的一种建构，其真实目的是为美国建立单极世界提供理论支持。资产阶级意识形态是保证资本在世界范围内顺利实现疯狂聚积的"软"武器："它迫使一切民族——如果它们不想灭亡的话——采用资产阶级的生产方式；它迫使它们在自己那里推行所谓的文明，即变成资产者。一句话，它按照自己的面貌为自己创造出一个世界。"①但是，当西方文化霸权意识在经济全球化的进程中日渐昭显，并强烈地侵蚀着广大发展中国家的意识形态和国家利益时，也引起了广大发展中国家的高度警觉，冷战后恐怖主义的威胁、地区冲突频频发生、反全球化运动的四处衍生，在较大程度上反映了国际意识形态领域矛盾的广泛性。

第三，后冷战时代，世界从两极化到多极化的转变，带动了意识形态斗争不断渗透到更加广泛的领域。在当今世界，由于政治上的不断分化和组合，各种政治集团林立，而每种或每类政治集团都有自身的特定经济、政治利益，这就形成了多极世界的格局。比如，从政治方面说，有东、西方集团（即东西关系）；从经济方面说，有南、北集团（即发达国家与发展中国家）；从地域上说，有欧洲共同体、拉美国家集团、非洲国家集团、东南亚国家集团等等，还有一些特殊的政治集团如不结盟国家集团等等。这些基于不同的经济、政治利益而结合起来的政治集团，在交往中必然要产生各种矛盾和斗争，很显然，

---

① 《马克思恩格斯选集》第1卷，人民出版社1995年版，第276页。

它们在意识形态方面的矛盾和斗争也会渗透到政治、经济、文化、民族、地域等各个领域中去。

三、国际意识形态领域矛盾的复杂性

虽然资本主义与社会主义意识形态之间的直接对抗已经结束了，但不同的意识形态在共存与竞争中相互渗透、相互借鉴，使意识形态矛盾更加复杂化了。

第一，意识形态渗透渠道的多样性。在信息技术革命迅猛发展的今天，西方资本主义意识形态进行渗透与颠覆的渠道和途径可谓五花八门，正常渠道与非正常渠道并举，传统途径和现代途径并用。（1）计算机网络、通讯系统、高覆盖率的广播电视等现代传媒的广泛运用，使信息可以穿越严密防守的地理疆界在全球范围内自由流动，正如托夫勒所说，任何一个政府或组织要想将某一特定的信息，限制在国界之内或将其拒之于外已经变得更加困难了。① 资本主义意识形态能通过这些现代手段及时地以"无意识"的方式侵入他国。②（2）通过输出音像制品、电脑软件、书报画刊等这些表面上看起来没有价值取向的文化消费产品，对其他民族的文化进行侵蚀，模糊第三世界国家人民的民族精神和爱国主义情感。（3）利用开展国际间正常的经济、政治、文化交往，特别是利用召开研讨会、设立奖学金、开展合作研究、进行人员培训等各种机会，夹带西方的文化理念、政治思想、道德观念、价值标准等意识形态"私货"。③

当西方采取灵活多样的手段，无孔不入地对社会主义国家和广大发展中国家进行意识形态渗透时，国际意识形态领域的斗争就变得更加复杂，防范难度也更大。

第二，意识形态渗透方式的隐蔽性。经济全球化条件下资本主义意识形态的扩张和渗透，除了采取对异己思想文化进行公开的、直接的攻击和否定外，更注意采取间接和隐蔽的方式来进行。

一是通过话语霸权统摄人类的精神生产，达到文化、思想霸权的目的。正如一位学者所指出的，"无论是后现代主义、可持续发展、知识经济，乃至全

---

① ［美］阿尔温·托夫勒：《权力的转移》，中共中央党校出版社1991年版。
② 沈湘平：《全球化的意识形态陷阱》，《现代哲学》1999年第2期。
③ 冯达成：《全球化时代我国意识形态面临的挑战与对策》，《广西社会科学》2002年第3期。

球化本身，都是资本主义世界产生的话语，他们具有最强的解释力。"① 而且西方国家还把西方文化通过所谓"全球文明"、"文化全球化"的巧妙包装，向全世界倾销这些概念体系和意识产品，从而"统治着想象领域，占据着交流空间"②，影响和支配包括社会主义文化在内的非西方文化的生产及发展。

二是意识形态领域的斗争出现了经济、政治与意识形态联盟的显著特征。国际资本主义提供援助和输出资本的行动，从来没有忘记和放弃对社会主义国家和广大发展中国家实施"西化"、"分化"的政治战略。在当前经济全球化条件下，西方大国普遍加强了官方发展援助项目，与"民主、人权以及良好治理"等政治条件挂钩。例如，"美国宣布给予经援要以发展中国家'实行多党制为代价'；法国宣布给予援助多寡取决于受援助国'民主化的程度'；英国宣布它的援助要与受援国的'民主化相联系'；欧盟规定，如果某个国家'侵犯人权'，欧盟就中断合作，如果一些国家想要得到援助或加入国际组织，就必须实行'民主化'。"③ 多数受援国都会因被援助国判定"人权问题和民主化进程"出现波折而招致援助国的制裁。

这一切都说明冷战后意识形态斗争不仅仍然存在，而且西方意识形态渗透方式更加隐蔽化、复杂化，对社会主义国家和发展中国家的意识形态构成了严重威胁。

第三，当代世界资产阶级意识形态和社会主义意识形态各自的表现形式多样化。由于不同国家的传统文化、生活方式各具特色，使资本主义意识形态与社会主义意识形态在表现形式上千姿百态。比如，资本主义阵营内有各种各样的资本主义市场经济模式：美国的自由市场经济模式、日本的政府主导型模式、德国的社会市场经济模式、北欧的福利计划市场经济模式等等。当今世界上现存的五个社会主义国家的发展模式和经济体制也都各不相同。此外，世界上还有形形色色自我标榜为"社会主义"的国家："如社会党的民主社会主义、缅甸纲领党的社会主义、印度国大党的社会主义、阿拉伯社会主义（包括纳赛尔社会主义、卡扎菲的'新型社会主义'等）、非洲社会主义，以及亚洲斯里兰卡的社会主义、巴基斯坦的社会主义等等。"④ 如果认真研究这些"社会主义国家"的基本理论主张和实际行动，就可以发现，它们并不是真正

---

① 沈湘平：《全球化的意识形态陷阱》，《现代哲学》1999 年第 2 期。
② 王列：《全球化与世界》，中央编译出版社 1998 年版，第 10 页。
③ 马维野：《全球化时代的国家安全》，湖北教育出版社 2003 年版，第 50 页。
④ 宋惠昌：《当代意识形态研究》，中共中央党校出版社 1993 年版，第 102 页。

坚持以马克思主义为指导，坚持马克思主义路线的社会主义国家。由于他们难以突破私有观念，总的来说，还是属于资本主义思想体系的，但是他们以社会主义的名义混淆了广大人民群众对马克思主义的认识和理解。这些现象的存在使两种思想体系的斗争更加复杂。

第四节　经济全球化条件下国际意识形态力量的对比与转化

在过去的一百多年中，共产主义和资本主义一直处于不断的对峙和斗争之中。尤其在二战以后，人类社会进入了由美苏两大敌对阵营为争夺世界主导地位而发起的漫长而痛苦的冷战时期。但经过半个世纪的较量，到 20 世纪末，强大的社会主义阵营土崩瓦解了，原苏东社会主义国家纷纷抛弃了马克思主义，加入了西方意识形态文化圈。尤其是在经济全球化条件下，资本主义生产方式的不断扩张使资产阶级文化共同体得到空前加强。有人质疑马克思主义的"两个必然"的科学性，下文试图从经济全球化条件下国际意识形态的当前状态和未来发展趋势两个方面论述"两个必然"这一科学命题。

一、资产阶级意识形态暂时的强势地位

意识形态的强势和弱势是指特定意识形态在特定时空中所处的地位和所起的作用，影响力大的称为强势，反之称为弱势。资产阶级意识形态暂时的强势地位是指，从当前经济全球化这一大的时代背景来看，资本主义生产方式的全球普遍扩展，资本主义文化主宰着整个世界的生产和生活方式，资产阶级意识形态处于强势地位已是不争的事实。从未来的发展趋势来说，随着资本主义基本矛盾的尖锐化，资本主义制度必然灭亡，资本主义意识形态也必然走向没落，所以说，它当前的强势地位只是暂时的。具体而言，当今资本主义意识形态的强势地位表现如下。

私有制观念根深蒂固。私有制观念是私有制生产关系的反映。私有制最早出现于原始社会末期的父系氏族社会，经过奴隶社会的国家所有制、封建社会的家庭所有制，到现在已经发展为资本主义个人所有制，达到了私有制的极端状态，也就是私有制的终点。从私有制产生的时候起，剥削阶级就豢养了一批意识形态专家，他们专门生产各种冠冕堂皇的理论，"千方百计地用'天然权

利'来掩盖"少数人掠夺多数人"这一原始事实"①，并把维护私有制的各种观念当作永恒的、终极的、从此不变的教条，强加给受剥削、受压迫的人民。伴随着私有制几千年的发展历史，私有制观念不仅在统治阶级内部已根深蒂固，也被社会上大多数劳动人民无反思地接受。

资产阶级意识形态内容极具虚幻性和迷惑性。资产阶级意识形态作为人类社会最后一个为阶级对抗制度辩护的思想体系，既继承了历史上一切有利于维护剥削制度的思想，也吸收了它的对立面——社会主义思想中的丰富养料，在经过资产阶级思想家们的全面加工后，"自由、平等、民主、博爱、正义、个性解放、人权、法治"这些听起来非常美妙、抽象的"普世价值"，实际上却构成了资本主义意识形态的主要内容，使其极具虚幻性和迷惑性。正因为如此，有的学者认为资本主义意识形态建设非常成功，至今已"基本符合私有阶级存在的社会中的大多数人追求个人自由、个人权利、个性发展的基本要求，因而也得到了社会上大多数的接受和遵循。"②

资产阶级支配着精神生产资料。在当代资本主义社会中，占统治地位的资产阶级拥有大量的意识形态国家机器（也就是我们常说的意识形态宣传工具），每一种意识形态机器都以各自的方式运行，共同促成资本主义剥削关系的再生产。阿尔都塞形象地比喻道，"这台意识形态机器合奏的音乐会"是由"资产阶级意识形态的乐谱"所主导的：通讯机器借助报纸、无线电、电视和网络，每天用一定的剂量向每一个公民灌输自由主义的道德准则；宗教机器利用布道和重大纪念日鼓吹基督教文明；学校向学生反复灌输一定量的、经过了主导意识形态包装的"知识"……③广大劳动者虽自发倾向于社会主义，但占统治地位的资产阶级精心编造的思想体系，凭借他们所支配的精神生产资料和庞大的意识形态宣传机器，无孔不入地灌输资产阶级的价值观念、道德原则、生活方式，迫使广大劳动者接受它，压抑了社会主义意识形态。

在国际社会中，西方发达国家同样掌握着文化输出的主动权，他们以自由、民主、人权以及民族、宗教等问题为主要武器，通过经济合作、贸易往来、人员培训、文化交流等渠道，利用因特网、媒体、影视节目、书籍等工具，全方位、宽领域、多渠道、无间断地把自身的价值观和意识形态，强制性

① 《马克思恩格斯选集》第3卷，人民出版社1995年版，第127页。

② 朱兆中：《中国社会主义意识形态建设纵论》，上海人民出版社2003年版，前言。

③ 转引自［斯洛文尼亚］斯拉沃热·齐泽克：《图绘意识形态》，方杰译，南京大学出版社2002年版，第154～157页。

地向社会主义国家和广大发展中国家灌输。而处于弱势和边缘地位的第三世界则只能被动接受，他们的文化传统、价值观和意识形态不断受到侵蚀，面临着严重威胁。

资产阶级拥有雄厚的经济实力。资本主义经过五百多年的发展和累积，至今已拥有了雄厚的经济实力，这些物质积累强化了它在经济全球化进程中的主导优势：一方面抓住经济全球化的有利时机，利用开放的国际市场为过剩的资本寻找投资场所，转嫁危机，破坏社会主义国家和广大发展中国家的经济增长能力，这些国家的经济社会生活因此而遭受严重危害，社会矛盾激化；另一方面又通过盘剥世界上广大发展中国家的资源来加快本国的经济结构和生产关系的调整，改善国内民众的生活质量，将资本主义基本矛盾在国内的激化和危害程度降到最低点，创造了一个相对稳定的国内环境。

正是因为西方发达国家经济实力的迅速坐大，是以广大发展中国家的不断弱势为条件的，所以，无论是在意识形态竞争的手段支持还是说服力方面，都为西方发达国家提供了绝好基础，却使广大发展中国家处于非常被动的位置。

二、社会主义意识形态暂时的弱势地位

与资产阶级意识形态暂时的强势地位相对应，社会主义意识形态作为与资本主义意识形态截然不同的新生力量，其弱势地位也是暂时的。这一状态是由社会主义革命的性质、任务及其在整个人类社会发展史上的地位决定的，是由社会主义建设的长期性和曲折性决定的。

首先，社会主义革命要建立的是人类历史上史无前例的、没有剥削、没有压迫的崭新的社会制度，在其彻底战胜资本主义并在世界上取得统治地位之前，社会主义意识形态很可能处于弱势地位。在人类历史漫长的发展进程中，我们见证了任何一种新生的社会制度取代旧的制度，都经过了一段长期、曲折、艰难的过程。例如，资产阶级意识形态从在封建社会萌芽，到在世界上占据统治地位的五六百年间，也曾遭遇过封建主义的抵制，经历过复辟的闹剧：法国从1789年爆发资产阶级革命到1870年的81年间就经历了两次帝制复辟；美国在1787年独立后，南方奴隶主为了维护使用黑人奴隶劳动的奴隶制于1861年爆发了南北战争；中国1911年爆发的辛亥革命结束了君主专制，却在1915年12月到1917年7月不到两年的时间里，袁世凯和张勋就搞了两次复辟的丑剧。

由此可以看出，即使是以一种剥削制度代替另一种剥削制度，其间也会发生复杂的、激烈的斗争，也要经历一个从不成熟到成熟的漫长过程。而社会主

义代替资本主义，是用公有制代替私有制的过程，显然这一过程比一种剥削制度取代另一种剥削制度的变革要复杂得多，任务也要艰巨得多，阻力也因而大得多。

其次，社会主义社会还只是"共产主义社会的第一阶段"①，这一历史地位决定了"它在各方面，在经济、道德和精神方面都还带着它脱胎出来的那个旧社会的痕迹。"② 广大人民群众的精神道德素质，还未能达到共产主义社会所要求的那种大公无私的高尚程度，只要小私有者情感依然残存，维护私有制的资产阶级意识形态就依然具有强大的渗透力。

第三，社会主义意识形态还需在实践中不断发展完善。意识形态成熟的标志之一是理论性和实践性的统一。社会主义意识形态虽然在马克思主义经典作家那里已经得到了系统的阐述，在理论上已经比较成熟，但社会主义实践是一项崭新的事业，经典作家在创立社会主义意识形态时还没有成功的社会主义实践，难以检验他们所创造的意识形态在实践操作上的完善性。事实上，由于社会生活的复杂性，一种意识形态要在具体操作层面上做到非常完善，是需要在实践中经过一段较长时间的检验、磨合和反思的。从这个角度看，社会主义意识形态有一个从不成熟到逐步成熟、从不完善到逐步完善的过程，与经过几百年全面精心加工、已形成了比较完整的理论体系的资产阶级意识形态相比较，社会主义意识形态显然处于暂时的弱势地位。

第四，从当今的情况来看，社会主义的经济力量还不如资本主义强大。已有的社会主义国家都是在经济文化落后的情况下建立和发展起来的，这一客观现实决定了在很长一段时间里，社会主义国家的经济文化发展水平与发达资本主义国家之间存在很大差距，还要付出更大的努力来完成本应在资本主义阶段完成的发展生产力的任务，力争尽快在经济、文化、科学技术上赶上和超过资本主义发达国家，显示社会主义制度的优越性。而由于经济条件的制约，社会主义国家不可能像资本主义国家那样用等量的时间和精力来进行意识形态建设和传播，扩大社会主义意识形态在全球范围内的影响。

综上所述，在短期内，社会主义意识形态很难改变其在国际意识形态领域内的弱势地位，它的发展、成熟、壮大将是一个长期的、艰巨的斗争过程。对此，我们应有充分认识。但与此同时，我们又要牢记列宁的警告，"对社会主

---

① 《马克思恩格斯选集》第3卷，人民出版社1995年版，第305页。
② 《马克思恩格斯选集》第3卷，人民出版社1995年版，第304页。

义思想体系的任何轻视和任何脱离，都意味着资产阶级思想体系的加强"①，必须从思想上高度重视社会主义意识形态建设和传播的重大现实意义和长远意义，防止资产阶级意识形态影响力的增强。

三、经济全球化条件下国际意识形态力量的转化

尽管资产阶级意识形态在当前"一球两制"的格局中占据着优势，处于强势地位，共产主义和社会主义还未强大到成为它积极的竞争对手，但从整个历史发展规律的角度看，人类社会仍然处于从资本主义社会向社会主义、共产主义社会曲折过渡的时期，我们可以从以下几个方面来进行论证。

经济全球化条件下资本主义基本矛盾的全球化。我们谈到资本主义基本矛盾的全球化时，很自然地会联想到马克思、恩格斯在《共产党宣言》中对资本主义与商品、资本之间本质关系的揭露："资产阶级生存和统治的根本条件，是财富在私人手里的积累，是资本的形成和增殖。"② 资本要增殖、要积累，资产阶级必须不断地扩大生产力，而当社会生产力无限扩大的趋势与社会需求相对萎缩之间的矛盾，发展到一定程度时就必然爆发生产过剩的危机。一般来说，资产阶级可以采取两种方式来克服经济危机：一是消灭大量生产力，二是夺取新的市场。③ 显然，资产阶级很不愿意选择消灭生产力这种方式，而是选择把矛盾和危机转移到更广泛的世界市场上去，他们企图通过"普遍化"尖锐的内部矛盾来实现矛盾的缓和甚至克服。可是，颇为意外的是，资本主义基本矛盾非但没有因此而解决，反而使全球范围内的两极分化不断加剧。

第一，发达国家与发展中国家之间的不平衡在加剧。据联合国开发计划署 1999 年发表的《人类发展报告》统计，1998 年全世界的国民生产总值为28.86 万亿美元，其中占世界人口 17% 的 24 个发达国家的生产总值占79%，其余的发展中国家只占 21%；1998 年在全球经济中扮演主角的 500家最大企业中，发展中国家只拥有 26 家，而发达国家共计拥有 474 家，其中美国就拥有 73 家；30 年前，世界上 1/5 最富有的人口拥有的财富是 1/5最贫困人口的 30 倍，而现在扩大到 74 倍；占世界人口 1/5 的高收入国家，占有全世界国内生产总值的 86%，出口市场份额的 82%，外国直接投资的68%，以及电话总路的 74%，而占世界人口 1/5 的最贫困国家在每项统计

① 《列宁选集》第 1 卷，人民出版社 1995 年版，第 256 页。
② 《马克思恩格斯选集》第 1 卷，人民出版社 1995 年版，第 284 页。
③ 《马克思恩格斯选集》第 1 卷，人民出版社 1995 年版，第 278 页。

中只占有 1 个百分点；20 年前联合国成员国中最不发达的国家只有 20 多个，而现在已经增加到 48 个。这些统计数字证明了在经济全球化条件下的的确确是资本流向全球，利润却只流向了发达国家。

第二，发展中国家内部的两极分化。一些发展中国家不顾国情，盲目认同西方资本主义的发展道路，纷纷建立私有制的经济制度，让资本向少数所谓投资意识强的富者集中，结果非但未能造就一批实业兴国的志士，反而滋生出一个买办资产阶级。发展中国家的买办资产阶级一方面帮助西方垄断资本掠夺本国人民，一方面极力仿效欧美的生活方式。由于国际垄断资本的剥削，他们也不可能积累很多的资本；即使有所积累，这帮买办也往往不是用来扩大再生产，而是用于穷奢极欲的享受。其结果是富者生活豪华，几近欧美大亨；贫者生计艰难，甚至衣不遮体、食不果腹。①

再次，发达国家内部的不平等也在扩大。美国是世界上最发达的国家，也是西方各国中收入最不平衡的国家。据美国人口统计署 2005 年 8 月 30 号公布的《2004 年美国人收入，贫困，健康保险》报告显示，贫困人口率继续沿着 2001 年以来的趋势攀升，由 2003 年的 12.5% 上升到 2004 年的 12.7%，一年之内贫困人口净增了 110 万。

在贫困人口率持续攀升的同时，美国的贫富差距继续增大。美国预算与政策优先中心和经济政策研究所近日发表的一份报告提供的数据显示，在过去 20 年时间里，美国最贫困阶层家庭和最富裕阶层家庭的收入差距越来越大：占全美国 20% 比例的最贫困家庭的平均收入仅增长了 2660 美元，增长幅度为 19%；而占全美 5% 比例的最富裕家庭的平均收入增长了 4.51 万美元，增长幅度为 59%。②

经济全球化造成了如此全方位的两极分化的现象表明：西方资本主义主观上企图通过转移矛盾来缩小矛盾，其结果只是在更深更广的程度上加剧了矛盾，导致全球范围的需求不足、经济衰败、环境破坏和社会动荡，从根本上动摇着国际资本主义的经济秩序和政治统治，其固有的基本矛盾没有也绝不可能在资本主义体系内部得以解决。就连资产阶级学者莱斯特·瑟罗也认为，是

① 《求是》课题组：《当代资本主义的基本矛盾——论资本主义发展的历史进程》，《求是》2001 年第 3 期。

② 《美国社会贫富差距越来越大 纽约最严重》，《人民日报》2006 年 1 月 28 日。

"资本主义体制产生了收入和财富方面的巨大不平等。"① 而且，经济全球化将使资本主义生产方式的扩张达到极限，也将使资本主义基本矛盾的缓解余地缩小到极限。完全可以肯定，而今以后，资本主义制度缓解矛盾、延长寿命的手段将越来越少，面临的矛盾和危机将越来越多。不管前面的路还有多长，资本主义必然要走向灭亡的深渊。

经济全球化条件下资本主义社会的民主政治危机。"民主"这个术语，顾名思义，是指人民当家作主、享有管理集体和个人事务的权力。而资本主义社会所建立的民主政治制度，其经济权力和政治权力结合在一起，财富拥有者可以通过贿赂、竞选捐赠等方式将经济资本转化为政治权力，从而左右政府制定更有利于自己的规则和政策。

在经济全球化条件下，资本可在全球范围内自由投资，更加大了资本支配政治的筹码。如果向资产者征收过高的所得税，把这笔税款用来扶助那些自由市场经济中的弱势群体，就有可能损害资本主义的激励机制，资本就会转移到世界上任何一个不必承担社会高福利支出的地方去，这样，势必减少了政府再分配功能所需要的税收。

同样可以推测，统治者要想获得更多民众的支持以维持社会的稳定和政权的巩固，必须运用政治力量实行各种旨在扩大平等的方案，减少并阻止市场造成的不平等现象，必须在资本主义体制扩大总体经济这块大饼的时期，提高大多数参与者的实际工资。否则，它就不可能长久地拥有大多数人的政治忠诚，这就使资本主义陷入了两难困境。为摆脱这一两难困境，资产阶级选择搁置实质性的民主，实施"头脚倒置"式②的民主，即保护富裕的少数人的利益不受贫穷的大多数人的侵犯，同时，还以各种手段大幅度地削减公众资金来补贴富裕的少数人。资产阶级采取限制和剥夺民众的选举权③、以资本外逃相威胁、利用宣传机构有意识地巧妙控制民众的思想等各种手段，阻止民众进入公共舞台利用民主形式来争取和保证大众利益的实现。

民众对现行的资本主义民主机制的运作极为不满。部分民众因自己的意见

---

① ［美］莱斯特·瑟罗：《资本主义的未来》，周晓钟译，中国社会科学出版社1998年版，第239页。

② ［美］诺姆·乔姆斯基：《新自由主义和全球秩序》，徐海铭等译，江苏人民出版社2000年版，第75页。

③ 比如新通过的《2004美国选举法案》要求选民登记时必须提供身份、居住地等一系列证明，实际上剥夺了成千上万无家可归者的投票权。美国还是世界上唯一一个规定服过刑的人员无投票权的国家，这使得500万服过刑的人员和13%的男性黑人丧失了投票权。

被少数的财团宰制无法表达，因此参政议政意识和热情明显下降，另一部分民众虽还有选举的热情，但因受经济能力的限制丧失了选举权，只能作为资本主义民主的观众。这样，资本主义民主制正在丧失其赖以存在的群众基础，只剩下面向大公司、金融寡头等财团们的民主。正如瑟罗所言，资本主义从19世纪中叶以来，从来没有如此孤立过，"那时的资本主义能在政治上生存下来恰恰是因为它罗致各种职工团体——中层和基层管理人员，白领职工，蓝领技术职工，让他们都认为自己是资本主义集体中的一部分。"如今，由于高新技术的发展、资本外移等原因导致公司大规模裁员，"资本主义实际上在告诉过去的政治支持者，他们不再是'集体'一部分了。同样这批已被撵出资本主义经济集体的职工，他们抛弃资本主义的政治集体不过是个时间问题。"① 这显然在侵蚀、蛀空资本主义所标榜的政治民主。

经济全球化条件下资本主义社会的意识形态危机。马克斯·韦伯在《新教伦理和资本主义精神》一书中认为，节俭、禁欲、勤奋、守信、理性等是资本主义制度得以最终确立的思想理论基础。随着资本主义的大获全胜，它已不需要这种精神的支持了，而抽除了这种精神的支持，资本主义的意识形态也陷入了危机。这些危机主要表现在如下几方面。

（1）禁欲主义和消费主义的冲突。基督教新教极力张扬一种入世的禁欲主义，认为唯有在尘世间克勤克俭，辛勤劳作，不断创造财富而非占有财富以求悠闲享乐，方可承蒙神恩的殊遇。② 显然，清教精神和新教伦理所倡导的禁欲主义生活方式必然会阻碍不断扩大的生产力下资本主义剩余价值的成功实现。为此，资产阶级必须生产出一种替代性的、能鼓励和促进消费的意识形态。

20世纪50年代与丰裕的社会现状相呼应而兴起的消费主义，以及60年代盛行的后现代主义文化，就是这类新意识形态向资产阶级的传统价值观发起了强劲的攻击，使资本主义文化背离了早期资产阶级启蒙思想家所提出的民主、平等和禁欲的初衷。资产阶级有识之士都对资本主义渲染的这种消费生活方式正在分裂和消解原本具有革命性、合理性、进步性的资本主义文化和传统价值观念进行了猛烈抨击。

---

① ［美］莱斯特·瑟罗：《资本主义的未来》，周晓钟译，中国社会科学出版社1998年版，第307页。

② ［德］马克斯·韦伯：《新教伦理与资本主义精神》，于晓等译，三联书店1987年版，第123页。

著名社会学家贝尔在《资本主义的文化矛盾》中也无比痛惜地说，"如果说'清教精神'和'新教伦理'概括了美国社会的核心价值"，那么"新教伦理和清教精神作为社会事实，早已被侵蚀蛀空。它们仅仅作为苍白无力的意识形态蹒跚拖延至今。事实上，这是资产阶级经济体系——更精确地说是自由市场——酿成了传统资产阶级价值体系的崩溃。这是美国生活中资本主义矛盾产生的根源。"①

（2）个人主义的路径与集体主义的目标之间的冲突。亚当·斯密曾天真地认为，理性的行动者追逐利益的工具合理性行为受到"一只看不见的手"的作用，能够自发地实现资本主义社会和谐、繁荣和发展的集体主义目标。但是，这种设想在许多社会理论家那里并没有成为现实，他们都明显地感受到个人主义和社会目标之间的强烈的张力关系，所以卢梭苦心孤诣地在个体行动中寻找代表社会整体共同利益的"公意"（general will），孔德、涂尔干以及帕森斯试图在个体主义之外寻找一种集体道德基础，以作为社会整合的根本条件。瑟罗明确指出，"要团结一个社会就一定要以乌托邦式远见为基础的、全社会的成员能够一起去努力实现的某些共同目标"②，但是，作为资产阶级意识形态核心的个人主义和功利主义，却决定了"资本主义主张只有一个目标——实现个人消费最大化的个人利益。但是个人的贪婪决不可能是长期团结全社会的一种目标。"③ 这些事实都表明，资本主义意识形态所倡导的个人主义和功利主义价值取向，使其难以形成一股克服内部困惑、建设一个更美好社会的团结力量。也就是说，这种极端的短期的个人主义学说不可能强调一种长期的集体利益。一种社会制度如果要长久存在，就必须对人类的长期生存做出贡献。进而言之，如果资本主义要获得长期的成功，它就必须为人类社会长远的利益而不仅仅是为特定个人的当前私利进行投资。如果资本主义调整了这种价值观，还怎么能称其为资本主义呢？

（3）个人主义何以能组织全球新秩序？卢梭的《社会契约论》设想了一个小国寡民背景下的资产阶级共和制度的乌托邦图景。但是，与卢梭所处的历史时代完全不同的是，今天的每一个国家和社会都不再是纯粹封闭、隔绝的，

---

① ［美］丹尼尔·贝尔：《资本主义的文化矛盾》，赵一凡等译，三联书店1992年版，第102页。

② ［美］莱斯特·瑟罗：《资本主义的未来》，周晓钟译，中国社会科学出版社1998年版，第253页。

③ ［美］莱斯特·瑟罗：《资本主义的未来》，周晓钟译，中国社会科学出版社1998年版，第253页。

而是处在全球化的网络体系中，世界正日益复杂化和悖论化，构成世界的各个部分之间不再是启蒙主义者所预设的那种系统性的（systemic）、有机性的（organic）关系。它们一方面相互关联日趋紧密，另一方面这种关联性又是以悖论性的方式出现；一方面是"牵一发而动全身"，另一方面则是其后果已经超越了传统的线性原则而变得难以预测。① 世界关系在这种悖论化过程中显得非常脆弱。要维护这个脆弱的世界，必须树立可持续发展的战略眼光，以整个人类的利益为重，摒弃"以自己为全人类的唯 "的西方中心主义的价值取向。

但同样悖论的是，当资本主义意识到并接受了这一套集体主义价值观的时候，也就意味着抽掉了它自己赖以生存的思想基础，标志着资本主义精神基础甚至整个制度的坍塌。但如果它拒绝接受，全球范围内日益扩大的收入不平等现象将使世界过度分化和难以驾驭，也可能使资本主义的成功毁于一旦。总之，资本主义制度内部的矛盾使资本主义的进一步发展陷入了无法自拔的困境。

（4）消费主义全球扩张的危害。一方面，消费主义在世界的蔓延加深了全球的分裂。像被法术呼唤出来的不断增生的生产力要求更多资本以开拓世界市场，必然需要把消费主义生活方式渗透到世界各地。由于高新技术的发展，影视式生活方式能借助电子媒介如卫星电视、因特网等向世界各个角落的人们尽情展示，导致"人们的思想意识正在向短期个人消费最大化的极端形式发展②"。布热津斯基在《大失控与大混乱》中力陈享乐主义生活方式在世界蔓延所产生的危害："在先进世界地区内日益增长的趋势是，把一种我称之为纵欲无度的生活方式灌输到自由民主的内涵中去。这种趋势可能会使西方政治观点的重要性丧失殆尽。只顾达到个人的自我满足，再加上人类通过基因工程和其他科学的自我改变方式——都不受道德制约——重新塑造自己的能力不断增长，这一切往往会提供一种条件，使渴求消费和摆弄自身的欲望的势头得不到一点自我控制。相比之下，在较富裕的西方的外面，人们的生活基本上仍在谋求解决生存的根本问题，而非追求铺张浪费。这些不同的取向有损于和阻碍了全球共识的达成，并加剧了日益深化的全球分裂中所固有的危险。"③

① 肖瑛：《法人团体：一种"总体的社会组织"的想象》，《社会》2008 年第 2 期。
② ［美］莱斯特·瑟罗：《资本主义的未来》，周晓钟译，中国社会科学出版社 1998 年版，第 303 页。
③ ［美］布热津斯基：《大失控与大混乱》，中国社会科学出版社第 1995 年版，序言第 4 页。

另一方面，一直鼓吹"文明冲突论"的亨廷顿则预测到了"无差异的消费文化"的全球扩张最终可能反过来伤害美国的本土文明和民族认同。他认为无论是跨国企业还是 WTO，都对美国人的民族认同造成了破坏，最终销毁美国在文明冲突中的基本武器。① 亨廷顿的这种保守主义观点，恰恰从另一个角度表明了资本主义制度的内在悖论性：资本在推进全球化以谋求最大利益的过程中，不仅腐蚀了其他国家和民族的精神动力和独特民族性格，同时也在毁灭自身！

毋庸置疑，正是这些资本主义制度自身无法解决的矛盾，成为引发其制度内部的不稳定和脆弱性的强大的力量源泉。资本主义所进行的恢复一个新的世界平衡的任何企图，都将转变为进一步瓦解和动摇自身的新因素。更为重要的是，资本主义每迈出这样的一步，加深的社会矛盾都会释放出对资本主义社会更强大的抵抗力量和反对力量。在全球化的危机中，推动资本主义寻求建立野蛮的"新世界秩序"的力量，同样也推动着充满生命力的劳动阶级作为国际革命的主体力量而崛起，推动着反全球化运动的全球联合。也正因为如此，希腊学者马特萨斯指出，"全球化将历史性地表明，它是 21 世纪世界社会主义的助产婆。"②

经济全球化条件下社会主义意识形态的生命力。虽然 20 世纪末苏东发生剧变，社会主义意识形态影响力蒙受重大损失，在国际意识形态领域内处于暂时的弱势地位。但是，在经济全球化条件下，世界并没有呈现资产阶级代言人所鼓吹的繁荣进步，倒是实现了马克思和恩格斯在《共产党宣言》中的预言：伴随着资本主义生产方式的全球扩展，垄断资产阶级的财富积累和广大劳动者贫困的积累，将使整个社会日益分裂为资产者和无产者两大敌对的阵营。残酷的现实不仅凸显了资本主义主导全球化的局限性，同时也有力地证明了马克思主义关于世界历史发展规律的判断的科学性。不仅是社会主义国家学者，甚至不少西方学者，都承认苏联社会主义模式的失败并不意味着社会主义的终结，社会主义价值理想并没有因此而消失，马克思主义更没有因此而过时，仍然是当今时代最具有活力的思想体系。

苏联"8·19"事件之后，美国《洛杉矶时报》发表了一篇题为《共产主

---

① ［美］塞缪尔·亨廷顿：《我们是谁？》，程克雄译，新华出版社 2005 年版；参见王炎：《从"虐俘"谈"帝国"内部的矛盾》，《读书》2005 年第 1 期。

② 转引自丰子义：《马克思"世界历史"理论与全球化》，人民出版社 2002 年版，第 254 页。

义垮台，但是并没有消亡》的文章，其中列举了"共产主义没有消亡"的若干观念，特别指出：马克思主义给全世界的政治学、经济学留下了不可磨灭的印记。""这个世界的政治学、社会学、经济学中的许多论点都是通过马克思主义的多棱镜分析的，并且以马克思主义的词汇来描述。""不读马克思的书就不能成为有洞察力的经济思想家。所有历史家都读马克思的书。所有社会学家都读马克思的书。"① 而且，许多学者都受到了马克思的直接影响，在马克思开辟的学术路线上拓展自己的空间。如美国学者约翰·卡西迪所言："马克思写下了关于全球化、不平等、政治腐败、垄断化、技术进步、高雅文化的衰落、现代生活的萎靡不振的性质等动人的段落，现代经济学家们又碰到这些问题，他们有时并没有意识到自己正在步马克思的后尘。"② 甚至当代西方最有影响的思想家，如法国的德里达、美国的詹姆逊、德国的哈贝马斯、英国的吉登斯，在苏东剧变后不约而同地走进马克思，在世界上引起了强烈反响。如德里达，他并不是马克思主义者，却在苏东剧变后反马克思主义声浪高涨之时，毅然举起了捍卫马克思的大旗，一再强调"我挑了一个好时候向马克思致敬。""不能没有马克思。没有马克思，也就没有将来。"

世纪之交，英国广播公司（BBC）用几周时间在国际互联网上评选千年伟人，经过反复评选，最后马克思被评为"千年第一伟人"，而爱因斯坦、牛顿、达尔文则分列第二、三、四名。这表明马克思作为一位哲学家、社会科学家、历史学家和革命者所取得的丰硕成果和地位在今天仍然得到学术界的充分尊重和肯定。

还有许多事实证明，在当今世界，信仰马克思主义的人不是越来越少，而是越来越多了。如 2008 年资本主义遭受重创之时，马克思主义引起了世人的再度重视。

马克思主义的生命力不仅表现为其理论的科学性，更重要的是它对实践的指导作用。（1）正是马克思发现了人类历史发展规律，预言人类必将进入了自由而全面的共产主义社会，使我们在资本主义制度弊病丛生的社会现状下，始终保持着乐观主义的心态，积极地去改造和创造美好未来。

（2）广大弱势群体正以马克思主义为理论武器争取自身正当利益，迫使

① 转引自李慎明：《"三个代表"重要思想与马克思主义一脉相承——纪念马克思逝世 120 周年理论座谈会开幕词》，《邓小平理论研究动态》2003 年第 2 期。

② ［美］约翰·卡西迪：《马克思的回归》，载俞可平主编：《全球化时代的马克思主义》，中央编译出版社 1998 年版，第 1 页。

资产阶级进行改良，让渡利益。从 20 世纪两支力量对比的历史事实来看，资本主义几次重大调整都离不开社会主义力量的蓬勃发展以及它对社会主义成就的借鉴。具体说来，20 世纪 30 年代苏联成功地完成了第一和第二个五年计划，人民生活水平有了很大提高，工业产值跃居欧洲第一，世界第二，社会主义制度的优越性在苏联得到了第一次显示，而此时的资本主义世界却处于经济大危机的风雨飘曳之中，罗斯福新政帮助资本主义摆脱了灭亡的命运。二战后，当社会主义事业蓬勃发展时，发达资本主义国家普遍开始自我调整，英国第一个搞起了从摇篮到坟墓的福利主义，北欧国家纷纷效仿，同时，意大利、法国等国掀起了国有化浪潮，美国社会则掀起了民主化的浪潮。而在世界社会主义运动遭受重大挫折的冷战后，发达国家的工人实际生活水平、社会福利、民主化程度等相比战后都出现了明显的下降。西方国家许多有识之士对此表示了强烈不满。比如，美国学者凯尔纳认为，在需要对资本主义社会进行如此深刻的改革时就抛弃社会主义思想还为时过早；人们仍然可以把社会主义思想作为在民主资本主义社会中改善政策以及满足具体政策要求的实际指导（充分就业，医疗保险，缩短工作周，新闻媒介和社会的其他领域加强民主化），人们还可以用社会主义思想去要求更激进的民主化；马克思主义的思想还可以用来证明无约束的资本主义的种种问题，并证明对资本主义进行调节和社会控制的合理性。①

（3）最为重要的是，社会主义意识形态的先进性、优越性和强大的生命力，已被其八十多年的实践所证明。贫穷落后的俄国、中国，在建立社会主义制度后，都很快成为了世界上有影响力的大国。苏联社会主义国家曾经为世界反法西斯战争的胜利立下了汗马功劳，还一跃成为世界上唯一能与美国相抗衡的超级大国，制衡了西方霸权，为赢得一个和平的国际环境作出了重要贡献。社会主义中国目前的人均 GDP 已达到了 1000 美元，总体经济实力已跃居世界第二，以惊人的速度走完了资本主义制度确立后的几百年历史进程，这是资本主义制度无法比拟的。现存的其他社会主义国家也在积极进行社会主义市场经济体制改革和政治体制改革，不断巩固和完善社会主义制度。我们坚信，经过改革，社会主义制度一定能够不断地完善起来、成熟起来，社会主义事业一定能够更好更快地发展。从历史的长河来看，马克思主义揭示的社会主义必然战

---

① ［美］道格拉斯·凯尔纳：《正统马克思主义的终结》，载俞可平主编：《全球化时代的马克思主义》，中央编译出版社 1998 年版，第 31～32 页。

胜资本主义的总趋势是不可逆转的。

第五节 经济全球化条件下我国意识形态建设的机遇与挑战

随着经济全球化进程的深入发展，特别是在我国加入了世界贸易组织后，世界各国经济壁垒的拆除，必然为不同意识形态之间的相互渗透提供更为便捷和广阔的途径。这将会对我国的经济与社会生活以及人们的行为方式和价值观念产生重大的、深远的影响，既为社会主义意识形态的发展创新提供了难得的机遇，又将带来严峻的挑战。

一、社会主义意识形态发展创新的历史契机

经济全球化促进了世界上不同文化之间的交流。中国主动走向国际意识形态舞台，秉持平等对话的态度，深入了解和理解不同文化的特性及其合理性，从而为我们大力推进自身文化创新，进一步完善社会主义意识形态，充分展示社会主义意识形态的科学性和先进性提供了广阔空间。

第一，经济全球化为促进社会主义意识形态的发展创新提供了机会。人类的思想文化不论是古代的还是现代的，东方的还是西方的，中国的还是外国的，都是智慧的结晶、进步的阶梯和文明的象征。积极参与经济全球化，把我们引入了一个多姿多彩的文化百花园，只要我们坚持"以我为主、为我所用"的原则，大胆地接纳吸收人类思想和文化发展中一切有价值的东西，将为发展创新社会主义意识形态提供丰富的素材。像西方文化中的科学理性精神、现代人文精神与人道主义、近代民主政治与法制思想、现代市场经济理论、西方现代理论、可持续发展的思想和战略、管理经验、办事效率等，都值得我们认真学习与借鉴。

第二，社会主义意识形态将在同各种思潮的比较、争论和论证的过程中日益完善。任何特定的意识形态都不可能离开世界文明大道固步自封、僵化不变，都需要在同其他文化的相互交流、比较中提升自身。伴随着经济全球化中新现象、新问题的层出不穷，各种社会思潮也层出不穷，各国不以意识形态为主要划界标志，这给社会主义意识形态主动走向世界文化舞台，与当代各种思潮开展平等对话、交流并论证自己提供了机会。

第三，经济全球化有利于社会主义意识形态的传播与影响扩大，为社会主义意识形态在全球的复兴提供契机。经济全球化对于资本主义文化扩张也是一把双刃剑。一方面，资本主义可以利用经济全球化这一有利时机，极力将自己

65

的制度和价值推销给世界；另一方面，资本主义极其丑陋的一面，如享乐主义，社会的不公正、不平等，少数人反对多数人，恶化的生态环境，对人类文明的残暴践踏等在经济全球化的进程中暴露无遗。西方文化的这些弊端，资本主义本身无法消解。资本主义生产方式的全球扩张，使世界进一步协调发展的理想陷入了困境，"失去了社会主义对立面的资本主义使全球化正在走向歧途。"① 资本主义制度的这些落后性被大白于天下，既有利于促使那些对资本主义心向往之的人士觉醒，又有利于社会主义意识形态的传播与影响力的扩大。那么，如何结合多样化的世界和资本主义制度的局限性来推动社会主义意识形态的理论创新？对这一难题的有效解答既能为社会主义意识形态的进一步完善提供新的素材，又能为社会主义意识形态在全球的复兴创造契机。

第四，经济全球化条件下世界联系的日益紧密性，为世界了解中国、消除对社会主义的误解提供了历史机遇。社会主义在 20 世纪最辉煌的时候，由于某种特定模式的原因，"并没有体现出社会主义价值的内在全部内涵，即比资本主义更高的劳动生产力、经济和政治发展的更加公正性、文化上更具有每个社会成员的创造性等。"②

值得庆幸的是，中国在 20 世纪 70 年代末开始对社会主义的实践历史进行积极和深刻的反思，主动打开国门，迎接全球化的挑战，并对如何巩固和发展中国特色社会主义事业等一系列重大问题进行了积极探索。在改革开放过程中形成了邓小平理论、"三个代表"重要思想、科学发展观等崭新理论，成功地实现了社会主义意识形态在当今世界的重大转型，保证了中国市场经济体制改革沿着社会主义方向顺利进行。这样，在发达资本主义世界的强大压力之下，在新自由主义强势理论的步步威逼之下，我国不但没有步苏东解体的后尘，反而以社会主义现代化建设的伟大成果，昭示了社会主义制度及其意识形态的先进性和科学性，向世界展示了社会主义意识形态蓬勃的生命力，树立了社会主义的新形象。而且，我们国家还充分利用经济全球化条件下世界交流、互动日益频繁的机会，不断向外界展示着一个立足自身发展、紧跟世界潮流的改革开放形象，一个对外和平发展、对内安定团结的合作稳定形象，一个敢于负责任的大国形象。同时我们积极进行学术交流，让世界上更多的人了解中国为什么要走社会主义道路以及怎样走社会主义道路等问题，向世界证明中国特色社会

---

① 王庆五：《全球化与社会主义价值复兴》，《学习与探索》2000 年第 4 期。
② 王庆五：《全球化与社会主义价值复兴》，《学习与探索》2000 年第 4 期。

主义意识形态的先进性和有效性。

二、西方"和平演变"的战略重点

20世纪50年代，美国国会议员杜勒斯提出了通过思想文化和意识形态全面渗透来西化、分化社会主义国家的"和平演变"战略，显然这一战略在东欧剧变中起了催化剂的作用。东欧剧变、苏联解体后，美国朝野更加意识到对外传播美国意识形态与文化价值观的重要性。中国作为当今世界上最为重要的社会主义大国，不可避免地被美国等西方国家视为其"和平演变"的重点战略对象。

（1）经济全球化始终是一把双刃剑，它在给我们提供发展条件和创造机遇的同时，也为社会主义中国在维护经济自主性、文化和意识形态的独特性方面造成了较大的困难。参与经济全球化，加入WTO后，中国面对的其他130多个国家的主流意识形态都是资本主义的，这与我国马克思主义、社会主义意识形态的主导地位是针锋相对的。"中国坚持社会主义道路，意味着我们将与国内外反社会主义势力长期处于对峙状况。国际领域的意识形态之争和国家利益之争相互交错，这对于既是第三世界经济大国，又是社会主义政治大国的中国来说，局面更加复杂。"① 而美国和整个西方垄断资产阶级又本能地感到，社会主义国家的存在和发展，是建立由美国主宰的世界"新秩序"的主要障碍，并将直接威胁资本主义制度的存在。② 因此，对资本主义国家来说，中国是一个很大的"非资本主义"环境，必然成为后冷战时期西方新一轮"和平演变"战略的打击重点。

（2）中国是世界上人口最多、幅员十分辽阔的国家，也是历史上长期占据世界最发达国家这个头把交椅的国家。虽然在近代历史上中国出现了一百多年的衰退，但在20世纪末已经完全苏醒过来，在经济全球化的浪潮中，中国正沿着邓小平所开创的中国特色社会主义道路越走越宽广，各方面都取得了辉煌成就。正如世界银行专家的评价："中国只用了一代人的时间，取得了其他国家用了几个世纪才能取得的成就。"而且，中国很有可能在不久的将来重新跻身世界最发达国家的行列。对于一直试图一统天下的资产阶级和建立世界新帝国的美国来说，中国无疑是其最大的障碍，因此，中国的繁荣和发展始终是这些国家最大的心腹之患。

---

① 童世骏：《意识形态新论》，上海人民出版社出版2006年版，序言第3页。

② 李崇富：《较量——关于社会主义历史命运的战略沉思》，当代中国出版社2000年版，第83~84页。

（3）中国拥有两种异质于西方基督教文化和资本主义文化的文化类型：传统的儒家文化和现代的社会主义文化。儒家文化的包容性和对其它文化的同化能力让西方忧虑，而社会主义文化则直接以推翻资本主义制度和意识形态为目标。今天，这两种文化正在中国实现有机的融和，形成了有中国特色的社会主义文化，它必然将焕发出更为强大的生命力和战斗力。以在世界上不断树敌为谋的美国等西方资本主义国家看来，中国社会主义文化的繁荣，无疑对基督教文明和资本主义意识形态的自我中心主义构成了最为严峻的威胁和挑战。

总之，对资本主义国家来说，中国是一个很大的"非资本主义"环境，必然成为后冷战时期西方新一轮"和平演变"战略的打击重点。为了对付中国加入世界贸易组织这一重大事件，美国早已制定了相关措施。对此，西方国家也毫不隐讳，美国《纽约时报》一则评论讲得十分明白："WTO 资格不仅是经济问题，而是关系到全球一体化，迫使中国根据西方的贸易法律行事。它将使市场极大开放，从而使更多的中国人能够接受外国思想的影响。"① 其中，青少年更是美国"和平演变"策略的重点对象。不得不承认，美国的"和平演变"战略的确对我国青少年的价值观、生活方式产生了一定的负面影响。对此，我们必须保持清醒认识和高度警惕，"在社会主义现代化建设的整个过程中，要始终注意防止和反对资产阶级自由化。"② 同时我国更要加快步伐研究应对机制，尽快制定出反"和平演变"的战略来。

三、西方"文化霸权主义"的挑战

在经济全球化条件下，世界文化发展的基本趋势只有朝着多种文化相互容纳、相互依存、相互补充、相互竞争的多元文化格局不断发展，才能保持世界秩序的共同繁荣与和谐。但在多元文化发展趋势中，世界上总有一些人（当今世界尤其是美国人）的"文化霸权主义"情结挥之不去，对自己的文化怀有一种居高临下的优越感，认为自己的文化蕴涵着一般的和共同的"人性"、普遍的"人权"、无可争议的"人类基本价值"，可以作为"人类文化的集中代表"③，可以作为衡量一切文化的尺度和标准，因此习惯于认定只有自己的文化才是文明的、进步的、发达的，别人的文化则是落后的、野蛮的，并进一

---

① 转引自范林娅：《从战略高度看中国加入 WTO》，《科学决策》2000 年第 1 期。

② 《江泽民论有中国特色社会主义》，中央文献出版社 2002 年版，第 40 页。

③ 转引自李德顺： 《"和而不同"——共生意义上的普遍价值》，中国社会科学院网（www. cass. net. cn/2001）。

步要求别人趋同于自身。例如，早期的西方殖民者曾用残酷的手段毁灭土著文化，现在他们的手段变得"文明"些了，但有些人仍然以"世界文化警察"自居，伺机用自己的文化和价值观去"同化"世界。由于这种"文化霸权主义"的存在，人类文化的多样性存在、多元化发展正受到严重的挑战和干扰，世界和平长期处于这种威胁阴影的笼罩之中。

毫无疑问，中国这个五千年的文明古国具有丰富的文化资源，其中"和"文化是中国传统文化体系的重要遗产之一，内涵非常丰富，对指导当代社会的发展仍具有重要价值。儒家的"天人合一"、"和而不同"思想，强调在保持自身独立性的情况下与他人团结、合作，以达到整体和谐，这种共生理念在今天全球化背景下处理不同文化之间传承关系具有重要的借鉴意义。道家的"道法自然"强调要保持人和自然的和谐共处，学会尊重自然、利用自然，不向自然强求与夺取，为解决日益恶化的环境问题，提供了一个更尊重生态平衡的模式。正是这种"整体的、动态的和谐"，推动着事物的变化发展，推动着社会历史的进步与发展。[①]

与中国传统的"和"文化有着异曲同工之妙的是，马克思主义也鲜明地把实现一个人的自由全面发展的共产主义社会作为自己的奋斗目标，追求一个人与人平等相处、人与自然和谐相处的理想社会。新一届中央领导集体提出的科学发展观和构建社会主义和谐社会的思想，一方面是对马克思主义社会发展观的继承和发展，另一方面则张扬了我国悠久的"和"文化传统。

显然，中国"和"文化传统和社会主义文化都是强烈反对文化霸权主义的。事实证明，这两种文化的有机结合正在为维护人类和平做出重要贡献，并将发挥越来越大的积极功用。当伊拉克战争、费杰卢的枪声打破人们对永久和平的幻想时；当经济全球化下两极分化的加剧、环境的破坏，破灭了自由资本能产生繁荣国度的诺言时；当人们在为世界的"和平与发展"迷惘忧虑时，也就自然而然地把更多的希望投向了中国文化。中国特色社会主义文化因此而必然成为西方文化霸权主义的首要憎恨对象。也正因为如此，亨廷顿力陈世界的七大文明差异后，明确把中国文明定为西方文明的第一号敌手。亨廷顿的这一定位代表了美国新保守主义对中国文化的基本认识。这也注定了在经济全球化条件下，在力量上尚处于弱势的中国文化，在西方经济强势、信息强势情境下保持自身特色、发展创新和彰显自身魅力的艰巨性。

---

① 苏国勋：《共生理念的社会学解读》，《社会学家茶座》2004 年第 3～4 期。

第三章

经济全球化条件下的全球主义及其批判

第一节　建构"全球化"的三种意识形态及其比较

一、"全球化"：一个可以被建构的社会现象

我们已经在前文对"全球化"做了简略的界定，指出它是一个全球不同国家、地区之间的相互依赖性和关联性日益增强的过程。应该说，这个定义比较中性地描述了"全球化"的表面特征，却没有涉及"全球化"的实质内容。

事实上，全球化是一个非常复杂的历史进程。中国学者俞可平指出："全球化是一个内容十分丰富的概念，是一个矛盾统一体，一个相反相成的过程，是一个悖论，即普遍性与特殊性（或单一化与多样化）的统一，整合和破裂（或一体化与分裂化）的统一，集中化与分散化的统一，国际化与本土化的统一。"① 德国社会学家贝克亦类似地指出，全球化"不是一个线性的过程，而是一个反身性的和辩证的过程，在其中，全球性因素与地方性因素（或者说普遍性因素与特殊性因素）并非如文化的两极那样存在，而是遵循相互连接和相互嵌入的原则。这些过程既具有历史的多变性又是多维度的。它们不仅涉及跨越边界的相互联系以及对其它边界的消融，而且改变了民族国家社会内部的社会性质和政治性质。它们还显著地改变了意识与认同。"② 特别是由于全球化对不同的利益主体所造成的利益差别，更使它成为一个人言人殊的概念。新马克思主义认为，全球化就是夺取市场，是一种帝国主义行径，代表了反动的全球帝国主义和资本主义的胜利，其结果必然是不公正、不公平的两极分

---

① 俞可平：《全球化的二律背反》，《马克思主义与现实》1998 年第 4 期。
② Beck, U., 2001, "The Cosmopolitan Society and Its Enemies." In *New Horizons in Sociological Theory and Research*, (ed.) by Tomasi, L., Aldershot：Ashgate.

化，而国家和政府已经沦为国际垄断资本的"代理人"。新自由主义强调全球化是全球经济和市场的一体化，其结果不一定是你死我活的"零和游戏"，而是世界资源的优化组合，绝大多数国家在全球化过程中都将得到比较长远的利益。怀疑主义宣称，全球化充其量只是一种发达国家经济之间的"国际化"与"互动"而已……经济区域化正在朝向逆全球化的方向发展，日益走向排他、封闭和保护。①

在"全球化"的具体界定上，之所以出现上述争讼纷纭、歧义迭出的现象，有如下几方面的原因。

第一，"全球化"不是一个不以人的意志为转移的完全外在的、客观的过程，而恰恰是人的意志和能动性的结果，是一个由人类行为创造的、正在进行的过程，任何对它的界定在一定程度上都会进入这个过程，影响它的走向和具体运作。换言之，对全球化的把握和改变是同一个过程。正因为这种"双重诠释学"现象的普遍存在，控制"全球化"并建构符合自身利益诉求的全球化模式，就成为当今世界上许多国家和地区以及其他各种利益集团梦寐以求的事业。

第二，全球化是一个现在进行时态，其各个方面的关键特征可能还在生成，具体形态还未定型，因而任何对它的界定都带有某些想像的成分。

第三，正如德国著名全球化研究专家贝克所说，全球化过程是一个"反身性"（reflexivity）的过程，其中充满悖论、循环性。② 任何按照启蒙主义的线性逻辑来把握它都是不可能的，任何对它的简单化处理都难以描绘它诡秘的面孔。

第四，虽然每一位学者在界定全球化时都声称自己是在客观地描述它，但知识社会学的研究却表明，这种"客观性"背后往往渗透着作者自身的文化、社会、情感、利益等各方面的因素，因此，与其说他们是对"全球化"进行客观描述，毋宁说是对"全球化"的主观期待、建构（construction）与规范。

二、建构全球化的三种意识形态

在当今世界理论界，关于全球化的观点五花八门、不一而足，其目的却都是按照自身利益诉求和文化期待来引领全球化的发展。但是，其中影响最为深

---

① 赵辉：《全球化研究动态述评》，www. cngdsz. net/discourse/article-show. asp？ articleid = 242.

② Beck, U. , 2001, "The Cosmopolitan Society and Its Enemies." In *New Horizons in Sociological Theory and Research*, (ed.) by Tomasi, L. , Aldershot：Ashgate.

远、最具代表性的全球化意识形态只有三种，即国际主义、世界主义和全球主义，它们基本上表征了当下参与全球利益格局形塑的主要力量。

（一）国际主义

国际主义（internationalism）是一个内涵复杂的概念，当下学术界就出现了新国际主义、自由主义国际主义、实践国际主义等多种流派，但影响最为深远的还是马克思主义的国际主义观。

马克思和恩格斯在《共产党宣言》中第一次阐述了国际主义原则，即全世界的无产阶级联合起来，坚持平等和国际团结，反对民族压迫和阶级压迫，实现全人类的解放。马克思和恩格斯指出，资产阶级统治的全球化使得每一个民族、每一个国家都变成了资产阶级的民族和国家，任何法律、道德和宗教都成为资产阶级争夺利益和遮蔽其争夺利益的实质的意识形态。从这个意义上说，无产阶级同样失去了民族性，他们自诞生之日起，就是世界性的，不同民族国家的无产阶级的利益在根本上是一致的。① 但是，马克思和恩格斯不只是抽象地讨论无产阶级的超国家性，他们还认为，在现有历史条件下，无产阶级对资产阶级的斗争必须是全世界的联合斗争，又需要以民族国家为基础，首先同本国的资产阶级进行斗争，而其他国家和地区的无产阶级可以发扬国际主义精神，对这些国家的无产阶级斗争给予支援。这就为列宁提出无产阶级革命在一个国家首先取得胜利的观念做了理论铺垫。

二战后，一些西方学者丰富了马克思主义的国际主义的内涵，使其更加清晰、更具时代性。（1）国际主义对应于国家主义。佩里·安德森指出，国际主义的意思是在逻辑上必须根据国家主义的概念进行界定，历史地看，尽管民族国家仍是现实中最基本的单位，但是国际主义表示出一种超越民族国家建立更广泛的共同体的展望和实践。当然，国际主义者在强调国际主义与国家主义的重要区别时，并不否定民族国家追求国家利益的正当性。② （2）国际主义指处理独立国家之间关系的一种外交政策和理念。古尔德曼认为，国际主义指"只要不同国家之间存在更多的法律、组织、交换和交往，就能够增强和平与安全"这样一种信念。③ 由于独立国家体系是一个缺乏维护国与国之间的秩序和保护各国公民不受伤害的政府，所以，在这个体系中，紧张、备战和战争都

① 《马克思恩格斯选集》第 1 卷，人民出版社 1995 年版，第 276~277 页。

② Anderson, P., "Internationalism: A Breviary", *New Left Review*, Vol. 14 (2002).

③ Goldmann, K., *The Logic of Internationalism: Coercion and Accommodation*, London: Routledge, 1994, p. 2.

是不可避免的，即所谓的国际政治的无政府模式。国际主义承诺有效地处理好民族独立与国际安全之间的矛盾性关系，既能保持国际体系的良性运行，又能维护独立的国家体系。① 诺撒尔（Nossal）进一步具体化了作为外交政策的国际主义的要素：积极参与国际事务，承担一些责任、处理一些国际争端；参与建立多边合作的国际秩序、承认国际制度；为把国际系统改良为一个整体提供资源。② 概括地说，积极参与、多边主义和承认与追求共同利益和整体利益是国际主义的关键因素。（3）国际主义是一种重在培养个人认识服务共同体的重要性的道德信仰或科学方法。不同国家的人民都是平等的，必须培养公民具有为这样一个共同体服务的道德价值和责任意识③，反对种族主义和国家沙文主义。

从以上论述中，我们可以概括出"国际主义"关于全球化的几个基本主张：以平等和彼此相互尊重为核心价值观④，以建立更民主和平等的世界秩序为根本目的，以基于共同利益之上的国家合作为基本方式，以无私的、不谋求国家私利为对外援助的共同宗旨⑤。

（二）世界主义

在全球化研究话语体系中，坚持"世界主义"（cosmopolitanism）立场的主要有两位学者，一位是英国的赫尔德（Held，D.），另一位是德国的贝克（Beck，U.）。

赫尔德在康德的"永久和平"理想的基础上，提出建立以世界主义民主为中心的国际新秩序的乌托邦。他指出，在全球化进程中，以联合国为代表的国际共同体已经受到严重挑战，"和平联盟"的目标正在遭受许多追逐自身利益的强权国家的破坏，因此需要重建世界主义民主以维护国际秩序。赫尔德提出世界主义民主有几个基本原则：承认而非否定地方性特殊权力诉求的存在，

① Goldmann, K., *The Logic of Internationalism*：*Coercion and Accommodation*, London：Routledge, 1994, p. 1.

② Munton, D. T. Keating., Internationalism and the Canadian Public, *Canadian Journal of Political Science*, Vol. 34（2001）.

③ James. , *Internationalism and Globalisation as Contexts for International Education*, http：// www. jim. cambridge@ ibo. org.

④ Sovel, B., Internationalism：Using Technology to Connect Students and Nations, *Computer-Using Educators*. Inc. vol. 24（March 2002）p. 3 .

⑤ Munton, D. T. Keating., Internationalism and the Canadian Public. *Canadian Journal of Political Science*, Vol. 34（2001）；周弘：《从国际主义到区域主义——瑞典对外援助的欧盟化》，《国际贸易》2001 年第 7 期。

谋求使这些权力承担建设世界和平的责任；承认并且尊重不同类型的信念、价值和准则，强调对于不同意见的公共解决方式；消除强制性和霸权主义政治，培育和保护文化多元主义和认同多样化，使不同文化互相宽容、共同发展、彼此负责。① 总之，在赫尔德那里，"世界主义"表示的是一种强调民主、平等和差异的国际新秩序。

贝克认为，全球化进程对社会和政治自身的内在性质和结构的改变产生了深刻作用。20世纪末期以来，人类社会正从简单现代化（simple modernization）阶段进入反身性现代化（reflexive modernization）阶段，世界风险社会正在形成。与简单现代化以及前现代化阶段相比，在反身性现代化阶段，人类自身活动所制造的风险如生态灾难、金融危机以及恐怖活动已经普及化，取代了外在自然危险而成为人类生存和生活的主要威胁；风险的分布超出了民族国家的地域界限走向了全球化，全球人们遭遇到同样的生活情境，面临同样的危险。"风险面前人人平等"一方面表明了不同个体和群体之间的某种平等性正在风险社会中得到形塑，另一方面又说明应付风险社会需要全人类的共同努力。②

贝克指出，虽然"民族国家"不一定会因世界风险社会的形成而消解，但"民族国家"范式及以之为主体的国际性行动的传统风险应对机制显然不符合世界风险社会的要求，无法解决全球风险问题，只有建立去民族化（denationalization）和超民族化（trans-nationalization）的世界国家（cosmopolitan state）范式，即从民族主义（nationalism）或者国际主义范式（internationalism）转换为世界主义范式，才有助于解决21世纪的全球问题和冲突。③ 因此，民族国家、地方性文化、各种地方性政治制度的合法性，在世界风险社会的形成和全球化过程中被逐渐消解了。相反，超越民族国家的各种民间组织如绿色和平组织等则应运而生，成为抗拒人造风险的主体。④

贝克进一步指出，风险的全球化只是全球化的一个维度。实际上，全球化作为一个全方位的运动正在全面地改变世界的格局，它发生在"民族国家"

① ［英］赫尔德：《民主与全球秩序：从现代国家到世界主义治理》，上海世纪出版集团2003年版，第293～297页。

② Beck, U., *Risk Society: Towards a New Modernity*, London: Sage, 1992.

③ Beck, U., "The Terrorist Threat: World Risk Society Revisited." In *Theory, Culture & Society*, Vol. 19 (4), 2002.

④ Beck, U., "The Cosmopolitan Society and Its Enemies" In *New Horizons in Sociological Theory and Research*, (ed.) by Tomasi, L., Aldershot: Ashgate, 2001.

和"地方"的内部,"民族国家内部也将走向全球化"①,在客观上引导着一个"世界主义社会"的来临。当然,虽然全球化在消解各种既定边界,但它又在制造出新的差异来,全球化"不是一个同质性的符号、意义和表述空间,而是要处处遭遇各种基础性的差异,并必然要以某种难以琢磨的方式与这些相互矛盾的确定性事物——而且通常是暴力形式——纠缠在一起。"② 因此,所谓"世界主义",就是要持文化多元主义的立场,倡导一种参与式的协商民主制度即生态民主,通过不同利益主体和文化主体的平等参与和协商,来制约科技理性的肆无忌惮的发展,以拯救人类于世界风险社会。③

虽然贝克受赫尔德影响很深,但从以上论述我们可以发现,他们二人在"世界主义"的观点上颇多差异:赫尔德的观点更接近"国际主义";贝克则关注全球风险社会形成中对民族国家边界的超越,他认为全球化进程实际上是一个对民族国家内部以及不同民族国家之间的内在关系进行重塑的过程。

(三)全球主义

同全球化一样,"全球主义"的概念同样是人言人殊,它的基本主张如下。

1. 全球主义是自由市场的意识形态。斯特格在《全球主义:新的市场意识形态》中认为,全球主义是全球化时代的主流意识形态,具有五个核心含义:全球化是自由化和全球统一市场的整合;全球化是一个不以人的意志为转移的、不可避免的和不可逆转的时代潮流;除了美国,没有人在对全球化负责;全球化是一个人人受益的过程;全球化能促进民主在世界范围内的传播。斯特格指出,全球主义实质上是盎格鲁血统的美国人的自由市场的教条,它只是用新自由主义的标准、价值和意义赋予了全球化相对较新的含义。④ 贝克在《自由和资本主义》中也指责全球主义就是反对国家干预经济、建立统一的世

---

① [德]乌尔里希·贝克、约翰内斯·威尔姆斯:《自由与资本主义》,浙江人民出版社2001年版,第201页。

② Beck,U.,"The Cosmopolitan Society and Its Enemies." In *New Horizons in Sociological Theory and Research*,(ed.) by Tomasi,L.,Aldershot:Ashgate,2001.

③ 肖瑛:《风险社会及其超越:"反身性"与贝克的风险社会理论之建构》,《社会理论》2007年第3期。

④ Steger,M.B.,*Globalism:the New Market Ideology*,Row Rowman & Littlefield Publisher,Inc,2002,pp.43~80.

界市场的新自由主义专制。①

2. 全球主义是一种超越国家主义的思维方式、价值观念、行为规范和模式。② 持这种观点者以不同地区、不同民族之间相互联系日益紧密的全球化时代为背景，认为全球经济正在走向一体化，全球性的问题成为了人类共同关注的问题，应弱化传统的民族国家的主权，摆脱国家中心主义的束缚，代之以人类中心论、世界整体论。③

3. 全球主义是超越地域意识的新型普遍主义。后殖民主义理论的批评者德里克认为，全球化过程是一个本土化与全球化相互交织的过程，而全球主义却把全球化假设为一种没有空间与时间的运作，从而使其成为其他一切空间化的起源，任何不那么"全球性"的东西都被视为与其对立。因此，德里克批判全球主义是极具讽刺意味地将其主张拔高为一种新型的普遍主义，是一种本土必须服从全球权力结构的全球中心论。④

4. 全球主义是摒弃个人意识的全球意识。在施沃伦看来，全球化的过程就是促进全球共同体的过程，在这个过程中由于不同的利益群体过分追求个人利益和集团利益，使得全球化的过程中充满了矛盾和冲突，只有摒弃地域意识和个人意识，自觉地树立全球意识，才能摆脱全球化过程中因利益之争而产生的危及人类生存的全球性问题。⑤

总体上看，全球主义比较接近在当今美国社会占据主流地位的经济新自由主义和政治、文化的新保守主义两种思潮，它在经济上主张建立全球统一的自由市场，在政治上主张建立以美国为首的世界政府，在文化上要求实现美国基督教新教文化的世界化。

（四）分析和比较

虽然无论是从知识谱系学还是社会发生学的角度看，上述国际主义、世界主义、全球主义都是同根同源，但是，共同面对全球化这一历史现象时，它们

---

① ［德］乌尔里希·贝克、约翰内斯·威尔姆斯：《自由与资本主义》，浙江人民出版社2001版，第201页。

② 鲍宏礼：《经济全球化与全球主义战略：马克思主义与全球主义哲学思潮比较研究，载《理论与改革》，2002年第5期。

③ ［美］施沃伦：《自觉全球主义：矛盾冲突与对策》，社会科学文献出版社2005年版，第189～196页。

④ ［美］德里克：《全球主义与地域政治》，《天涯》2000年第3期。

⑤ ［美］施沃伦：《自觉全球主义：矛盾冲突与对策》，社会科学文献出版社2005年版，第235～256页。

之间的分歧和差异日益显现和强化，形成了各自的全球化建构方式。

第一，关于民族国家在全球化进程中以及世界关系重建中的地位。国际主义认为，世界关系的处理只能在现有的民族国家体系内进行，需要由民族国家作为主体进行平等的相互协商，建立为全球公认和执行的世界法律，以此维持世界的安全和有序性。

世界主义认为，虽然不能简单地否定民族国家在全球化不断深化过程中的地位，但在很多方面，民族国家的合法性已经过时，处理全球问题需要新的超越民族国家体系的全球性政治组织。贝克甚至指出，民族国家体系已经过时，需要用世界性国家取而代之，唯有如此才能保证人类社会在全球化风险中继续生存。

全球主义则主张，世界上不同民族和国家的素质是参差不齐的，应该选择一个高于其他国家的领导型国家，这个国家的价值体系、军事能力和铁肩担道义的勇气，都优于其他的民族和国家，只有由它来扮演世界警察的角色，才能维护世界的和平与安全。在当今世界，唯有美国才具有这种素质和能力。

第二，关于不同文化和价值体系同利益诉求的关系。国际主义赞成文化的多样性，积极促进国际合作和培育心怀国际的视野[1]，立志促进国家间的和平与理解。

而世界主义虽然认为民族国家体系的地位和作用在全球化进程中必然逐渐式微，但他们并不因此认为人类社会将进入一个大同状态。相反，利益和文化的差异将以有别于民族国家体系的另外一些形式登上政治舞台。对于文化和价值体系以及利益上的差异，只有建立让这些不同因素相互平等对话的制度性平台，才能让不同宗教信仰、政治观点的人和谐共处，有效应对全球共同面临的问题。因此，世界主义提倡尊重世界文化的多样性，宣称人类应"和而不同地共同生活"（live toghter，equal yet different）。

全球主义者则引导全球文化朝着有利于"跨国资本家"的价值观发展[2]，在鼓吹"全球市场经济"和"全球资本主义"中，推行西方理性主义的霸权思想。贝克指出，全球主义在高扬平等、自由、民主的旗帜的背后，却是"通过将社会不平等激进化和危害社会公正和安全的基本原则，而削弱了民主

---

① James.，*Internationalism and Globalisation as Contexts for International Education*，http：//www. jim. cambridge@ ibo. org.

② James.，*Internationalism and Globalisation as Contexts for International Education*，http：//www. jim. cambridge@ ibo. org.

自由文化"①。更为明确地说，全球主义主张世界上只有一种合理的文化价值体系，那就是西方的基督教文明所代表的理性主义文化，以及自由主义的政治经济制度。

三、坚持国际主义取向构建和谐世界

在当前的世界和我国国内学术话语环境中，国际主义、世界主义和全球主义经常被不加区分地使用。特别是全球主义，其产生缘起于欧美国家的左派给资本主义的殖民主义政策贴上的一个否定性标签，所以真正的全球主义者很少自称"全球主义"。本文的目的之一就是在当前学术体系下厘清这三者在全球化问题中各自的实质性态度。从上文的论述来看，建构全球化的三种意识形态之间的异同已经非常清楚了。现在的问题是作为一个发展中的社会主义国家，中国应该坚持何种建构全球化的道路。

显然，全球主义不符合中国乃至所有发展中国家的利益，其实质是把全球化建构成为西方列强主导的、符合西方利益的、更为隐蔽和有效的新殖民主义策略。世界主义虽然在一定程度上反映了全球化对民族国家以及建基于民族国家之上的地方性文化和经济生活的深刻影响，但它没有注意到，在一个不平等的世界格局下，不同民族国家在全球化面前的命运是不一样的，发展中的民族国家的自主性和独立性比发达国家的自主性和独立性更容易受到伤害。世界主义对这一现实的忽视很可能导致其沦为西方发达国家控制全球化的意识形态武器，而且这一武器比全球主义更为有效。

民族国家是特定地区或者特定群体在全球化条件下的最坚强的利益捍卫者，没有民族国家，就不能在全球化进程中捍卫本地区或者本群体的主体性。从这个角度出发，作为一个发展中的社会主义国家，我们对待全球化的正确态度只能是坚持国际主义取向，努力使全球化成为构建多种文明共存共荣、持久和平的和谐世界的推动力。

以国际主义为原则来重塑全球化进程、构建和谐世界，首先要坚持民族国家的自主性和独立性，坚持不同文化之间的平等关系，其次是在这个前提下加强国家之间的合作，共同解决威胁着人类持久和平与共同繁荣的全球性问题。在联合国成立 60 周年首脑会议上，胡锦涛发表演讲指出，"加强国际合作，促进共同发展，实现互利共赢，是联合国的重要宗旨，也越来越成为实现各国

---

① Beck，U.，2001，"The Cosmopolitan Society and Its Enemies. " In *New Horizons in Sociological Theory and Research*，（ed. ）by Tomasi，L. ，Aldershot：Ashgate.

共同发展繁荣的重要途径。"同时，他还积极倡导"和而不同"、"求同存异"的理念，主张"历史文化、社会制度和发展模式的差异不应成为各国交流的障碍，更不应成为相互对抗的理由"。各国尤其是大国都应恪守以主权平等和互不干涉内政为核心的国际关系准则，遵循平等互利的原则，通过对话、理解、沟通，增进了解、相互信任，国际社会才能以平等合作的精神共同应对全球安全威胁，才能成功构建一个共同繁荣、持久和平的和谐世界。胡锦涛所主张的"和谐世界"埋念，允分体现了新的历史条件下马克思主义的国际主义精神，是负责任的中国抵御全球主义的进攻，塑造全球经济政治和文化新秩序的重要思想武器。

第二节　全球主义的历史流变

全球主义的实质就是维护强权利益的意识形态，这种为强权扩张、强权掠夺提供理论支持的意识形态源泉流长，虽然在不同的历史时期冠名不同，但其固有的反国家、反民族的趋向和文化帝国主义本质却是始终不变的。

一、世界国家理想：奴隶社会全球主义的萌芽

全球主义最早可以追溯至古希腊时期的斯多葛学派，他们以宇宙整体论为依据建立起世界国家的理想。斯多葛学派认为，宇宙是人与自然紧密织就的统一整体，是一个由实体和一个有理性的神灵构成的活的生命，而理性的神灵居于统治地位，他选择了能够产生最好结果的法则来设计自然，自然的过程是严格地为自然律所决定的。个体的生命都是这个单一实体中不可分割的一部分，只有与自然相和谐的时候才是完美的。[①]

斯多葛主义把人类视为一体的信仰，折射到政治上即表现为追求建立世界城邦。在他们看来，世界上一切人都是平等的，以国家为政治组织对人类进行划分缺乏充分的根据，应当建立一个包括所有的人和神的共同体的世界城邦。古罗马历史学家普鲁塔克曾写道："创立了斯多葛学派的芝诺所设想的城邦的目的是让我们不再像以前那样在不同的城邦和民族中生活，具有不同的关于正义的观念。我们应当把所有的人都视为同一个城邦和民族的成员，具有同样的生活方式和同样的秩序。"[②] 抽象地看，这一时期的"世界城邦"思想无疑是

---

①　［英］罗素：《西方哲学史》，商务印书馆1996年版，第319~342页。

②　转引自唐士其：《西方政治思想史》，北京大学出版社2002年版，第97页。

非常伟大的，因为它提出了人与人普遍平等的思想。

但是，根据马克思主义的社会存在决定社会意识的观点，我们对任何一种思想都不能满足于仅做抽象的分析，而必须探究其产生的社会历史根源。事实上，世界国家思想的产生并不是偶然的。在古希腊时期，马其顿国王亚历山大要对东方展开军事和殖民行动，为了在这个过程中有效控制不太稳定的民族和部族，理论家们设想出"世界国家"理想，大谈征服者与被征服者的"平权"和"友爱"，蒙蔽被征服地域人们的认识能力和反抗心理，为亚历山大的军事扩张提供理论支持。

如果说斯多葛学派建立世界城邦的哲学理想，"掩护了马其顿亚历山大的事业"的话，那么，"罗马帝国时期斯多葛学派则是罗马扩张主义的思想家，是奴隶制帝国的辩护者。"① 斯多葛学派的代表人物塞涅卡，关心的是古罗马奴隶制度中占统治地位的上层贵族们的利益，他竭力"论证"罗马帝国统治其他各国的"正义性"，硬说只有存在一个国家和一个祖国时，整个世界才能确立和谐的社会秩序。

同样，塞涅卡的世界帝国观点是由古罗马深刻的经济和政治因素引起的。因为古代社会一直战乱不断，自恺撒和奥古斯都结束了内争与外乱后，古代世界自希腊文明以来第一次享受了和平与安全。罗马帝国统治期间，两百多年的稳定和平"使人们习惯于一种在一个单一政府之下的单一文明的观念"②，世界帝国论就是对罗马长期统治的社会和平在思想意识上的呼应。在罗马人的心目中，罗马帝国无论在概念意义上还是在本质意义上都是世界性的，罗马是世界文明进步的象征，世界上那些还未纳入罗马帝国版图的人们都只是卑贱的野蛮种族，罗马人随时都可以征服他们。虽然罗马帝国未能保持其永久的霸权地位，但其建构的帝国主义情结绵延至今。

二、天主教会：封建社会的全球主义

天主教③与罗马帝国文化密切相关，它是在罗马帝国具体的文化环境中孕育形成的。一方面因为罗马帝国统治下的广大贫民和奴隶生活艰辛、精神压

---

① ［苏］莫德尔任斯卡娅：《世界主义是奴役各国人民的帝国主义思想》，蔡华五译，商务印书馆1962年版，第11页。

② ［英］罗素：《西方哲学史》，商务印书馆1996年版，第355页。

③ 有学者认为，天主教和基督教是因误译导致的与西方世界不同的称呼。明朝末年，当罗马普世教会的使者（包括利玛窦与汤若望在内）来到中国。他们翻译圣经时，将"God（神）"翻译成"天主"，于是"罗马普世召会"就成了中国人所通称的"天主教"。

抑，基督教迎合了被压迫者的需求，预言罗马帝国必将灭亡，"天国"将降临尘世，这给苦难的人们点燃了生活的希望和信心，成为了苦难人们心灵的慰藉。另一方面，基督教思想家又融贯各种希腊哲学，有选择地吸收和接纳了理性神学等思想。正是在这样丰厚的理性批判精神的文化氛围下，基督教神学思想在与各种希腊哲学的交锋中逐渐丰满起来，基督教的势力也不断扩大，到公元 392 年终于成为了罗马国教。这样教会就有了国家的强制力作保障，获取了掌握国家权力的机会。当罗马帝国政权混乱、更迭之际，罗马教会则在这个相对自由的时期内，不断积累自己的实力，通过统一的教会组织、民众威信、政治经验、行政能力和智力优势等为后盾，建立起了一个以教皇为权力核心的天主教王国。中世纪西欧各国的封建王权都受制于以罗马教廷为中心的教会：政治上，教皇不仅掌握着教会最高的行政权和司法权，还可以裁决俗界各国的纠纷，任意废止各国的世俗法律，甚至决定各国皇帝和国王的废立；经济上，天主教会拥有天主教世界地产的 1/3，还向全体居民征收什一税，利用各种手段搜刮钱财；精神上，教会垄断了文化教育和意识形态，使哲学、科学、文学都成为神学的附庸，为神学服务，教会认为凡与信仰无关的知识都是无用的，它让人民"只知道一种意识形态，即宗教和神学"。是故，恩格斯在《德国农民战争》中曾一针见血地指出："教会是当时封建制度里万流归宗的地位之必然结果。"① 也因为此，有学者认为，"在封建主义时代，天主教会是世界主义思想趋向的主要代表者。"②

由于天主教会本身是最有势力的封建主集团，它的产生还与大封建主利用其手中掌握的宗教权力，反对在其内部诞生的资本主义生产关系和正在形成的民族和民族思想息息相关。法国共产党人、哲学家加罗蒂（Roger Garaudy）在《教会、共产主义和基督教》（1949 年）中指出，世界主义是梵蒂冈历史最悠久的传统之一。早在民族形成的时代（1656 年），耶稣会的首脑在其训谕中写道："忘记自己的祖国吧……如果民族感没有连根铲除，那么耶稣会就不能存在。"③ 天主教会宣传说，人们在宗教上、精神上的联合高于其他各种联合，当然也高于民族共同性。教会是所有人的真正祖国，民族国家至多不过是

---

① 《马克思恩格斯全集》第 7 卷，人民出版社 1959 年版，第 400 页。

② ［苏］莫德尔任斯卡娅：《世界主义是奴役各国人民的帝国主义思想》，蔡华五译，商务印书馆 1962 年版，第 12 页。

③ 转引自［苏］莫德尔任斯卡娅：《世界主义是奴役各国人民的帝国主义思想》，蔡华五译，商务印书馆 1962 年版，第 13 页。

谎言和多神教的产物；世俗君主的权力并没有得到上帝的批准，只有教皇才是唯一从上帝手里获得权力的君主。天主教对神学的宣扬就是为了极力维护自身在世俗中的经济利益和政治利益。正如莫德尔任斯卡娅所说，天主教会就在"反对正在形成的民族和反对正在诞生的民族思想的好战的世界主义旗帜下出现的。"① 由此可见，教会的反动性、反人民性、反爱国性和伪善态度与各个时期的全球主义是一致的。

三、普遍理性：资本主义社会的全球主义

14—16世纪，教会内部日益腐败以及教会所鼓动和发动的十字军东征的失败，使得教会和基督教失去了人们对它的信赖和信仰。同时，随着西欧商品经济和资本主义的发展，天主教会逐渐成为资本主义发展的最大障碍。当启蒙运动对天主教会发起强劲的攻击，文艺复兴的光辉照得罗马教廷头昏目眩，也就宣告了教会和教会法作为国中国、法中法的历史将一去不复返，普遍理性思想在欧洲文化中开始熠熠生辉。这一时期，理性被视为整个宇宙的共同组织法则以及上帝和人类共享的无上能力，使得普遍主义在新的历史时期披上了新的外衣。在这个意义上，有学者甚至把普遍主义等同于意识形态："意识形态概念是在现代性凸显和工具理性胜利的背景中生长出来的"，"对理性、进步和普遍真理深信不疑"。②

启蒙理性的形成，可以追溯到犹太教和基督教的宗教传统中的这样一个观念：世界是按照上帝的理性组织起来的，理性使世界组织成了有序性的力量，用抽象要求约束整个人类，因此我们的基于尘世的情感和主观性，与这种普遍的合乎理性的客观要求之间存在着一条永远无法弥合的鸿沟，从而产生了持续的张力。③

到了17世纪，人们有关世界的理性化组织的观念依然保存着。但启蒙运动所主张的"人神同理"的观点——人类先天地是按照与上帝、自然同样的理性原理组织起来的，能够参悟到上帝和自然的"永恒真理"——极大地彰显了人的主体性和能动性，横亘在上帝理性与尘世情感之间的鸿沟因此而逐渐消隐了。"理性是'永恒真理'的王国，是人和神的头脑里共有的那些真理的

---

① ［苏］莫德尔任斯卡娅：《世界主义是奴役各国人民的帝国主义思想》，蔡华五译，商务印书馆1962年版，第12～13页。

② Larrain, J. , 1994, *Ideology and Cultural Identity: Modernity and the Third World Presence*, London: Polity Press. pp. 1～2.

③ ［美］杰瑞夫·亚历山大：《世纪末社会理论》，张旅平等译，上海人民出版社2003版，导言。

王国。因此，我们通过理性所认识的，就是我们在'上帝'身上直接看到的东西。理性的每一个活动，都使我们确信我们参与了神的本质，并为我们打开了通往心智世界，通往超感觉的绝对世界的大门。"①

进入18世纪后，人们已经"把理性看做是一种后天的获得物而不是遗产。……是一种引导我们去发现真理、建立真理和确立真理的独创性的理智力量"，是"一种能力，一种力量"②，它表明"人类天赋具有一种穿透力和逻辑性思维能力……表现这些能力的各种制度安排将会得到发展，因此无限进步和永久和平将会是最终的结局……普通人和受过训练的人都同样坚信自己具有运用理性的能力。"③

由此可见，理性在启蒙运动的思想家那里被赋予了如下三个方面的特点和功能：1. 它是宇宙世界的基本组织模式，表明了世界的统一性、永恒性与秩序性，是知识与社会进步的源泉；2. 它是人类拥有的一种强大的理智力量和方法，人类借此就能够发现社会重建所必需的适当的理论与实践规范，从而能够主宰世界，并通过这种主宰获得自由与幸福，即按照上帝的旨意在地上建立完美无缺的至善世界④；3. 这样，一种崭新的普遍主义的世界观在西方文化中得以重生。

理性主义对国际关系的观照，促使了康德的永久和平理论的产生。有学者认为，康德的《永久和平论》是"全球主义的直接思想渊源"⑤。这部引起了强烈反响的巨著，是康德对法国大革命以及拿破仑征战所引发的恐怖时代的反思而写成的，是对战争苦难的彻底否定，他呼吁各国让渡部分权力，在自愿的基础上缔结条约、成立世界联盟，达到永久和平。⑥

当然，康德不是第一个提倡通过缔结国与国之间达到永久和平的人。康德的新贡献在于他论证了在地球上确立普遍和平的必然性。在《道德形而上学》中，康德以道德法则为依据，详细地论证了一个"人类所能理性地想象的最美好的大同伦理世界"实现的可能性和必然性：人作为道德的主体，是自然的最高目的和创造的终极目的，人只要具有把这个世界按照与道德法则一致的

---

① ［德］恩斯特·卡西勒：《启蒙哲学》，顾伟铭等译，山东人民出版社1988年版，第11页。
② ［德］恩斯特·卡西勒：《启蒙哲学》，顾伟铭等译，山东人民出版社1988年版，第11页。
③ ［美］杰瑞夫·亚历山大：《世纪末社会理论》，张旅平等译，上海人民出版社2003版，第2页。
④ ［法］孔多塞：《人类精神进步史表纲要》，何兆武等译，三联书店1998年版。
⑤ 蔡拓：《全球主义与国家主义》，《中国社会科学》2002年第3期。
⑥ ［德］康德：《永久和平论》，上海人民出版社2005年版，第23页。

因果性创造出来的信念，就能实现德行与幸福统一的最理想的人类生活。① 他非常乐观地肯定了通过建立国际联盟来不断接近永久和平状态的设想，并认为这种政治原则是完全可以实现的。

但是，启蒙运动以理性为核心所重建的这种普遍主义理想，在其大本营法国并没有如期实现，永久和平似乎遥遥无期，贫富对立并没有转化为普遍的幸福。恩格斯在《科学社会主义从空想到科学的发展》一文中辛辣地揭露出理性思想的欺骗性与虚伪性，资产阶级所建立的"理性的王国不过是资产阶级理想化的王国；永恒的正义在资产阶级的司法中得到实现；平等归结为法律面前的资产阶级的平等；被宣布为最主要的人权之一的是资产阶级的所有权。"② 理性思想所定义的实质只不过是"那时正在发展成为资产者的中等市民的理想化的知性而已"③。不仅如此，"一切都必须在理性的法庭面前为自己的存在作辩护或者放弃存在的权利。思维着的知性成了衡量一切的唯一尺度，那时，如黑格尔所说的，是世界用头立地的时代。"④ 恩格斯的上述批判，深刻地揭露了启蒙主义的普遍主义理想背后隐藏的阶级不平等和冲突的实质。

第一，普遍主义所主张的普遍平等主张忽视甚至遮蔽了它必然引发的各种严重的不平等现象。启蒙运动时期的思想家们对理性的设定抽掉了个体的特殊性，把人还原成一种抽象的、孤立的"原子人"，人与人之间只剩下了一个共同点：人类天赋具有一种穿透力和逻辑性思维能力即理性。只有那些能与理性对话的人，才能依据自身无限能力自我形塑和自我完善，才能引导人的改造活动；而那些丧失了应付生活挑战和维持自身生存条件的弱势群体，则认为缺乏理性，缺乏了把自己改造成为这个引以自豪的群体的真正成员的手段，后者只有在前者的引导下，使自己或自愿或被迫地按照人的天职来行动，方才具有运用理性的能力。⑤ 这样，启蒙运动家们就成功地把造成民众生活困苦的责任推卸给了民众自己，让民众相信不管自己处于社会的哪个阶层都应当热爱自己的职业，实质上弱化甚至抑制了劳动者对自身处于被剥削、被奴役地位的觉醒，阻断了劳动者因认识到现存社会制度的强烈的等级性揭竿而起重建社会秩序的

① ［德］康德：《道德形而上学原理》，上海人民出版社2005年版。
② 《马克思恩格斯选集》第3卷，人民出版社1995年版，第720页。
③ 《马克思恩格斯选集》第3卷，人民出版社1995年版，第722页。
④ 《马克思恩格斯选集》第3卷，人民出版社1995年版，第719页。
⑤ ［英］齐格蒙·鲍曼：《立法者与阐释者》，洪涛译，上海人民出版社2000年版，第90～101页。

可能性。

第二，如英国当代著名社会学家鲍曼所指出的，启蒙运动所开列的理性主义药方，是一种拯救欧洲"17世纪的危机"的方案。① 所谓"17世纪的危机"，是指在资本主义的蓬勃发展时期，大批劳动者摆脱了封建社会农奴制的人身依附关系转变成了自由劳动者；另外，圈地运动造成许许多多的农民流连失所，丧失了家园，这些人都成了"无所从属的人"，在资产阶级的眼中，他们是一伙乌合之众和暴民，严重威胁到了既有的社会秩序。有鉴于此，为了维持资产阶级所有权，防止民众起来反抗自己的命运，资产阶级急需一种文化来有力地说服他们安于现状，以服务于有序社会的建立和巩固。从这种意义上来说，启蒙时代理性思想的彰显，正是因为资产阶级统治者强烈地需要一种统一的、普遍遵循的文化模式赋予其政治统治以合法性。

第三，启蒙运动虽然把"理性"铸造成人类通往美好未来的普遍主义原则和文化模式，但却没有摒弃西方文化传统中根深蒂固的区分文明人和野蛮人的等级观念和等级制度，反而把二者更为紧密地结合在一起，形成了具有强烈的欧洲中心主义和自我中心主义色彩的"普遍主义"教条。在欧洲内部，统治者是理性的文明人，被统治者、不符合理性原则的人是野蛮人。在欧洲与世界的关系上，欧洲是理性的文明人，其他地区都是野蛮之地。对于野蛮人中的"可以教育好"的那一类，就要让西方文明人对他们进行理性主义的教育和规训，使之完全融入到西方文明传统之中，成为美好社会的建设者。对于野蛮人中无可救药的族群，只有采取消灭的方式，以防止他们扰乱文明人的生活，破坏通往人间天国的进程。这种欧洲中心论和自我中心论的普遍主义信条统治着整个启蒙运动②，甚至统治着西方向外扩张以来的整个人类历史，今日之世界尤甚。③ 与英国的"日不落帝国"的幻想类似，葡萄牙、西班牙、荷兰等在15、16世纪的扩张，都是这种世界帝国梦想的回光返照。世界帝国梦想的接力棒今天传到了美国人手中，美国自封为"世界警察"，到处推广自我宣称的"自由"，使美国中心主义逐步成为经济全球化时代的全球主义。

四、美国中心主义：经济全球化条件下的全球主义

美国充分利用了两次世界大战的机会来发展和壮大自己：通过第一次世界

---

① ［英］齐格蒙·鲍曼：《立法者与阐释者》，洪涛译，上海人民出版社2000年版，第98页。
② 参见［英］齐格蒙·鲍曼：《立法者与阐释者》，洪涛译，上海人民出版社2000年版。
③ 参见苏国勋：《从社会学视角看"文明冲突论"》，《社会学研究》2004年第3期。

大战，摆脱了孤立状态并大发了战争财；通过第二次世界大战，确立其在西方世界的领导地位，并树立起领导世界的雄心。在美国看来，要确立和稳固自身的世界霸主地位，不仅要靠绝对强大的军事、经济和政治实力，成为军事强国、经济强国和政治强国，而且要凭依基督教新教文明，成为精神文化的强国，即把美国价值这一特殊的文化模式转变为具有全球普世性的价值。

关于这一点，我们不仅可以从冷战后的美国力排众议在全球竭力执行"全球主义"加"单边主义"的外交政策中一目了然，而且可以从美国朝野特别是前任总统小布什在其第二任总统就职仪式上把美国的使命定义为"在世界各地推广民主和自由，凭借美国强大的影响力维护和平，保护美国利益"中看得一清二楚。2008 年"金融危机"从美国爆发前后，美国政府完全根据自身利益而非国际利益出发，从高扬"华盛顿共识"的大旗折向贸易保护主义的政策更使其中心主义暴露无遗。

美国的全球主义实质上是美国中心主义或者说帝国主义。现实主义学者阿布曼那（Bashir Abumanneh）在评析由哈特和奈格里撰写的《帝国》时指出，该书将美国这个全球扩张的主体神秘化，掩盖了其帝国主义的本质，因为美国自身既不接受欧盟的新自由普适主义，也不接受国际法的超国家主权的权威，却还要求自己的国内法对其他主权国家具有约束力。[1] 这一评论无疑是一针见血，揭露了美国朝野所建构的全球主义神话的面纱，与贝克所断言的"对美国来说，民族性与全球性是一致的"[2] 有异曲同工之妙。

第三节　经济全球化条件下全球主义的勃兴

一、美国"唯一超级大国的实力"

谋求世界帝国地位是美国自建国以来一直追求的梦想。早期美国外交中虽带有明显的防御性特征，但随着国力的增长，"大棒外交"和"金元外交"使其蒙上了浓浓的霸气，从门罗主义发展成泛美主义，从独霸美洲到挑战欧洲、角逐亚洲，其谋求世界帝国的梦想更是难以遏制。

第一次世界大战可以说是天赐良机，美国坐山观虎斗，两面大做军火生

---

① 参见王炎：《从"虐俘"谈"帝国"内部的矛盾》，《读书》2005 年第 1 期。

② ［德］乌尔里希·贝克、约翰内斯·威尔姆斯：《自由与资本主义》，路国林译，浙江人民出版社 2001 年版，第 27 页。

意，等到交战双方筋疲力尽时再加入即将胜利的一方，付出不多却作为胜利者大捞一笔胜利果实。一战后，美国的经济实力已取代英国占据了资本主义国家中的头把交椅，于是一反过去在国际事务上孤立主义的低调，明确表示出干预国际事务的强烈愿望。美国干预全球事务的首次公开表态是 1918 年威尔逊向国会阐述参战目的时提出的所谓维持世界和平纲领的"十四点计划"，公开了美国的具体战争目标以及建立以美国为领袖的战后世界秩序的总构想，以明确的纲领形式表达了美国领导世界的愿望。这是美国自建国以来第一次突破地域限制，实现了美国从美洲、欧洲、亚洲到世界的跳跃，完成了从一个新生的弱国、区域性大国向世界级大国的转变，并以全球的视角制定外交政策，第一次以世界领导者的身份为世界拟定和平纲领。故威尔逊主义被学术界公认为 20 世纪全球主义的正宗。①

威尔逊的全球主义思想直接影响着 20 世纪的国际关系的理论和实践以及美国外交政策，罗斯福总统非常明白地表露了美国立志担任世界警察角色的强烈愿望，"国际政治和经济关系日益相互依赖和错综复杂，这就要求所有文明化的、秩序井然的国家义不容辞地承担起适当维持世界的责任。"②

在第一次世界大战中尝到了甜头后，在第二次世界大战中，美国又如法炮制、左右逢源，与交战双方大做军火生意。还因为它远离欧亚非战场的独特地理位置，没有像其他帝国主义国家那样受到战火的严重破坏，因此，当残酷的战争摧跨了德、意、日三个法西斯国家，削弱了英、法等传统强国的时候，美国经济迅速膨胀起来。二战后，"美国在资本主义世界工业生产中所占的比重，竟从战前的 36% 提高到了 53.9%。"③ 这意味着经过战争，资本主义世界的工业生产已有一半以上掌握在美国手中，它还控制了国际贸易的三分之一，并且把世界黄金储备的四分之三搜刮到了自己的金库之中，这样美国就把其他帝国主义国家远远地抛在了身后，终于完全取代了老牌的大英帝国，成为西方世界的新霸主。伊利诺大学教授威尔逊在 1949 年出版的《美国政治思想》中宣称：对世界实行精神领导的权标已转移到美国手里。所谓"精神领导"是指把美国的"民主"推广到全世界。④

---

① 蔡拓：《全球主义与国家主义》，《中国社会科学》2002 年第 3 期。

② 王晓德：《美国文化与外交》，世界知识出版社 2000 年版，第 288 页。

③ 樊亢：《资本主义兴衰史》，北京出版社 1991 年版，第 286 页。

④ 参见 [苏] 莫德尔任斯卡娅：《世界主义是奴役各国人民的帝国主义思想》，蔡华五译，商务印书馆 1962 年版，第 17～18 页。

美国经过战争迅速膨胀起来的经济实力，既为它实现世界霸权的梦想奠定了雄厚的物质基础，更为它与苏联争夺世界精神领导地位、纠集一切反共势力颠覆苏联为首的社会主义国家提供了强有力的支持。在美国强大经济实力的轰炸下，苏联国旗终于从克里姆林宫降落了下来，宣告了 20 世纪下半叶长达半世纪的美苏争夺世界霸权的冷战的结束，同时也宣告了美国登上了当今世界的一超多强的世界霸主地位。

作为当今世界的第一大经济强国，美国还把持着经济全球化的进程，巧妙利用经济全球化趋势剥削其他弱势国家，使自身实力在冷战后迅速坐大。2000年，美国的全部国民生产总值（GDP）达到 11.7 万亿美元，是排名紧随其后的日本国民生产总值（5.4 万亿美元）的 2 倍，是德国（2.2 万亿美元）的 5 倍。经济实力的壮大为美国建立世界上无可匹敌的军事力量提供了强大支撑，2001 年 9 月 11 日以前公布的美国 2002 年军事预算为 3290 亿美元，比上一年增加 10%，这个数字超过了排名其后的 9 个国家的军事预算的总和。① 马克思曾经高瞻远瞩地指出，经济基础决定上层建筑，虽然几乎所有资产阶级学者都反对这个断言，但美国在经济全球化时代所奉行的美国式全球主义的成功，却无可辩驳地否定了这些学者的反对声音。换言之，这种独大的经济实力才是美国在全球各国进行意识形态的渗透、散布美国式价值观的真正支撑。

二、公民宗教：全球主义勃兴的宗教基础

美国文化起源于基督教新教，乘坐"五月花"号抵达北美大陆的美利坚合众国的缔造者就是在欧洲受到迫害的基督教新教教徒。美国中心主义的背后，充当其精神支撑的就是美国白人从大西洋彼岸带到北美洲的基督教文化。虽然美国已经在形式上实现了政教分离，信教属于私人生活领域的事情，但基督教作为美国人赖以寄托命运、信仰和期望的神圣化的观念形态已经渗透到社会肌体的每一个细胞，并在美国社会中取得了显著的优势地位，同美国政治、美国人的日常生活相互纠缠，不可分割，并成为后者的潜在指导因素之一，事实上扮演着公共宗教的功能。因此，美国著名社会学家贝拉（Bellah，R. N.）把这种宗教形式称为"公民宗教"②。基督教的公民宗教直接影响着美国对领导世界的权力追求。

---

① ［德］科内特：《美利坚帝国——作为进入世界新秩序阶段的反对恐怖主义战争》，《全球化与美国霸权》，张世鹏编译，北京大学出版社 2004 年版，第 105 页。
② 苏国勋：《从社会学视角看"文明冲突论"》，《社会学研究》2004 年第 3 期。

从基督教的一神教教义和历史传统看，基督教及其各派系存在着排斥其他信仰的倾向。它倡导"一神论"的权力观，宣称神只有一个，即三位一体的神，"基督教是灵的灵（spirit of spirit），神的神（god of god）。"① 神作为最高力量的头衔，其权力是不许分割的，一切资源都必须以它为中心。基督教文化关于神的权力观，映射到国际关系中就自然演化成了美国独霸世界的心理，而其他国家就只拥有承认美国对世界的领导地位的"服从权"。

美国人还向来以"上帝拣选的子民"自居，他们把乘坐"五月花"号从逃离欧洲抵达北美大陆的历史事实同《旧约圣经·出埃及记》进行比附：对美国人来说，欧洲象征着使以色列人被囚为奴的埃及，而北美新大陆也就是美国人的迦南地；它就是上帝允诺给美国人的"应许之地"，因而美国人也就是上帝的"拣选子民"。上帝引导他拣选的子民建立的美利坚合众国这种新型社会秩序，也就成了"尘世中的天国"，它必将成为世界上所有国家的典范。这种隐喻式的类比构成了贝拉所说的公民宗教中"美国的以色列主题"，它是后来所有保守派右翼鼓吹的美国"特殊论"、"例外论"以及在对外关系上奉行双重标准的潜在宗教诱因。②

1999 年 7 月 26 日、27 日，在北京举行的"中美伦理与国际事务学术讨论会"上，美国贝茨学院宗教学副教授布鲁斯（Marcus Bruce）做了"'山巅之城'：美国例外主义、宗教和政治"的演讲。该演讲参照几位学者的论著，并以新英格兰清教移民领袖温思罗普（John Winthrop）的著名演说"基督教仁慈之楷模"（1630 年）为典型对象，分析了从殖民地时代以来的 300 余年里，美国宗教和政治领导人始终将他们自己想像为上帝选民，把美利坚民族自诩为超凡脱俗并值得世界仰慕和效法的"山巅之城"的历史。③

不仅如此，美国人还极力宣扬基督教的"救世主"精神，把美利坚民族打扮成上帝派来拯救整个尘世的使者。这种"天定命运"论为美国的扩张主义提供了指导思想。"天定命运"即认为伟大的美国"负有天定的使命拓展到上帝为美国自由发展而指定的整个大陆"④，并有责任向整个美洲大陆乃至全世界传播、推广美国自由民主制度。美国作为上帝的"金发之子"，有按照自

---

① 王晓朝：《基督教与美国文化》，东方出版社 1998 年版，第 58～61 页。

② 苏国勋：《从社会学视角看"文明冲突论"》，《社会学研究》2004 年第 3 期。

③ 转引自时殷弘：《中美"伦理与国际事物"学术研讨会述评》，《美国研究》1999 年第 3 期。

④ 刘建飞：《美国与反共主义——论美国对社会主义国家的意识形态外交》，中国社会科学出版社 2001 年版，第 30 页。

己的方式和模样来改造全球的权利,"应当主动地像传教士那样的去发挥他们的救世主作用,而不是被动地、仅仅用榜样示范的力量去影响别人。"① 于是,"救世"成了美国人至高无上的使命:美国必须干预其他国家的内部事务,以纠正"劣等民族"的错误并使其尽快走上自由民主的道路。

在这里,意识形态不仅是外交政策的一个价值前提,又表现为对外政策的合理化:发动战争是"为上帝而战",干涉别国内政是"基督教的使命",称霸全球是"上帝的旨意"。正是在这样的优越感和"天定使命"的支配下,美国前总统克林顿才坦然地说,"世界必须有一个领导,而且只能有一个领导。这个领导就是美国,因为只有美国具备领导这个世界的能力和意志。"②

基督教的上述我族中心主义和等级主义集中表现为美国民族中存在的种族优越论。它存在于美国人的主流观念中,体现在美国社会生活的各个方面。黑皮肤的非洲人和黄皮肤的亚洲人位于金字塔的底层,白皮肤的说英语的盎格鲁—萨克逊人当然是高居金字塔顶端。美国人把这一种族优越论非常巧妙地渗透到对国民特别是青少年的教育之中。比如,在一幅被用在学生课本中的名为"人类种族"的人物画中,白人的头像摆在中间,正脸全貌,是个仪表端庄、面容秀丽、神态自若的贵妇人形象;而周围的其他有色种族的人则被描绘得或侧脸半面、或胡须遮面,而且目光呆滞,面无表情。在有种族偏见的白种人看来:"非洲的黑皮肤的人以及深色皮肤的人,都是下贱的、罪恶的。而白人在道德上、审美上,都是他们的对立面,是美德、美丽与纯洁的象征"③,美国代表着"白天的光亮",其他地方如非洲、拉美、亚洲则为"黑暗"所笼罩,是"道德的荒原",美国担负着把光明和"基督的福音"带给这些民族的使命。

三、共产主义运动的暂时低潮

19 世纪后半叶以来,能同"全球主义"进行抗争的力量唯有共产主义,其根本原因在于后者是一种比资产阶级全球主义更为先进、代表着时代发展方向的思想和理想。第二次世界大战以后,社会主义力量、民族解放力量和和平民主力量蓬勃发展。14 个国家建立了社会主义制度,使占世界人口 1/3 的人

① [美]迈克尔·H.亨特:《意识形态与美国外交政策》,褚律元译,世界知识出版社 1999 版,第 207 页。

② 转引自萨本望:《美国克林顿政府外交政策评析》,《国际政治》2001 年第 9 期。

③ [美]迈克尔·H.亨特:《意识形态与美国外交政策》,褚律元译,世界知识出版社 1999 版,第 54 页。

民摆脱了资产阶级的剥削和压迫，社会主义各国经济快速发展，人民生活水平显著提高，呈现出欣欣向荣、蒸蒸日上的繁荣景象，还有"60 多个国家的执政党宣称：自己的目标是建立社会主义制度；也曾有众多的第三世界国家和发达国家中众多的政党接受了社会主义价值观，致力于建立社会主义社会。"①20 世纪 50 年代中期确曾出现了"东风压倒西风"的发展态势。

而此时，美国的侵略政策和战争不断遭受挫折，尤其在侵朝战争中，骄横不可一世的美国军队，在其战争史上第一次遭遇了惨败。1957 年冬苏联人造地球卫星上天，更是引起了美国统治集团的恐慌。如果美国"死守原来僵硬的、动辄对社会主义国家进行军事威胁和军事进攻的战略，不仅要遭受世界人民的正义谴责而陷入极为被动的地位，而且在西方各国也无人响应而陷入孤立无援的境地。"② 在这种情况下，美国被迫马上调整战略。1958 年，美国参议院拨款 30 万美元委托哈佛大学等研究机构加强意识形态在外交政策中的重大功用的研究，把对社会主义国家进行和平演变的策略提升到战略高度，"全球主义"思潮也是在这种政治背景下的产物。

但全球主义思潮在当时并没有引起人们太多的幻想和认同，这是因为一方面越南战争的失败招致了众多学者对这种全球主义主张的强烈斥责，另一方面，苏联等社会主义国家的建设所取得的伟大成就在西方左翼学者中仍有很大的影响。因此，美国以"全球主义"为幌子行霸权主义之实还遭到了许多学者的反对，威廉·塔布曼（William Taubman）在 1973 年出版的《全球主义及其批评者》（*Globalism and Its Critics*）一书中，第一次正式把支持美国以帮助其他发展中国家走上现代化道路为美丽借口、阻止广大发展中国家选择社会主义道路、谋求美国式的自由民主制度在世界范围内推广的这种外交政策的意识形态称为"全球主义"。

但是，国际共产主义运动并没能持续其高歌猛进的势头，到 20 世纪 80 年代末，首先是东欧各社会主义国家的哗变，接着是苏联的解体和共产党执政地位的被剥夺，强大的社会主义阵营顷刻间坍塌了，世界社会主义运动遭遇了重大挫折。而在此前后，现存的社会主义国家中国、越南、古巴等都纷纷从计划经济体制向市场经济体制转轨。必须注意的是，在西方社会和政治理论中，计

---

① 胡连生、杨玲：《当代资本主义的新变化与社会主义的新课题》，人民出版社 2000 年版，引言。

② 李崇富：《较量：关于社会主义历史命运的战略沉思》，当代中国出版社 2000 年版，第 70 页。

划经济体制一直对应于社会主义，市场经济体制则与资本主义相对应。因此，当苏东剧变、中国等国家实行社会主义市场经济体制时，绝大多数西方理论家都认为这标志着"指令经济"试验的彻底失败，是马克思的共产主义社会理想的覆亡，现实地证明了资本主义制度的合理性和永恒性，如日裔美国理论家福山就在1993年提出了"历史终结论"，宣称人类历史已经进入资本主义的大一统时期，迈进了最为完美的"后历史时期"。

在美国看来，社会主义事业在全球的暂时失利，既是美国奉行的"冷战"政策的胜利，又是资产阶级的全球主义理想的胜利，是上帝的胜利；既为美国进一步推行全球主义政策，牢固确立自身的全球霸主国地位扫清了障碍，又为西方一些雄心勃勃的思想家们，大胆地描绘世界未来的新格局和新秩序提供了广阔的想像空间，使全球化的研究在西方思想理论界真正奏响了高八度的音调，形成了一种强大的全球主义大合唱，并且辐射到了全球每个角落。

四、新科技革命的丰硕成果

高新技术的迅猛发展，为全球主义的勃兴和传播提供了必要的技术支持。现代交通和通讯技术在很大程度上改变了时空关系，使吉登斯所谓的"时空脱域"① 成为可能，我们越来越有信心地认为目前的世界正处于"地理终结"期。② "地理的终结"则使麦克卢汉在20世纪60年代所预言的"全球村"转化为显而易见的事实。

互联网络是当前通讯技术的主要载体。1969年，为了能在爆发核战争时保障通信联络，美国国防部高级研究计划署ARPA资助建立了世界上第一个分组交换试验网ARPANET，连接美国四个大学。ARPANET的建成和不断发展标志着计算机网络发展的新纪元。经过不间断的技术革新，互联网络从军用向民用转变，并在全世界得到迅速普及。③ 到2001年，美国的微软、麦克考、波音等公司已投资90亿美元建设互联网，发射了288颗卫星，与155个国家和地区的计算机网络连接，有400多万台主机，15,000万用户，全球上网人数以每月15%的速度增长，全天候24个小时以光速运动。通过它，人们可以在网上快速地收发电子邮件、传递信息。总之，互联网络连同卫星电视等现代

---

① ［英］安东尼·吉登斯：《现代化的后果》，田禾等译，译林出版社1990年版。

② 转引自［英］齐格蒙·鲍曼：《全球化——人类的后果》，郭国良译，商务印书馆2001年版，第12页。

③ 《世界及中国互联网发展历史和现状》，中国教育和科研计算机网（http://www.edu.cn/20041225/3125246.shtml）。

传媒技术的广泛运用，推动了"全球地方化"和"地方全球化"的进程，即使那些偏居一隅、身体不能自由流动的"在地人"（local）①，也能快捷地洞悉最遥远世界所发生的一切，获得"全球人"（global）的感觉，一个超越各种地理的、政治的边界的全球虚拟世界俨然已经形成。

在传统社会，由于人类的活动完全受制于地理条件和空间距离，资本流动的时间太长，成本亦太高，所以资本无法在全球范围内实现真正的自由流通，自由贸易当然只是一种设想。但从 20 世纪 90 年代开始，互联网被普遍地运用于商业活动，加上货币资本的虚拟化和符号化等因素作用，彻底解决了时空局限和物质运输的困难，打破了资本直接投资的壁垒，为全球商业运作提供了必要的通道和廉价的成本。经济一体化至少在技术层面上已经成为了现实，为世界统一大市场的形成提供了不可或缺的技术支撑，以致欧姆（Ohmae）所提出的"无界世界"（a borderless world）的意象，普遍被用作描述全球经济的一体化进程。②

古代依靠快马传书，一天最多可以跑 800 里，而汽轮船、高速列车、磁悬浮列车、喷气式飞机等新式交通工具的出现，改变了这一切。交通技术的发达不仅使人类有条件超越自然地理条件的限制，超越时间的控制，而且降低了旅行成本，使人员的自由流动更加便利，出现了活跃在世界各地的名副其实的"全球人"。鲍曼曾形象地描述这种情形："在精英分子的生活经历中很少有'这儿'和'那儿'、'里面'和'外面'、'附近'和'远处'的区别。"③

五、全球性现象的凸显

时空的分离和压缩，全球交往的方便和快捷，跨国公司的全球扩张，正在迅速地改变着人们的生活环境和生活方式，一方面是地方性现象的日趋全球化，另一方面则是地方性因素的不断萎缩，整个地球的同质化步伐日益加快，即许多所谓前现代的文化现象在消亡。

这种变化最为明显的表现首先是物质文化的齐一性。美国生产商制造了被观察家称之为"真正雪崩般的大批工艺制品"，这种商品充斥的现象在世界各

---

① 苏国勋：《全球化背景下的文化冲突与共生》，《国外社会科学》2003 年第 3、4 期。

② Axford. B. , 1995, *The Global System*：*Economics*, *Politics and Culture*, New York：St. Martin's Press. p. 95.

③ ［英］齐格蒙·鲍曼：《全球化——人类的后果》，郭国良译，商务印书馆 2001 年版，第 12 页。

地都成了理所当然的生活特色。① 今天，在世界上几乎每一个开放性的大中小城市，我们都能看到摩天大厦、超级公路、纵横交错的立交桥，自动取款机、信用卡、方便售货亭，肯德基、麦当劳、沃尔玛、西门子、冰激凌、可口可乐、口香糖、运动饮料、蓝布牛仔裤随处可见，好莱坞大片、迪士尼卡通、电脑游戏、音乐电视也已经填满了全球的每一个角落。即使像北京这样的有着数千年文明史、对外开放近 30 年的城市，除了能从极少数还未被房地产商相中的破败四合院中，从被刻意保护起来作为旅游景点的紫禁城和皇家园林中，从风烛残年的老北京人的皱纹中，还能稍许找到这个城市传统生活的一些痕迹外，我们还敢轻易地说这是一个中国的古都吗？总之，现在呈现在人类面前的北京城仅仅是一个掺杂着被刻意保护起来的少许地方特色的一连串熟悉景象。

与将物质和意识形态严格区分的观点所描述的景象相反，物质生活的同化恰恰是文化同化的标志，是意识形态渗透的载体。正如有的学者指出的，"麦当劳餐厅对消费者的吸引力决不仅仅是它的汉堡包，而且还有它那美国式文化氛围和独特的社会空间，普通消费者在那里能享用美国式快餐，同时也享受一种中国式的美国大众文化。"② 进言之，物质生活的美国化同时也在进行着新的文化观念与思维方式的生产和再生产，为全球主义思潮的勃兴提供新的基础和动力，推动着更多的人自觉不自觉地接受和认同全球主义意识形态。

全球性现象凸显的另一个重要标志是事关全人类共同利益的全球问题的不断产生，并推动着国际社会为解决这些问题而走到一起。根据罗马俱乐部的见解，全球问题"就是困扰当代人类的'总问题'、'世界性问题'、'全球危机'"。③ 顾名思义，全球问题的显著特征就是全球性，它的存在空间超越了地区和国家的边界和领域，它的影响后果波及全球，危及整个人类的生存和发展。在"全球村"趋势越来越明显的今天，全球性问题越来越繁多，人们对全球问题的感知也越来越明显。贝克把全球化时代的世界称为"世界风险社会"（world risk society），现代化的过程就是风险的生产和再生产的过程，整个地球都被卷入到这个风险生产机器中，任何国家、地区和个人都不能够幸

---

① ［美］詹姆斯·戴维森·亨特、乔舒亚·耶茨：《全球化的先锋队》，［美］塞缪尔·亨廷顿、彼得·伯杰主编：《全球化的文化动力》，康敬贻等译，新华出版社 2004 年版，第 281～282 页。

② Yan Yuanxiang：《受管理的全球化》，［美］塞缪尔·亨廷顿、彼得·伯杰主编：《全球化的文化动力》，康敬贻等译，新华出版社 2004 年版，第 10 页。

③ 转引自蔡拓：《全球问题与当代国际关系》，天津人民出版社 2002 年版，第 1 页。

免，也没有国家、地区和个人能单凭自身力量而完全对抗之。① 有人甚至把这些问题的产生称作"蝴蝶效应"：亚洲蝴蝶拍拍翅膀，将使美国几个月后出现比狂风还厉害的龙卷风。

在今天，超越了国界和文化差异的全球性问题主要有这样几类。（1）环境破坏问题，如酸雨、臭氧层的破坏导致的"温室效应"使全球气温变暖、沙尘暴肆虐。（2）全球军事安全问题，如恐怖主义活动的全球化、美国单边主义对世界力量平衡格局的破坏、大规模杀伤性武器的扩散和核扩散。（3）传染性疾病问题，如 SARS、HINI 的肆虐全球、艾滋病的扩散对整个人类生命的威胁、贩毒和吸毒问题。（4）全球经济安全问题，如跨国公司这个"世界玩家"对全球民主的破坏以及金融资本短期投资行为所造成的 2008 年世界性金融危机。（5）全球经济发展平衡问题，经济全球化过程带来的南北半球差距进一步扩大，发展中国家长期呼吁建立一种与经济全球化相适应的合理、公正的国际经济新机制和新秩序，但始终未能在发达国家引起共鸣。

上述全球性问题的解决已经超越了任何单一国家甚至几个国家的能力。我们知道，现代民族国家都具有明确的领土疆域的限制，其权力只能在自身领土上才能行使。但是，上述全球性问题虽然最初可能只发生在某一个国家内部，但其剧烈化的过程却是在全球范围内扩散的，其后果也是全球性的，处理它们必须建立超越（across）主权国家的或主体国家之间（inter）的、对各个主权国家具有约束能力的新的全球性公共事业机构。因此，贝克指出，在世界风险社会背景下，超越民族国家体系的全球性组织的崛起是晚期现代性阶段"亚政治"的重要内容②，吉登斯和阿尔布劳都认为，发展全球性社会运动如妇女运动、生态运动已经成为对抗各种全球性风险的共同选择。③ 不管是各种"亚政治"组织还是各种全球性社会运动，不管是国家之间的世界性组织还是超越国家的非官方的全球组织，不管是赢利性的全球性组织还是公益性的全球机构，它们的一个共同特征就是"以一种全球性的市场或需要为关注的焦点，并力图发挥全球性的作用"④。

全球性问题的凸显和全球性组织的兴起，为全球主义话语的抬头创造了前

---

① Beck, U., 1999, *World Risk Society*, Cambridge：Polity Press.

② Beck, U., 1999, *World Risk Society*, Cambridge：Polity Press.

③ ［英］安东尼·吉登斯：《现代化的后果》，田禾等译，译林出版社 2000 年版。

④ ［英］马丁·阿尔布劳：《全球时代——超越现代性之外的国家和社会》，高湘泽等译，商务印书馆 2001 年版，第 193 页。

所未有的有利条件，也为全球主义的扩张提供了借口和掩体。全球主义者开始鼓吹民族国家范式的过时，宣称解决人类共同面临的风险的关键是建立超越国家和民族界限的世界政府。同时，我们还可以看到，无论是联合国还是许多的貌似公正、不受任何民族国家限制的非官方全球组织，都是坐落在西方国家，主要由这些国家提供财政支持，由这些国家的人员把持，它们的政策、行动标准明显带有西方文化和价值观的痕迹，因此，在实际操作过程中，这些组织在很大程度上会不可避免地成为贯彻西方国家的全球主义信条和政策的行动者。

第四节　经济全球化条件下全球主义的基本主张

经济全球化条件下，不同地区、民族之间相互联系、相互依赖日益增强的客观事实，使一些貌似反映了社会存在的全球主义主张，如建立统一的全球市场、成立世界政府等有关建立世界秩序的基本思想再次被响亮地喊了出来。

一、建立统一的全球市场

全球主义者认为，原苏东社会主义国家的解体以及现存的社会主义国家经济体制改革，自由贸易的资本主义已成为了我们这个时代不证自明的自然秩序（natural order），随着市场力量的不断扩大，国家经济不可避免地走向全球经济，一个商品、服务和资本可以自由流通的全球市场正在形成。

全球主义者最崇拜自由市场和自由贸易，基于此，美国伊利诺伊州大学政治学教授斯特格（Manfred B. Steger）称全球主义为"市场原教旨主义"①。全球主义认为，自由市场是经济成功的先决条件，自由市场和自由贸易将使经济效益显著增加、科技日新月异、个人更自由、政治更民主，而且所有国家和人们在全球市场面前都是平等的，最终都能从中获益。

全球主义这种乐观主义的看法，是追随了大卫·李嘉图关于世界贸易理论的"比较优势理论"。全球主义者认为，企业能在开放的、统一的全球市场中实现利益最大化。全球通讯网络的建立提供了便捷的联络方式，消弭了跨国作业的昂贵成本，以及全球运输系统的建立使货运成本的降低，使得现在的大企业可以在许多国家设立工厂或分公司，或与各地方的企业合伙，在成本最低和条件最好的地方制造各种零组件，然后运送到另一个国家装配。每个企业以最

---

① Manfred B. Steger, 2002, *Globalism: the New Market Ideology*, Rowman & Littlefield Publisher, Inc. p. 12.

低成本制造最优良的产品，并与其他企业交换对方以最低成本制造出来的优良产品，从而保证大企业产生"比较利益"。① 不仅如此，世界各地的人们还能从汇集了世界各地低廉而优质的产品和服务的全球市场中获得最为称心满意的消费品，成为全球市场中最大的受益群。

全球主义在建立统一的全球商品市场的同时，也强调建立统一的资本市场的必要性。国际货币基金组织的常务董事迈克尔·卡密德苏（Michael Camdessus）说："为了使全球经济更加开放而有活力和减少全球化的风险，我们必须建立一个开放的和统一的资本市场。"② 也就是说，资本的全球投资，能让企业从全球金融和股票市场中获取资金，刺激经济的增长。

关于建立统一的全球市场的操作问题，全球主义者认为关键在于国家权力的最小化。政治和经济是两个相对独立的领域，其中经济是一个非政治的、私人的领域，行动者凭借个人理性在其中行动，市场则通过"看不见的手"调整这些行动之间的关系，使之自然而然地有序化。政治对经济的干预，只会破坏市场这种自发的平衡能力。因此，为保证统一的、开放的全球市场的有序运行，必须摆脱强制性的政治权力。政府权力应限制在为商品、服务和资本能自由流通的全球统一市场的形成拆除障碍。发展中国家应该遵循由国际经济组织发出的经济指令，加快公有制企业的重组以及能源、交通和通讯等关键领域的私有化的步伐，只有这样才能保证市场的平等运作和市场竞争力的提高。

二、建立世界政府

建立世界政府的主张，早在 1952 年就出现了。当时的美国社会学家巴尔在其著作《世界公民》中淋漓尽致地描述了殖民地和附属国人民的需要和贫困，然后指出，这些国家的人民只有放弃解放斗争，放弃民族主权，皈依"世界政府"，才能摆脱贫困，获取繁荣。③

今天，在全球化日益深化、"地球村"基本形成、全球性问题层出不穷的背景下，构建跨越民族国家的世界性组织来协调和管理全球事务以重建世界秩序已然成为一种时代强音。在这个时候，"世界政府"再次出现，成为全球主

---

① ［美］理查德·隆沃思：《全球经济自由化的危机》，生活·读书·新知三联书店 2002 年版，第 32 页。

② Manfred B. Steger, 2002, *Globalism: the New Market Ideology*, Rowman & Littlefield Publisher, Inc. p. 49.

③ ［苏］莫德尔任斯卡娅：《世界主义是奴役各国人民的帝国主义思想》，商务印书馆 1962 年版，第 27 页。

义的基本政治主张。全球主义者认为，"市场的自我调节"是重建未来全球秩序的基本准则①，因此，民族国家就必然是人类实现共同利益的阻力，所以，这个新的世界性组织必须是一个根据全球市场原则建立的、超越民族国家的世界政府②。

关于世界政府的理解，即使在全球主义内部也有多种声音，其中哈特和奈格里提出的"新帝国"应该是比较隐讳的一种。这两位作者认为，全球化正在形塑一个崭新的"帝国"（empire），这种"帝国"不是延续传统的"帝国主义"（imperialism），即不是以民族国家为基础的，而是一种超国家的新型主权形式，是一种由在世界上占主导地位的国家、主要的资本主义军事力量、资本主义大型公司，以及超国家组织如联合国、国际货币基金组织，连同其他国家的或超国家的力量联合而成的"无中心、无边界"的网络权力。③

显然，"帝国"所建构的"全球政府"意象要比那些简单地强调民族国家已经过时、唯有超国家的世界政府才可以治理全球的全球主义理想要复杂得多。但是，这种复杂思维似乎没有考虑到这样一个基本的问题：构成全球网络权力的主要力量如美国、主要资本主义军事力量、大型跨国公司以及各种超国家的世界性专业组织如世界银行等，它们之间是一种什么样的关系？显然，无论是大型跨国公司还是主要军事力量，都与美国这样的超级大国具有利益上的某种一致性和契合性。④ 换言之，如果没有大型跨国公司和强大的军事力量，美国又何以成为美国呢？吉登斯曾指出现代民族国家的四个支柱，其中就包括这二者。而且，虽然联合国等国际组织都号称是国际（inter-nation）组织，但其发起者、组织者以及主要财力支持者，都是西方资本主义国家特别是美国占据重要地位。由此可见，哈特和奈格里的"帝国"意象一方面显然看到了全球关系的复杂性，另一方面却因为分解了美国的各种霸权力量而遮蔽了美国的帝国主义实质。

全球主义关于"世界政府"的另一种构想是把美国建设成第三罗马帝国

---

① Manfred B. Steger, 2002, *Globalism: the New Market Ideology*, Rowman & Littlefield Publisher, Inc. p. 49.

② 虽然西方学者没有明确地提出要建立世界政府，而是采用其他的替代性术语，如"世界联邦"、"全球国家"、"世界社会"等，但无论其出发点如何，这些术语最终还是会为全球主义宣传者所用。

③ ［美］哈特、［意］奈格里：《帝国》，江苏人民出版社 2003 年版。

④ 参见杨冠群：《全球主义思潮与民族国家意识的碰撞——浅论跨国公司的是与非》，《国际问题研究》2002 年第 5 期。

来主导全球事务。这种构想认为，当今的世界已呈现邪恶势力横行而没有人对之负责的局面，只有美国能控制这种局面，因此，应把美国抬升为人类的救世主，让它扮演世界政府的角色，带领世界人民都过上美好生活。①

由此可见，全球主义区别于世界主义或者国际主义的最为关键的一点是：前者对"世界政府"的设想是建立在西方与非西方——到今天则转变为了美国与非美国——的二元论基础上的。所以，虽然新自由主义鼓吹民族国家和社会主义制度在全球化时代的不合时宜，但却建立起一系列世界经济贸易组织来领导全球经济活动，如国际货币基金组织（IMF）、世界银行和世界贸易组织（WTO）等，用以实现跨国资本的利益在全球范围的实现。有鉴于此，美国纽约大学皇后学院教授威廉·K. 塔布（William K. Tabb）曾明确地批判道，虽然新自由主义在帮助南方弱势和贫困国家发展方面是失败的，造成了这些国家经济实力的普遍倒退，但在作为资本的阶级规划方面"却是成功的。在这个方面，它未宣称的目标——跨国公司、国际金融家和地方权贵的支配力量增长——却实现了。"② 不仅如此，正如我们在上文中评论哈特与奈格里所提出的"帝国"理论时所指出的那样，新自由主义的实现——包括成立世界银行等全球经济管理和协调机构——完全是通过民族国家组织来推动的，如七国集团等组织，其主导的民族国家却都是西方发达国家，尤其是美国。由此可见：跨国公司、大型金融资本是有民族性的，或者说西方发达国家——具体而言即美国——的政府就是这些跨国资本的政府，资本与政治是完全同一和共谋的。因此，新自由主义尽管打着"经济无政府主义"的旗帜，但建立更加隐秘的"世界政府"却是其恒久不变的梦想。

但是，新自由主义的意识形态并没有完全控制住弱势国家和发展中国家的思维和行动，相反却激起了后者对前者的激烈抵制。以 2003 年的坎昆会议为标志，新自由主义走向失败，③ 而新保守主义正好在这个时期前后粉墨登场。新保守主义更加肆无忌惮地奉行"正义/邪恶"、"西方/东方"、"西方 = 正义"、"东方 = 邪恶"的二元论逻辑，宣称美国是正义的化身，是人类的救世

---

① Manfred B. Steger, 2002, *Globalism: the New Market Ideology*, Rowman & Littlefield Publisher, Inc. p. 65.

② ［美］威廉·K. 塔布：《新自由主义之后还是新自由主义？》，吕增奎译，《当代世界与社会主义》2003 年第 6 期。

③ ［美］伊曼纽尔·沃勒斯坦：《坎昆：新自由主义攻势的崩溃》，路爱国译，《评论》（美国纽约宾汉顿大学费尔南德·布罗代尔中心）2003 年，第 122 号。

主。基于这种思维，新保守主义设定自身目标就是将美国建设成新帝国。他们声称，美国完全可以超过罗马，超过大英帝国，在世界上建立一个全新的帝国，这个新帝国既能体现人类美德，又能扮演世界政府的角色，能让全世界人都过上美好生活。① 为此，新保守主义不惜以政权更迭和先发制人的战争来伸张所谓真理和正义，向世界推行美国方式，"单边主义"行动即为明证。

总结以上论述，我们可以发现，在全球主义内部，虽然建立"世界政府"的目的在本质上是一致的，但在具体实现方式上却存在较大的分歧。新自由主义虽然谋求建立世界政府，但由于这一目的是隐秘的，所以美国政府只能躲在幕后采取一些比较"软"的手段来实施；然而，新保守主义则是撕开了新自由主义这层面纱，明确地宣布确立美国在世界的帝国主义地位就等于世界政府的建立，并不惜采取极其强硬的军事干涉的"硬"手段来达到这一目的。

三、建立基于西方立场的全球"普世价值"体系

在全球主义者的词典中，"全球化等于自由化加市场的整合"②，缺失自由主义的文化，自由市场难以形成，反之亦然。而且，西方人一直都把种族优越性同其文化优越性对应起来，认为是否持有基督教文化是区分文明人和野蛮人的基本标准。因此，虽然约瑟夫·S.奈直到2004年才提出"软权力"的概念，但全球主义者早就把基督教文化的全球化当作自身目的，又当作推行全球自由市场的工具。譬如，美国前总统尼克松极力主张美国应成为世界的"意识形态灯塔"③，在其被塔布曼讽刺为"一篇全球主义最佳代表作"的总统就职演讲中他还宣称，"美国的最终目标就是把自由价值扩展到世界上任何一寸领土，使所有共产主义国家都成为自由俄国、自由中国、自由东欧和自由古巴，而且鼓舞美国社会要坚信（deeply believed in）这样一个伟大的目标。"④前总统布什在其第二任总统就职典礼上同样明确宣布：美国要向全世界推行美国式的民主和自由，以确保美国利益。

从学术思想上看，建立全球同一的文化价值体系的全球主义思想不仅体现

---

① 李强：《美国新帝国主义全球战略的政治哲学解读》，《思想理论信息》（清华大学高校德育研究中心）2003 年，第 30 期。

② Manfred B. Steger, 2005, *Globalism: Market Ideology Meets Terrorism*, Rowman & Littlefield Publisher Inc. p. 59.

③ ［美］尼克松：《1999：不战而胜》，世界知识出版社 1989 年版。

④ Taubman, 1973b: W. （ed.）, "Introduction. " In *Globalism and Its Critics: the American Foreign Policy Debate of the 1960s*, Lexington: D. C. Heath and Company. p. 9.

在福山乐观主义的"历史的终结"之宣告中，也表征在亨廷顿现实主义的"文明的冲突"的预言中。20 世纪 90 年代初，亨廷顿在资本主义世界一片"历史终结了"的凯乐声中振聋发聩地指出，虽然狭义的意识形态之争已经结束，但更广义的意识形态之争即普遍的文明冲突正开始浮上水面，这就是亨廷顿所谓的世界上七种文明形态之间的冲突。在亨廷顿看来，世界上现存的各种文明都是在漫长的历史过程演变而来，都构成了其所在民族最为深层的精神特质和行动依据，是最难以改变的。"冷战"中，共产主义与资本主义两种意识形态的争夺遮蔽了世界文明冲突的事实，"冷战"结束后，这些不同文明将成为建立统一的全球市场和自由主义世界最难以逾越的屏障。

冷战结束以来，美国同世界上很多国家发生了军事冲突，这种冲突不仅具有政治的、军事和经济的意义，同时亦具有强烈的文化特征，单凭交战双方不约而同地祭起宗教旗帜就不难作出如此判断。从这个角度看，亨廷顿的"文明冲突论"成了一个"自我实现的预言"①。这个"自我实现的预言"更加坚定了全球主义者采取一切措施甚至是军事手段在世界各地灌输和培育基督教价值观念，促成全球统一的文化价值体系尽快形成。

当然，全球主义者对全球同一的文化价值体系的追求并不仅仅依靠军事方面的暴力手段，还会充分利用语言输出、消费观念同化、学术交流等各种和平手段，有人甚至宣称，哪一天英语成为全球唯一的通用语言了，自由主义世界也就大功告成了。

第五节　经济全球化条件下全球主义的推销方式

冷战后，一些西方国家借助全球化浪潮的不断涌动和世界社会主义运动暂时处于低潮的机遇，开始其意识形态形式的新一次蜕皮，以"全球主义"（globalism）的面貌展现在世人面前，同时以更灵活多样的方式对其他国家的文化进行新一轮的轰炸。

一、因特网：全球主义渗透的新工具

随着科学技术的发展，西方发达国家用以进行意识形态渗透的工具在不同历史阶段粉墨登场的主角也各不相同。20 世纪 60—70 年代，西方曾乐观地认

---

①　苏国勋：《从社会学视角看"文明冲突论"》，《社会学研究》2004 年第 3 期。

为电台广播足以颠覆社会主义制度，苏东剧变后，美国《华盛顿邮报》诙谐地说道："西方世界为寻找瓦解共产主义的方法花费了半个世纪的时间和亿万美元，却忽然发现答案就在电视新闻里。"① 这意味着，20 世纪 80 年代，电视是宣传美国价值的重要工具。到了 20 世纪末，随着计算机技术升级特别是因特网的出现，计算机多媒体网络通讯得到迅速发展，用美国学者尼古拉·尼葛洛庞蒂的话说，人类进入了"后信息时代"②，因特网理所当然地成为了西方进行意识形态渗透的新工具。多媒体网络通过将图、文、声、数统一转化为数字信号加以传播，并将传统的电信和传媒技术纳入网络通讯，实现了计算机网、电信网和广播电视网的三网融合，从根本上变革了人们的通讯工具和交流手段，开辟了文化传播和文化交流的新时代。后信息时代的信息交流最大的优势在于摆脱了地域和国界的限制，全球性电脑国度的形成大胆预测了一个全新的虚拟的全球性市民社会正在形成。但是我们必须认识到，因特网也是一把双刃剑，一方面有利于不同文化、不同区域之间的相互交流，有利于不同国家和民族的人们充分认识到世界文化的多样性，但另一方面也为西方强势国家推行其文化霸权主义政策大开方便之门。

（1）西方发达国家尤其是美国掌握着因特网的技术核心。虽然单纯从技术上说，不同类型的文化在因特网上处于同等地位是完全可能的，但是，技术毕竟是由人操纵并为人的特定目的服务的。因特网技术发端于美国并兴盛于美国，其技术构造方式乃至咨询传播格式等，必定带有美国社会的烙印并符合美国文化的特点，而且美国政府在技术层面上力图牢牢掌握因特网的控制权，使之只为自身利益服务也是不争的事实。例如：美国已经与澳大利亚等国合作，建设全球性的因特网监视系统以便随时收集资料；在技术出口时，美国等国家对包括中国在内的一些发展中国家也采取歧视政策，限制核心技术的转让。

（2）西方国家特别是美国，很早就注意到自己在因特网时代具有的信息优势，并有意利用这些优势来增强自身意识形态、文化和经济模式及政治制度等"软权力"的吸引力，侵害别国的意识形态安全。美国政府商务部在"信息高速公路"计划——《全球信息基础设施（GII）》中明确宣称："高速发展的'全球信息基础设施'将促进民主的原则，限制集权主义政权形式的蔓延；世界上的人民，通过'全球信息基础设施'，将有机会获得同样的信息和同样

① 转引自马维野：《全球化时代的国家安全》，湖北教育出版社 2003 年版，第 77 页。

② ［美］尼古拉·尼葛洛庞蒂：《数字化生存》，胡泳等译，海南出版社 1997 年版。

的准则，从而使世界具有更大意义上的共同性。"① 其中强调的所谓"促进民主的原则"、"限制集权主义政权形式的蔓延"，以及"使世界具有更大意义上的共同性"等，鲜明地表达了美国政府利用因特网对其他国家进行意识形态渗透的倾向和意图。1998年，美国总统克林顿发表了举世瞩目的"网络新政"演说，其核心要点之一就是要继续保持美国在计算机等高科技领域的绝对领先地位，从而为其扩张文化霸权和政治霸权服务。由此可见，美国发展以因特网技术主导的信息高速公路，其目的绝不仅限于经济和科技的发展，更在于传播西方的意识形态、政治制度、价值观念。

不仅如此，一些西方国家还利用自己的信息技术优势和对传播媒体的垄断权，采取"音像合成"、"虚拟现实"等信息技术不负责任地制造和散布一些混淆视听的虚假政治信息，对非西方文化进行诋毁和打压，甚至诋毁和损害其他国家的国际形象和政治制度。

（3）在因特网还未出现之前，英语尤其是美国英语就已经成为了世界性的霸权语言，在上述两方面原因的共同作用下，美国利用这种强大的文化语言优势主导着网络信息的发布，导致网络空间中信息传播极不对称和极不平衡。如今在因特网络上，不仅电脑操作的程序和网络操作的命令是英语，而且绝大部分信息也是用英语发布的。据统计，网上各种语言的使用频率依次是英语84%，德语4.5%，日语3.1%和法语1.8%。这组数字说明，在很大程度上，因特网成了少数发达国家尤其是美国传播其语言、思想、文化的核心载体。实际上它就是要求每一个入网者都必须学会美国的语言，适应美国式的思维方式和熟悉美国的文化。在这种情况下，全球网络化的过程更像是一种美国文化的全球化过程。也正因为如此，尼葛洛庞蒂断言：在因特网上，没有地域和民族，英语将成为标准。只要一进入国际因特网，你的电脑屏幕上显示的是英语，你进入的讨论组大多数是美国人发起的，讨论的题目是他们想出来的，你看到的广告几乎全是美国产品的广告。一句话，进入交互网络，从某种意义上讲，就是进入了美国文化的万花筒。②

发达国家在英语信息约占90%的情况下，因其传送与获悉超量的信息而获得快速进步，而广大发展中国家在本土信息仅占百分之几甚至缺失的情况下，传送与获得信息都受到极大限制。对于处于信息传播弱势地位的国家来

---

① 转引自马维野：《全球化时代的国家安全》，湖北教育出版社2003年版，第98页。
② ［美］尼古拉·尼葛洛庞蒂：《数字化生存》，胡泳等译，海南出版社1997年版。

说，信息资源、信息产业、信息传播、信息安全将被控制在占据"信息强势"地位的国家手中，很大程度上已成为被迫接受西方信息的群体，"久而久之对同一文化理念的传递、接受，会使受众产生亲近感、信任感，最后认同、依赖，与此同时渐渐地对自己民族的自尊心、自豪感产生动摇，松动民族根基。"①

（4）从交往方式来看，网络信息的传播摆脱了观念与器物的束缚，因特网为人们提供了一种以文字为主要媒介的虚拟匿名的交往方式，从而使信息时代的文化霸权主义比过去传教士的文化殖民主义更隐蔽，因此也更容易产生欺骗性。传教士的文化殖民政策需要借助器物如教堂、小册子等媒介进行面对面直接的交流传授，当受动方意识到传教士背后的殖民意图和对自身传统文化造成的伤害时，很可能就会产生愤怒情绪以及强烈抵制。如中国义和团运动就是以传教士为攻击目标。网络信息的虚拟性和匿名性以及网民的参与和互动，使网民既难以抵制网络信息的灌输也更难辨别事情的真伪。所以，有人把信息时代称为"电子殖民主义"时代。

二、文化产品：全球主义渗透的主要载体

文化作为人们在日常生产和生活中不断创造和积淀起来的生产、生活方式和道德价值体系，与意识形态不可分割地纠缠在一起。作为物化的文化类型，文化产品包括电影制品、音乐制品、图书、报刊、广播节目、电视节目、电子游戏软件、因特网，等等。② 所谓文化产业化，就是把文化生产同消费和市场链接起来，按照商业运行逻辑来生产和销售文化产品，同时又对市场提出趣味性和精致性的要求。媒介帝国主义的研究者之一许勒以多产而广为人知，他把按资本逻辑采取的文化产业化策略概括为："一个接一个的媒介及其相关业务（印刷及广电媒介、广告、市场研究及公共关系等，）以及一波一波的科技产品（电脑及资料、信息科技、卫星广播），被整编进入资本主义所支配的世界体系。"③ 在经济全球化浪潮下，商业的文化化和文化的产业化被日益糅合在一起，自 20 世纪 80 年代以来，文化产品贸易在世界经济贸易中已占据了很大的比重。

文化产业化具有一箭双雕的功用：对于跨国公司而言，它的商业价值极

---

① 马维野：《全球化时代的国家安全》，湖北教育出版社 2003 年版，第 97 页。
② 张晓明等：《2005 年：中国文化产业发展报告》，社会科学文献出版社 2005 年 1 月版。
③ 转引自 ［英］汤林森：《文化帝国主义》，上海人民出版社 1999 年版，第 76 页。

高，可以带来巨大利润。勿庸置疑，在当今世界上，美国是文化产业化中最为成功的受益者。美国文化产业产值占该国 GDP 总量的 18% 到 25%，400 家最富有的美国公司中有 72 家是文化企业。近几年来，美国最大的出口产品不是农业和工业产品，而是电影、电视节目、电脑软件、书籍等文化产品。"文化霸权"的代表性人物——美国前总统安全顾问布热津斯基博士作证言："美国的电视节目和电影大约占世界市场的 3/4。"① 以电视节目为例，1993 年拉美和加勒比国家本土节目的全年电视节目时间总计为 2427 小时，美国电视节目就占去了其中的 1506.3 小时，远远高于拉美和加勒比国家本土节目的 721 小时，前者以 62.06% 的百分比高于后者的 29.71%②。以电影为例，1980 年，美国电影业收入有 70% 来自国内，此后国外的票房收入每年呈 6% 到 7% 的增速，现在美国的国内票房收入仅占总收入的 35%。

更为重要的是，对于强势国家特别是美国而言，文化产业化为其输出价值观念提供了最为"光明正大"的途径。个中原因如下：（1）产业化把文化变成了"商品"，以"商品"的外衣有效地掩盖了"文化"所承载的不可消除的特定价值观念，遮蔽了"文化"的意识形态性质，从而使文化产品的全球性交易从"文化全球化"这一敏感的性质，置换为"经济全球化"这一能为大多数人接受的性质，文化产品的进口国因此打消或者放松了警惕。（2）文化产业化后，文化被作为商品进行交易而非文化交流，这种交易需按照世界贸易组织的各项规程进行，因此，就如其他许多贸易行为一样，发展中国家的文化保护政策，往往会受到由美国等发达国家控制的 WTO 等世界贸易条款的限制。具体而言，文化产业化最为卖力的倡导者美国在全球推销其文化产品的方式主要有三种。

一是通过世界贸易组织，要求各个国家像对待其他商品一样对待文化产品，极力在世界贸易组织多边贸易体制框架下推动文化产品和服务的自由化。③

二是通过"全球地方化"（Glocalization）策略来遮蔽美国文化所承载的美式价值观，而给人一种迎合消费者的地方性文化的假象。"全球地方化"经营策略表面上高度重视和凸显消费地的本土特征，但并没有改变其作为美国价值

---

① ［美］兹比格纽·布热津斯基：《大棋局：美国的首要地位及其地缘战略》，中国国际问题所译，上海人民出版社 1998 年版，第 35 页。

② 刘悦笛：《美国文化产业何以雄霸全球？》，中国社会科学院网站。

③ 张晓明等：《2005 年：中国文化产业发展报告》，社会科学文献出版社 2005 年 1 月版。

观和意识形态载体的实质，其真实目的就是为美国文化帝国主义——产业上的绝对垄断地位和价值观上的绝对垄断地位——寻找一件更容易为消费者接受的外衣，是"典型的西方文化内涵、高度现代化的形式与'伪本土文化'构成了征服全球的'真实的谎言'。"① 因此既更具欺骗性，也更具吸引力。在这个意义上说，"全球地方化"策略使得美国文化产品获得了新的生命，进一步推动了美国文化产品的全球扩张，加速了其殖民化的进程。

三是秘密资助从事文化出口的公司和商人。虽然美国没有像其他国家那样设置"文化部"等类似的行政机构，对文化事业奉行所谓"无为而治"的政策，但其暗地里的操作却十分卖力。据《纽约时报》称，美国中央情报局在1977 年插手的出版物至少有1000 种，索罗斯基金会自1991 年10 月打入南斯拉夫以来，迄今已投入了3000 万美元，其中不少是专门为那些最易受外来文化感染的青少年尤其是立场"敏感"的大学生准备的"精神食粮"。正如布兰查德在《美国新殖民主义》中所说，由美国准备和印刷好的教科书旨在向青年人传播、散布、灌输"弱小民族从来就不能决定自己的命运，领导世界的始终是强国"② 的思想，使青年人产生反现行社会制度的意识，接受美国的霸权领导。

但是，文化产业化及其进入经济全球化领域却对文化本身以及输入国和地区的地方性文化构成了极大伤害。我们知道，传统意义上的"文化"一般而言是远离市场的，具有某些独特性和不可复制性，虽然在一定意义上可以生产、传播和接受，但主要是通过文化本身的传播逻辑来实现的。而将文化与市场完全对接，完全按照市场逻辑来操作文化，如把文化的不可复制性转变成批量生产，把文化的地方性和独特性转变为普遍性，必然对文化的一些基本素质产生破坏作用。

而且，文化传播的根本目的之一是提升受众素质而非迎合他们的低级趣味，但产业化的美国文化却恰恰把传播目的颠倒了。法兰克福学派的重要代表人物阿多诺就非常尖锐地指出，文化应该从根本上具有对现实的批判性和否定性，应该体现否定现实、超越现实的价值理想，应该提供种种与现实根本不同的抉择。可是，"大众文化"的实质是"文化工业"（cultural industry），已偏离了正常的文化轨道，它以文化工业生产为标志，以市民大众为消费对象，以

① 陈龙：《媒介文化全球化与当代意识形态的涵化》，《国际新闻界》2002 年第 5 期。
② 转引自张顺洪等：《英美新殖民主义》，社会科学文献出版社 1999 年版，第 144 页。

现代传播媒介为手段，一步步地趋向物化，直至沦为纯粹的商品，并不可避免地具有了商品拜物教的特性，同时，它自身的文化韵味也消失殆尽。

基于这种认识，阿多诺拒绝承认文化工业的产品是艺术品。因为这时的艺术已成为纯粹的商品，文化工业的产品从生产到流通到消费，都是严格地按照商品的操作程序运转的，文化产品被创造出来只是为了交换，而不是为满足任何真正的文化需要，它意味着文化的人文意义和价值的全面覆灭。更深刻地看，文化工业是一种牢固的管辖与控制，实质上充当了资产阶级统治的主要支撑物和操纵性工具，其逻辑是文化工业通过对大众心理进行操纵而发生作用，在操纵性文化的催眠和压抑下，大众丧失了批判和否定现实的能力。一句话，大众文化是意识形态与社会物质基础的融合，是资本主义商品制度的组成部分。[1]

根据阿多诺和贝尔的观点，作为世界上文化积淀最浅薄的国家之一的美国，它所制造的文化产品非常鲜明地体现了上述文化工业的"反文化"[2]本质。

第一，美国文化的庸俗化倾向特别浓郁。虽然美国的戏剧、小说、爵士乐和其他音乐丰富了世界文化，但是性、暴力以及其他各种犯罪场面的复制，却是美国娱乐工业提供的十分危险的内容。为了提高收视率和订阅率，追求大众效应，受众的"本我"需求尤其是暴力倾向和性本能被放置到非常突出的位置，电视和电影里面枪杀、汽车追逐、强奸、谋杀等各种各样的暴力镜头泛滥成灾，"性"成为《花花公子》等娱乐性杂志和节目的主打内容。贝尔曾经指出："五六十年代，人们对情欲高潮的崇拜取代了对金钱的崇拜，成为美国生活中的普遍追求。"[3] 德国前总统施密特把这些靡靡之音、暴力等称之为"伪文化"[4]。今天，这些"伪文化"却成了美国政府推行其全球主义价值体系和创造可观经济效益的重要法宝，它利用自身能有效刺激受众的感观需要，能很好地迎合青少年的口味的优势，在世界各个国家都创造了销售奇迹。比如，阿富汗战争结束后，美国的电影大片就迅速地进驻阿富汗，占据了阿富汗电影市场的绝大多数份额。

① ［德］霍克海默、阿道尔诺：《启蒙辩证法》，渠敬东等译，上海人民出版社2003年版。
② ［美］丹尼尔·贝尔：《资本主义文化矛盾》，赵一凡等译，三联书店1989年版。
③ ［美］丹尼尔·贝尔：《资本主义文化矛盾》，赵一凡等译，三联书店1989年版，第118页。
④ ［德］赫尔穆特·施密特：《全球化与道德重建》，柴方国译，社会科学文献出版社2001年版，第61页。

第二，美国文化的产业化和全球化过程，就是美国制造的消费主义倾向的全球化过程。消费主义是跨国公司刺激消费者的消费"欲望"（wants），最大限度地扩大产品销售市场而炮制出的重要心理武器。各种跨国公司通过电视和因特网广告，通过举办各种时装发布会、摄影展等各种文化手段，通过销售各种时尚杂志，在各国人民心目中建构起一个虚拟的世界，"人在其中过着期望的生活，追求即将出现而非现实存在的东西。"①

第三，在消费主义和庸俗化倾向的背后，还掩藏着美国政治文化和个人主义价值观的全球渗透。许勒明确指出，媒介强大的意识形态力量主要是通过各种迪士尼卡通、好莱坞大片这些推崇消费至上的价值观和美国生活方式的负载者实现的。② 虽然这些文化产品表面上看是没有任何价值取向的，但其背后却隐藏并神秘化了资本主义制度下的种种社会关系的真实本质。比如，在宣扬消费主义时，汽车就与美国一再鼓吹的普遍主义的自由主义有着深刻的关联性，汽车象征着一种个人移动和私人选择的自由，驾驶汽车的途中，驾车者不断地为各色广告、电视节目和流行歌曲所提醒，他们是真正"自由的"。时至今日，汽车已在一定程度上被当成是自由的象征加以赞美。

在经济全球化的口号下，文化产业化和文化产品进入经济全球化的扩散轨道，美国的文化产品摇身一变为推销和灌输全球主义意识形态的重要载体，它对整个世界的文化多样性构成了严重威胁。对于与美国文化异质的广大发展中国家而言，美国的文化产品的入侵，不仅对他们保存自身特色文化和意识形态构成极大威胁，而且为美国对他们实行经济的、政治的和文化的新殖民主义创造了条件。这种文化殖民主义和文化帝国主义倾向甚至遭到了法国、德国、加拿大等西方发达国家的坚决抵制。法国在1994年制定了《杜邦法》，要求在新闻传媒和因特网上捍卫法语的地位，以法国为代表的欧盟还扛起"保护世界文化多样性"和"文化例外"的大旗，坚决反对美国政府提出的文化产品和服务自由化的动议。一言以蔽之，美国文化产业化的本质是文化帝国主义，既是全球主义蔓延的表现，又构成全球主义蔓延的基础，其目的是在"文化产业化"的掩盖下实施对他国的文化渗透和文化占领战略，推行美国的文化和价值观，从而达到"一切历史都在朝着美国文化作为其顶点的方向前进"③

---

① ［美］丹尼尔·贝尔：《资本主义文化矛盾》，赵一凡等译，三联书店1989年版，第118页。

② 转引自［英］汤林森：《文化帝国主义》，上海人民出版社1999年版，第76页。

③ ［美］弗雷德里克·杰姆逊等：《全球化的文化》，马丁译，南京大学出版社2002年版，第64页。

的目的。

三、巧妙组建并扩大全球主义宣传阵营

如何以最隐蔽的手段组建一支宣传全球主义意识形态的队伍，垄断资本主义国家就此问题达成了共识：要把西方的知识界包括作家、诗人、历史学家、科学家、评论家、学术理论家等组织起来，成立一个坚定不移的战斗队宣传资本主义意识形态。

在这个强大的阵营中，尤其不容小觑的是那些带有左翼政治传统色彩的知识分子。这些左翼知识分子的转变具有双重功能：一方面，这些"非党左派人士"原来是权力中心的对立人物，他们更容易接近那些激进的、进步的群体，既能监督他们的活动，又能在他们内部扩大影响，瓦解这些群体的影响力。或者把其中的成员吸引过来，或让他们加入中性的、不那么激进的论坛中来，使他们放弃针砭时政、愤世嫉俗的知识分子责任。另一方面，这些左翼知识分子的转变犹如润滑剂一样能加快和平演变的进程，因为一个人的信仰的改变如凯斯特勒所言，"会产生奇迹，不仅能移山倒海，而且还能使人指鹿为马"①，歪曲事实真相，为其新主子服务。

全球主义宣传的阵营还有一大特色，即把"非官方团体"或"朋友"也就是公司企业以及其他机构和个人创造性地、系统地组织成一个网络，形成一支非官方的联合部队。这支部队可以说是文化渗透的后方阵地，依靠他们作为掩护机构，而且他们以"非官方"的身份在国内外为美国政府利益说好话，他们的讲话看起来似乎完全是发自内心，增强了真实感。

组建阵营的另一种方式就是在社会主义国家培植各种亲西方人士和拉拢社会主义国家的科研人员。一些西方国家通过各种渠道在社会主义国家寻找代理人，支持和收买持不同政见者和反动组织，重点选择对决策有影响的人，特别是倾向西方的上层人士。这些被西方价值观潜移默化影响着的专家学者们又被用来为文化渗透现身说法：他们因为非常痛恨专制集权的社会主义制度，而自愿加入资本主义自由化的大熔炉。

利用人员交往，鼓励各种形式的接触进行政治和意识形态渗透。一方面，在社会主义国家内物色和培养一批能理解美国政策和具有亲美思想的"美国通"。苏东剧变后，中国成为了西方"和平演变"的重点对象。美国兰德公司

---

① ［英］弗郎西丝·桑德斯：《文化冷战与中央情报局》，曹大鹏译，国际文化出版公司2002年版，第69页。

对这种战略意义给予了高度评价："这些受过西方生活方式熏陶的留学生回国后，其威力将远远胜过派几十万军队去。"① 另一方面，美国实施和平队社区发展计划，让那些心甘情愿放弃美国国内舒适生活的年轻人，到非洲、亚洲、中东和拉丁美洲去从事各行各业，通过与这些落后地区的广大人民一起生活，在经济社会、医疗和教育等方面向落后地区提供援助，充分展现美国社会的"利他主义"美德，进一步向全世界推行美国的人道主义行为和自由、民主价值观。这一计划得到了美国官方的普遍认可，不管在私下的决策还是在公开的谈话中，美国政府都声称："它超越了政治和战略利益，是一种包容了深藏在美国文化当中的那种富于激情的理想主义力量。"美国学者雷迅马却一语道破了美国实施和平队计划的真实企图，尽管和平队名义上说不充当"美国对外政策的工具或代理"，却要完成"把自己的价值观强加于人"的中心目标。②

四、垄断社会理论话语权

全球主义意识形态更准确地说首先是一种社会理论，它是在学院中通过学术机器生产出来的学术话语。因此，垄断社会理论的话语权也是全球主义进行自我扩张的重要途径。

自启蒙运动以来，价值中立就一直是科学活动的一个最为基本的准则，但另一方面，科学领域又认为这种准则的实现是自然而然的过程，无需投入太多的关注和努力就可以做到。换言之，对于现代理性主义科学而言，价值中立是其构成性特点。正因为科学的这种自我界定以及向社会的这种宣称，所以，无论在科学领域还是社会生活中，人们都把科学视为公正、理性、不偏不倚、追求真理的象征，科学包括所有的学术行动都因此而在社会中获得了神圣性。但是，马克思在其研究中却振聋发聩地指出，社会存在决定社会意识，社会意识都是对社会存在的反映，"意识在任何时候都只能是被意识到了的存在。"③ 更明确地说，任何社会科学的研究只能是对研究者自身以及他所处的社会环境的反映，并非价值中立，因而也不具备普遍性。这一点得到了后来的社会学家曼海姆的承认和发挥，并在今天得到更多学者们的认可和发扬。马克思还进一步指出：什么是虚假意识？什么是意识形态？就是那些被赋予"普遍性的形

① 马维野：《全球化时代的国家安全》，湖北教育出版社 2003 年版，第 75 页。
② ［美］雷迅马：《作为意识形态的现代化》，牛可译，中央编译出版社 2003 年版，第 171~172 页。
③ 《马克思恩格斯选集》第 1 卷，人民出版社 1995 年版，第 72 页。

式"，被"描绘成唯一合乎理性的、有普遍意义的思想"①。马克思的上述分析，一针见血地指出了社会科学包括社会理论不可规避的意识形态实质。

但是，必须看到的是，"科学＝价值中立＝普遍性＝真理"的宣传由来已久，并在人们头脑中根深蒂固。这种局面为全球主义话语把自身装扮成"价值中立"的社会理论提供了条件。第二次世界大战以来，以美国为中心，出现了许多社会理论类型。（1）以发展主义为中心的现代化理论，这种理论以帕森斯的结构功能理论为主体，把美国现代化模式界定为人类社会实现自身繁荣和发展的唯一有效模型，将现代化等同于美国化，强调经济的发展和GDP的增长能够促进社会生活、政治制度、文化以及人的素质的全面发展。（2）历史终结论，其提出者福山在闻知苏联国旗从克里姆林宫降下来时，按捺不住内心的喜悦，在《历史的终结》中，他毫不掩饰地宣称："自由民主制度也许是'人类意识形态发展的终点'和'人类最后一种统治形式'，并因此构成'历史的终结'。"②（3）文明冲突论，其始作俑者是站在保守主义立场的亨廷顿，他把冷战后的世界描写成一幅七种文明相互冲突的战国画面，认为这种文明多元化局面是未来世界不安定的根源。这些理论都是以科学的面貌粉墨登场，呈现在世人的面前，俨然以把握了社会历史发展规律自居。但是，"在人的社会里，任何的概念基本上都负载着特定的文化意涵与历史期待，因此，并无超越特殊时空的绝对客观中立性的。"③ 这些自我标榜秉持"价值中立"态度的社会理论，要么是现代全球主义的隐性的指导思想，要么是它的曲意的逢迎形式，要么干脆就直接表征了全球主义意识形态。对于反对全球主义的人们来说，必须对这些理论保持批判的态度和高度的警惕。

五、单边主义：新保守主义的全球化军事策略

新自由主义在世纪之交的失败和在发展中国家被唾弃，迫使美国政府必须采用新的策略来推行和实现其全球主义意识形态。自小布什上台以来，新自由主义被逐渐冷落，新保守主义成为美国处理内政外交的基本指导思想。

从历史上看，世界资本主义的历史经过了三个阶段：首先是直接统治和超经济剥削的殖民主义，然后是通过跨国垄断资本而实行的隐讳的新殖民主义，

---

① 《马克思恩格斯选集》第1卷，人民出版社1995年版，第100页。

② ［美］弗朗西斯·福山：《历史的终结及最后之人》，黄胜强等译，中国社会科学出版社2003年版，代序第1页。

③ 叶启政：《均值人与离散人的观念巴别塔：统计社会学的两个概念基石》，《现代政治与自然》，上海人民出版社2003年版。

今天则是新帝国主义。新帝国主义具有三大政策：经济接管、政治代理和军事控制。① 这种新帝国主义战略的复苏的重要理论支撑则是新保守主义。

保守主义起源于德国人施密特对自由主义的激烈批评。他在《政治的概念》中提出一个惊世骇俗的解释：政治的前提是区分敌人和朋友；政治就是保护朋友、杀戮敌人；政治的最高形式就是杀人，没有多少道理可讲。号称"新保守主义教父"的列奥·施特劳斯对施密特的诠释并不是很满意，他认为后者仍然是站在自由主义所主张的文化多元主义的阵营中。为彻底摆脱施密特的困境，施特劳斯开始对古希腊哲学进行研究和诠释，他指出古希腊政治哲学的核心是要寻求美好生活，美好生活的内容并非因人而异，而是只有一种美好生活，即符合自然正当的生活。这样，到施特劳斯那里，不同的民族和文化之争就不再是多元文化之争，而是高尚与卑鄙、美好与丑恶、文明与野蛮之争。② 由此可见，列奥·施特劳斯彻底背叛了欧洲大陆的自由主义和相对主义传统，而重新皈依了基督教文明中的种族中心主义传统以及启蒙运动以来所阐发的非此即彼的二元论立场，并将二者统一起来。新保守主义的这种世界观自然而然地引出了美国对人类负责的自诩，即负责在世界上建立一个既能体现人类美德，又能让全世界人民都过上美好生活的全新帝国。

如前所述，新保守主义是在新自由主义已经宣告失败，全球主义理念的推广进程遭遇阻力的情形下登台亮相的。在新保守主义看来，在各个弱势国家已经识破了新自由主义的新殖民主义本质，并自觉地团结起来追求另一个"可能的世界"的时候，美国政府必须采取一种新的替代性战略。而在苏联解体后，美国无论在经济、军事还是掌握话语权方面已经日益坐大、无可匹敌，其称霸全球并保持这种老大地位的最为便捷的方式就是采取军事行动即单边主义。因此，小布什上任后，放弃了任何顾忌，抛开联合国，奉行非我即敌的原则，采取了一系列的单边主义军事行动。借用塔布的话说："整个世界是个战场；如果必要的话，美国将出现在世界的每个角落，并且采取先发制人的行动以实现政权更迭；没有哪个国家能例外。"③ 由此可见，新保守主义为美国采取军事手段向全球灌输、推销民主和自由提供了理论依据。

① 房宁：《新帝国主义时代与中国战略》，北京出版社 2003 年版，序言。
② 参见李强：《美国新帝国主义全球战略的政治哲学解读》，《思想理论信息》（清华大学高校德育研究中心），2003 年第 30 期。
③ ［美］威廉·K. 塔布：《新自由主义之后还是新自由主义？》，吕增奎译，《当代世界与社会主义》2003 年第 6 期。

第六节　经济全球化条件下全球主义的批判

除上述基本主张以外，全球主义还把全球化界定为一个无人控制、不可避免和不可逆转、人人获益、推动世界的民主化进程的过程。最近，全球反恐的必要性也被纳入全球主义的范畴中。① 抽象地看，这些主张都是非常合理的，并因此具有极强的诱惑力。但是，颇为悖谬的是，全球主义的批评者早在1973 年时就揭露说，全球主义是那些对美国 20 世纪 60 年代的外交政策持否定态度的批评者所创造的，它指称一种由美国政府炮制出来的、以维护美国的全球利益为根本目标的意识形态。② 今天，有学者同样辛辣地讽刺道，"全球主义这一术语不知廉耻地意味着一种市场意识形态……正在被全球化的乃是美国风格的资本主义，及其固有的世界观而已。"③ "'全球主义'的核心，是要在全球推行被认为具有普遍意义的'美国价值'。"④ 看来，全球主义并非全球主义者所宣称的那样可爱，在其华丽的外表下可能包藏着一些不为人知的图谋。

一、全球主义鼓吹的普世价值是等级主义的价值体系

如前所述，全球主义鼓吹普世价值。普世价值主张建立同一形式的世界，认为整个人类只要共同拥有一致的生活方式就能实现有序与和平。全球主义者鼓吹，在全球化正在成为一种客观趋势和不可规避的时代特征的情境下，普世价值既是可能的也是必需的。首先，经济全球化必将带来文化的全球化，文化全球化意味着"'远近之间的差别'已经消失，'近道德'与'远道德'之间能够据以区分的基础也因此消失。"⑤ 因此，在全球实行道德和人权的普遍标准是完全可能的。其次，在"地球村"时代，如果囿于领土思想，实行相对

---

① Manfred B. Steger, 2005, *Globalism*: *Market Ideology Meets Terrorism*, Rowman & Littlefield Publisher Inc. ch. 3.

② Taubman, W. (ed.), "Introduction." In *Globalism and Its Critics*: *the American Foreign Policy Debate of the 1960s*, Lexington: D. C. Heath and Company.

③ ［印］卡普尔：《全球化与文化：探索虚空》，［美］F·杰姆逊等编：《全球化的文化》，马丁译，南京大学出版社 2002 年版，第 132 页。

④ 童世骏：《全球政治中的普遍主义和意识形态批判》，http://www.internationalrelations.cn/2004.

⑤ ［德］乌尔里希·贝克、约翰内斯·威尔姆斯：《自由与资本主义》，路国林译，浙江人民出版社 2001 年版，第 48 页。

的道德和人权标准，就可能造成对他人的人权和社会观点的漠视，容易造成彼此的互不理解，以致世界的冲突不断，所以在全球实行普遍的道德人权标准是非常必要的。

在我们看来，全球化确实正在并将继续推动不同地域、不同民族和文化之间一定程度的相互交流和同化。而且，由于不同国家之间、不同地区之间、不同团体之间和不同个体之间的政治、经济、文化交往的日益紧密，相互依赖性的不断增强，为减少摩擦和冲突，维护共同利益，不同民族国家之间通过平等协商对话，建立起各方面都主动接受的交往标准和制度，达成某些普世的价值取向，甚至每个国家主体出让部分主权建构起国家之间的全球仲裁和监督机构，负责处理全球性事务，维护全球公正与和平，都是非常必要，也是完全可能的。① 换言之，在全球化背景下构建某些为全体人类共同遵守、符合人类共同利益的普世价值和普世标准既是必要的，也具有一定的可能性，人类应该向这个方向积极努力。中国政府近年来提出的构建"和谐世界"的理念，基于科学发展观和构建和谐社会所提出的"以人为本"的观念，都是建立在对人类发展成果的借鉴的基础上的，符合人类的共同利益，完全可以被视为推动人类"普世价值"建设的努力之一。总之，我们可以从如下三个方面来界定"普世价值"是否是真正"普世的"。第一，"普世价值"是否代表人类的普遍利益，而不是作为区分"自己"和"他者"的标准；第二，代表人类普遍利益的价值应该是不同种族、不同性别、不同宗教信仰、不同地区和不同国家的人们平等协商而非某一类人自作主张的结果；第三，应该区分理论表述的"普世价值"的目标取向与在现实中被运用的"普世价值"的目标取向之间的关系，理论表述的"普世价值"可以是客观的，而现实中被运用的"普世价值"则很可能是意识形态的。从这些角度出发，我们对全球主义进行批判时，关键问题并不在于普世人权、永久和平、政治民主、尊重女权、保护环境这些观念是否具有普遍意义和必要性，是否属于"普世价值"的范畴，而在于全球主义话语体系中的"普世价值"是怎样形成的，是谁在建构这些"普世价值"，代表哪些人的利益，以及这些"普世价值"是否具有意识形态的味道。

全球主义主要遵循两种逻辑：我族中心主义与抽象理性主义。真正的"普世价值"是建立在世界各族各国人民平等和共同协商基础上的，代表着全球化背景下人类的共同利益。但是，我族中心主义逻辑一方面把自身的利益放

---

① 苏国勋：《全球化背景下的文化冲突与共生》，《国外社会科学》2003 年第 3～4 期。

在第一位，要求全球其他民族国家和地域服从于本国的利益要求，如美国政府赤裸裸地宣称推广民主自由价值的根本目的是保护美国利益；另一方面把自身的道德和价值准则视为世界上最完美、具有全球普适性的绝对行动标准，把自己视为"普世价值"的唯一制定者和裁判，否定不同行动主体之间的平等对话和协商。另外，还需要指出的是，我族中心主义还内含着一种阶级话语，即把"资本主义文明看做是不可超越的终极存在"①，把资本主义文明当成"普世价值"的终极标准，完全忽视甚至打压世界工人阶级的利益和价值诉求，即用全球主义的形式将资产阶级的价值观念上升为全人类的"普世价值"。由此可见，对于弱势国家来说，全球主义的本质仍然是殖民主义，对于美国来说，全球主义则完全是一块在全世界推广帝国主义政策的遮羞布。

抽象理性主义是启蒙运动以来西方社会尤其是美国和英国一直坚持的原则，他们相信按照抽象的理性原则行动就能够建立人间天城，而绝少谈及甚至完全无视不同地区、民族、宗教和文化之间的根本性差异和具体的制约因素。"普遍主义的要求是应当毫无例外、毫无差别地适用于所有的人，普遍主义不承认远近的区别，它是绝对的、抽象的；人权观念赋予每一个人一种从根本上说没有边界的义务，其经受了所有世俗化考验的神学内核即表现在这些义务之中；每一个人都应当对所有的人负责。这种要求包含了类似于上帝的义务，因为它以普遍存在，即全知全能为前提。"② 而事实上，在抽象理念和具体实践之间，存在着相当复杂的差异，理论对于实践的把握永远是片面和肤浅的，轻信自身的理性能力只能造成更为严重的非理性的甚至反理性的后果。正因为如此，有学者指出，全球主义"是一个相当武断、带有绝对意涵的偏颇概念"③。

单纯从抽象理性主义的角度看，全球主义所鼓吹的普遍主义否认了任何多样化的存在，以专制的姿态否定了多样化存在的必要性，所以，贝克尖锐地指出，全球主义是一种"蒸汽压路机的意识形态"④，"像蒸汽压路机一样碾平了多样性"⑤。

---

① 侯慧勤：《"普世价值"的理论误区和实践危害》，《马克思主义研究》2008 年第 8 期。
② ［德］乌尔里希·贝克、约翰内斯·威尔姆斯：《自由与资本主义》，路国林译，浙江人民出版社 2001 年版，第 47 页。
③ 苏国勋：《从社会学视角看"文明冲突论"》，《社会学研究》2004 年第 3 期。
④ ［德］乌尔里希·贝克、约翰内斯·威尔姆斯：《自由与资本主义》，路国林译，浙江人民出版社 2001 年版，第 56 页。
⑤ ［德］乌尔里希·贝克、约翰内斯·威尔姆斯：《自由与资本主义》，路国林译，浙江人民出版社 2001 年版，第 53 页。

而将抽象理性主义与欧美文化中所蕴涵的我族中心主义结合起来看，全球主义口口声声宣扬的"普世价值"也并不如其名字所显示的那样——强调的是平等的、为各受约束个体或群体所一致协商并认可的国际准则的普适性。恰恰相反，"普世价值"的实质就是一种等级主义的普遍主义，即强权国家制定各种国际性游戏规则，然后宣称这些规则是普适性的，并强制其他国家和行为主体接受和遵守。

　　在今天的世界格局中，相对于其他国家，美国无论是在经济基础还是军事实力方面，都处于绝对领先的地位，因此，所谓的普世价值或者全球主义，只不过是美国政府竭力倡导的美国文化的普遍化和全球化而已，维护的是美国的利益，而全球主义仅仅是这种利益追求背后一块炫目的意识形态的遮羞布。塔布曼在 1973 年时就指出，全球主义是"支配着冷战的普遍教条"（the reigning cold war orthodoxy），它的显著特征就是以独霸世界为目标（world-wide reach）。① 塔布则从另一个角度揭露了，在美国的利益面前美国政府所鼓吹的"民主"、"自由"等全球主义口号是多么脆弱和虚伪："就布什主义而言，白宫所定义的民主政治的伪装非常脆弱。当土耳其议会投票否决了美国人想要的东西时，它被告知去再次投票，否则它的意愿将会被简单地忽略掉。当联合国安理会拒绝了美国人想要的东西时，它被告知它要想保持可信性，必须按照美国的意愿来行事，否则就会被搁在一边。"②

　　这种等级主义的普世价值最突出地表现在文化和人权领域。西方强势国家一方面斥责其他国家对文化多样性的破坏，如指责中国政府对西藏进行汉化，另一方面却在世界各地进行所谓的"圣战"，输出美国的自由民主价值观和消费主义文化；一方面鼓吹普遍人权，声称"天赋人权"、"人生而平等"，另一方面却奉行种族主义和欧洲/美国中心主义标准，视其他种族和国家的人民如草芥。美国社会学家彼得·桑格（Peter Singer）一针见血地揭露了西方国家奉行的人权标准的这种实质：国家边界承载着道德的重负。在危难之中，失去我们的公民就比别国失去公民更难以接受，其根本原因就是把我们公民的利益看得高于他国公民的利益。这也就是以孟加拉国人民的流血牺牲为代价来避免美国人的经济利益的损失、以众多的科索沃无辜的贫民百姓的生命为代价避免北

　　① Taubman, W. (ed.), "Introduction." In *Globalism and Its Critics: the American Foreign Policy Debate of the 1960s*, Lexington: D. C. Heath and Company.

　　② ［美］威廉·K. 塔布：《新自由主义之后还是新自由主义？》，吕增奎译，《当代世界与社会主义》2003 年第 6 期。

大西洋公约组织军队遭遇危险、帮助在国内处于危难中的民众而不去帮助海外公民的原因。当看到我们所做的一切时，大多数人还是毫不犹豫地支持这样一种宣称：所有的人都有确定的权利，所有人的生命价值都是相等的，我们会去责备那些人说别的国家或种族的人的生命价值没有我们种族或国家的公民的生命值钱吗？我们怎样才能协调这种态度呢？如果这些也许是我们给他们带来了遭难的国内的公民，我们早已经给他们提供了基本的生活需求，他们只是与我们那些生活水平高的人相比较而言看起来贫穷了些，这样做只是因为他们是我们的同胞，就应该给予他们多于那些更需要帮助的其他人吗？回答这些问题，就会使我们考虑在多大程度上我们真正能或者应该使"一个世界"的道德标准超越民族国家。①

归根结底一句话：没有主权，遑论人权！我们不难看出普遍人权标准在实质上的严格的等级性了。这类现象的普遍存在，不仅是对全球主义者所鼓吹的普遍主义的巨大反讽，而且也向持民族虚无主义立场的人们昭示了这样一个事实：普世价值不是绝对的，在民族国家之外，还普遍存在着全球性种族主义的压迫，后者已经深深地嵌入到普世价值之中，使全球主义话语体系和西方发达国家话语体系中的"普世价值"最终变得虚伪而脆弱。

二、全球主义是新自由主义的替代形式

新自由主义经济思想的复苏与全球主义作为一种否定性标签的发明几乎在同一个时期，即 20 世纪 70 年代。1974～1975 年的经济危机之后，资本主义国家普遍出现了失业与通货膨胀并存的"滞胀"局面②，为维持自身收入，资本家纷纷把矛头对准南方弱势国家，试图通过资本转移以及更为常用的金融投机等手段，把南方国家在 1970 年以前所积累的一些收益全部掠夺回来，其基本方法论就是主张建立全球自由贸易区域的"新自由主义"。新自由主义有四个较为基本的主张：（1）推崇市场原教旨主义，反对国家干预经济；（2）鼓吹私有化，宣扬"私有产权神话"的永恒作用，反对公有制；（3）主张全球自由化，维护美国主导下的自由经济，反对建立国际经济新秩序；（4）主张福利个人化，强调保障的责任由国家向个人转移，反对福利国家。③

---

① Singer, P., 2002, *One World: the Ethics of Globalization*, New Haven: Yale University Press. pp. 152～153.

② 程恩富:《新自由主义的起源、发展及其影响》, 载《求是》2005 年第 5 期。

③ 程恩富:《新自由主义的起源、发展及其影响》, 载《求是》2005 年第 5 期。

20 世纪 80 年代和 90 年代前期，新自由主义被许多国家奉为经济改革的圭臬。但随着 90 年代后期以来原苏东社会主义国家社会经济状况的持续恶化、发展中国家纷纷出现的金融危机、西欧国家福利的消减以及全球贫富两极分化的加剧，新自由主义的神话开始破灭，以 2003 年的坎昆会议为标志，新自由主义走向失败，① 最终变成过街老鼠。

但是，新自由主义依然是西方强势资本主义国家在全球获利的重要意识形态工具，不可丢弃。全球主义在这时恰恰可以成为新自由主义最为有效的替代品，因为前者与经济全球化话语完全勾连在一起，具有更大的隐蔽性和迷惑性。当"全球化"被"全球主义"建构成为一种"客观的"、"不可抗拒"的"历史潮流"时，哪个国家的政策制定者敢冒天下之大不韪，逆所谓经济全球化的"历史潮流"而动，留下闭关锁国的骂名呢？因此，大多数的发展中国家尤其是小国都已经被绑上了西方发达国家的现代化模式的战车，明明知道跟随西方国家的脚印对于本国和本民族是前途未卜的，也无法停下自己的脚步，而只能不断增强全球意识，积极参与全球化，努力融入世界一体化进程中，以牺牲本国人民的利益为代价欢迎外国资本的入驻。由此看来，全球主义只不过是新自由主义借经济全球化这个"尸"而成功实现"还魂"，全球主义成为本国权力和跨国资本进一步联姻的意识形态。所以，斯特格一针见血地指出，全球主义是一种"新市场意识形态"，与新自由主义的主张并无区别，不过是用"新意识形态之瓶容旧哲学之酒"罢了。②

必须指出的是，全球主义同新自由主义一样，本质上都是一种虚伪的市场主义。它们都把全球市场化鼓吹为经济增长的不二法门，并暗示资本主义本质上是市场主义的。而事实上，根据布罗代尔的研究，资本主义恰恰是反市场的。由此可见，市场经济已经成为新自由主义和全球主义的一种经济意识形态：一方面鼓吹摒弃国家在经济事务中的干预作用，建立一个没有边界的、资本可以自由流动的全球市场；另一方面则故意抹杀不同市场主体因为历史的原因造成的事实上的不平等，把代表资本利益的超级大国作为推行新自由主义的主体，将建立全球市场的责任委托给少数超级大国和以完全中立面貌出现的国际组织如国际货币基金组织（IMF）、世界银行和世界贸易组织（WTO），由

---

① ［美］沃勒斯坦：《坎昆：新自由主义攻势的崩溃》，载《评论》（美国纽约宾汉顿大学布罗代尔中心）2003 年，第 122 号。

② Manfred B. Steger, 2002, *Globalism: the New Market Ideology*, Rowman & Littlefield Publisher, Inc. p. 9.

他们来推动南方发展中国家开放边界。更为关键的是，诚如沃勒斯坦所批评的，"从理论上说，世贸组织主张开放边界，使一个自由的世界市场最大化。主要问题在于，北方从未真有这层意思。它们要南方国家开放边界，而它们却不真想回敬同样的行动。"① 换言之，全球主义用市场主义这块遮羞布把资本主义反市场的一面隐蔽起来，在背后用非市场甚至反市场的手段操控市场，最终从这个日益扩大的全球性市场中获取最大利益。

三、全球主义是发展主义的延续

后殖民主义批评者德里克、史华慈都认为，全球主义意识形态背后的基本构想既不是新鲜的也不是原创性的，而只不过是对 20 世纪 50 年代末和 60 年代初流行的"现代化"和"发展"理论的重新热烈的肯定和张扬，是现代性诉求的极大扩展。德里克更明确地指出："全球主义的基础是资本主义中的发展主义的假定。"②

发展主义的内容包括：（1）人类社会的历史变迁是一种单线式决定论和进化论，所有社会的演进都要经过从传统到现代的发展阶段，最终都要达到自由资本主义阶段，历史将"终结"于此；（2）设定普遍性标准，把世界划分为现代和传统、富裕和贫穷、先进和落后、民主与专制的二元对立格局，现代化过程就是从每一个二元对立范畴中的后者走向前者的过程；（3）自然被想象成中性的、取之不尽、用之不竭的资源，可以无限制地为人类所攫取和利用，为把工业社会设想成无限进步的社会形态提供了资源支持；③（4）崇尚科学主义，把现代化建立在以科学界定的、强调工具控制的合理性概念的基础上，理性进步就是一种可以无限持续的去神秘化过程，从而预示科学化能够最终实现对自然的控制④；（5）GDP 主义，即把经济增长作为衡量"发展"水平即现代化程度的唯一标准，忽视了人之为人的多维度和多需求存在，也忽视了 GDP 增长与环境的承受能力的关系。

---

① ［美］沃勒斯坦：《坎昆：新自由主义攻势的崩溃》，载《评论》（美国纽约宾汉顿大学布罗代尔中心）2003 年，第 122 号。

② ［美］阿里夫·德里克：《后革命氛围》，王宁等译，中国社会科学出版社 1999 年版，第 172 页。

③ Beck & Bonss & C. Lau, 2003, "The Theory of Reflexive Modernization: Problematic Hypotheses and Research Programme." In *Theory, Culture & Society* Vol. 20（2）: 1~33.

④ Beck & Bonss & C. Lau, 2003, "The Theory of Reflexive Modernization: Problematic Hypotheses and Research Programme." In *Theory, Culture & Society* Vol. 20（2）: 1~33.

说到底，发展主义的本质是一种西方中心主义的话语①，是把西方现代化模式强加于弱势国家的表现。特别是二战后，美国的经济增长如日中天，理所当然地为发展主义提供了最成功的实例，美国经验因此便成为了人类社会的普遍依归，美国式发展道路成了亚、非、拉广大发展中国家走上现代化道路的样板，现代化因此而被压缩为西方化甚至美国化。而这一发展主义话语就是利用人们对它的上述解读而巧妙地成为了欧美资本主义国家入侵弱势国家和地区、建立新殖民地的霸权工具。在《作为意识形态的现代化》中，雷迅马非常详细地阐述了美国以帮助发展中国家为幌子发动的越南战争的反共实质。侵越战争的惨败使发展主义在美国国内遭到了反对，饱尝发展主义在拉美的实践恶果后，拉美左翼学者在对现代化理论反思的基础上提出了"依附理论"，对发展主义极尽嘲讽。

故此，当发展主义日渐式微时，西方学者希望寻求一种更能胜任发展主义角色的意识形态。苏联发展模式的崩溃和新一轮全球化浪潮到来时，全球主义也就成功地替代了发展主义话语，重新确立"现代性"的优越感和普遍性，"把它的主张拔高为一种新型的普遍主义，从而使其成为其他一切空间化的出发点。很自然，任何小于全球的东西都应当被动员来并置成为其'他者'。"②当广大发展中国家纷纷降低关税、改善投资环境迎接国外资本，希望尽快融入资本主义世界体系时，恰恰表明全球主义确实成功地掩饰了资本主义生产方式在全球扩张过程中的"西化"企图。

四、消费主义是全球主义深入日常生活的基本手段

消费主义（consumerism）指的是这样一种生活方式，把尽可能多地占有和消费物质产品作为个体自我满足和快乐的第一要求。③ 换言之，占有和消费的目的不是为了满足实际的需要，而是必须满足不断被制造出来、被刺激起来的欲望，所以人们消费的不是商品和服务的使用价值，而是它们的符号象征意义。④

具体地看，消费主义具有如下几个方面的特点。

第一，消费主义作为一种文化的产生，是资本实现自身最大限度的生产和

① 周穗明：《西方发展观的反思与新发展主义的兴起》，《岭南学刊》2002 第 6 期。
② ［美］阿里夫·德里克：《跨国资本时代的后殖民批评》，王宁等译，北京大学出版社 2004 年版，第 108 页。
③ 威斯科夫语，转引自俞海山：《中国消费主义》，《社会》2003 年第 2 期。
④ 陈昕、黄平：《消费主义文化在中国社会的出现》，《天涯》2000 年第 4 期。

再生产的根本要求。资本的本质就是不断扩大社会对商品的接受欲望和能力，以实现自身利益的最大化。有关于此，马克思主义政治经济学已经给予了明确的答案，费瑟斯通也呼应马克思主义的观点指出，"消费文化以资本主义商品生产的扩张为前提预设。"① 但是，在商品稀缺难以满足人们的基本生活和生产需求的"生产社会"中，社会的主要目标还只能限制在增加生产满足社会需求方面；只有到了生产能力相对于适度与节俭的传统生活方式而过剩的消费社会中，为了生产方式自身的生产与再生产，社会就要不断地刺激消费，使大规模消费成为这种社会的基本生活方式。②

第二，作为一种消费文化，消费主义已经背离了商品生产和消费的"使用价值"原则而转入了可以无限扩张的"时尚价值"和"炫耀价值"原则。在消费社会中，仅仅局限于商品的使用价值即消费者的基本生理需求是很难满足资本的利益最大化欲望的，就可能在一定时期内出现生产能力过剩的后果。因此，超越商品的使用价值局限，把"需求"（needs）置换成"欲求"（wants），把"生理需要"扩张为"心理欲望"，即努力扩张商品作为"时尚"和"炫耀"的功能就显得特别重要③。时尚和炫耀关注的并非商品本身的使用价值，而是"通过高额的交换价值来取得声望"④。商品作为一种符号在社会中的作用，表征的是消费者的社会地位和社会关系。所以法国著名社会理论家让·波德里亚（Jean Baudrillard）指出，消费者购买的是物，但真正关注和消费的却是这种物所具有的符号意义及其遮蔽的社会关系。布迪厄也发表了类似观点，他认为消费趣味的差异表明了消费者社会地位的高低。正是在这种情境中，拥有不同经济收入、政治地位的人往往在购物的场所、品牌方面存在相当大的差异。

第三，消费主义的生产不是自然而然的，而是被商品制造商、销售商"制造"出来的。虽然有人认为，在消费社会里，是消费者的需求决定着生产行为，但最终的动力依然还是生产者，是资本的作用。"消费主义的大规模消费需求是被创造出来的、无形中把越来越多的人都卷入其中的生活方式，它使

---

① ［英］迈克·费瑟斯通：《消费主义与后现代主义》，刘精明译，译林出版社2000年版，第18页。

② 陈昕、黄平：《消费主义文化在中国社会的出现》，《天涯》2000年第4期。

③ ［美］丹尼尔·贝尔：《资本主义文化矛盾》，赵一凡等译，三联书店1989年版，第22页。

④ ［英］迈克·费瑟斯通：《消费主义与后现代主义》，刘精明译，译林出版社2000年版，第23页。

人们总是处在一种'欲购情结'（buying mood）之中，从而无止境地追求高档和名牌。"① 生产商和销售商利用传媒、广告等各种现代传播手段，通过各种公众人物的示范作用，向公众展示一种崭新消费的必要性和可行性，暗示受众跟随生产商的指挥棒走，把自我认同和社会认同的凭依寄托于"时尚"以及昂贵消费和各种一次性消费中，这样一来越来越多的人被卷入由生产商精心布置的消费泥坑中。这种借助大众传媒来塑造消费者的消费欲望的方式在传统社会中是没有的，这正是"炫耀性消费"在现代社会构成了消费主义文化，而在传统社会中却只限于少数贵族的根本原因。

第四，在经济全球化进程中，消费主义一方面扮演着重要角色，推动着资本的全球性扩张，另一方面又被资本全球扩张的企图所不断建构和强化，形成了经济全球化与消费主义之间不断增生的循环。在一定程度上可以说，新自由主义和消费主义构成了全球主义这个本体的两翼，共同建构着"全球化"这一历史事实。具体言之，新自由主义鼓吹全面私有化和消解民族国家及社会主义制度所构成的自我保护制度，为资本的全球性扩张提供制度平台。消费主义则通过全球媒体的灌输和暗示，摒除全球消费者在消费文化和消费心理方面的差异，有效控制全球不同地方的消费者的消费欲望，为资本全球扩张建构一个认同同一种消费方式的心理和文化平台。埃及学者谢里夫·海塔塔对全球化条件下消费主义的上述作用作了精辟的分析："文化可以以各种方式帮助全球经济伸向世界各地，把市场推广到哪怕是最遥远的区域。……为了扩大全球市场、增加消费者，为了确保他们购买产品，培育他们与生产相吻合的需要和对消费主义的热衷，文化必须在培育某些价值观念、行为模式，铸造某些幸福观与成功观，对性和爱的态度等这一切中发挥作用。文化必须塑造出一种全球性的消费者。"②

第五，消费主义的隐蔽性和对人的某些本性的投合和诱发使之在个体身上的表现不是强制的和灌输式的，而是消费者主动承认和追求的，是消费者和生产商"共谋"的结果，因此，至少从表面看来消费主义并不是一种意识形态。但是，也就是在这个地方，消费主义又必然是一种意识形态，它巧妙地控制了人们的消费"需求"与欲望，并进一步控制了人们的价值选择和以此为前提

① 陈昕、黄平：《消费主义文化在中国社会的出现》，《天涯》2000 年第 4 期。
② ［埃］谢里夫·海塔塔：《美元化、解体和上帝》，［美］弗雷德里克·杰姆逊等编：《全球化的文化》，马丁译，南京大学出版社 2002 年版，第 229 页。

的制度的生产与再生产。①

消费主义的盛行，对于一个社会的存在和发展具有极大的危害。

首先，消费主义极大地浪费了资源，破坏了环境，危及人类社会的可持续发展。消费主义的直接表现是消费者对各种资源和资本的不可遏制的欲望。在消费主义视野中，占有和消费的资源越多，其社会的、经济的和政治的地位就越高。所以，在消费社会中，不断制造新的消费热点，购买高档商品，竞相提高商品包装档次，加速商品的更新换代，普遍使用一次性商品，大量商品闲置和报废等，都是司空见惯的现象，而且这种后果被转嫁给大自然，造成人与自然之间难以调和的紧张关系。

其次，消费主义塑造的是一个物欲横流的社会，消解了人在精神、价值方面的追求，甚至可能危及社会的稳定。消费主义的本质是物质主义，人为物役。如波德里亚所言，人类在目睹着物的产生和完善，消亡的却是我们自己，即作为精神和乌托邦载体的人的消亡。② 而且，消费主义刺激着所有人对炫耀性消费的追求，在贫富分化严重的社会背景下，必然引导一部分人为满足物欲铤而走险，扰乱社会秩序。

再次，消费主义碾平了世界上普遍存在的文化差异，塑造出一个"同质化"的地球。"同质化"符合资本主义的工具理性和规模生产原则，有利于跨国公司开辟越来越多的盈利市场，开拓更广阔的剥削领域。正是从这个层面上来说，斯克莱尔（L. Sklair）特别强调消费主义的文化意识形态在推动资本主义体系扩张中的作用，"全球资本主义不允许文化中立性的存在，因而那些不能并入消费主义的文化惯例则成了反霸权的力量，遭到镇压和破坏。"③ 以麦当劳为例，它在全球实行统一的配方、统一的管理方式、统一的价格体系，对用于做麦当劳食品原料的农产品制定统一的标准。这种工具合理性的原则一方面给人以效率、可计算性、可预测性和控制等其他文化难以实现的目标，但另一方面又造成诸多的不合理的"隐性副作用"，如：其控制性的操作程序造成严重的非人化，使人生存在韦伯所说的各种用不同材质制作的铁笼里；它的标准化配方不仅使人丧失了各种创造冲动，只会按照既定的制度和标准行事，而且将挤压甚至消解各种地方性生活方式和文化。甚至在美国，很多保守主义者

① 陈昕、黄平：《消费主义文化在中国社会的出现》，《天涯》2000 年第 4 期。

② ［法］让·波德里亚：《消费社会》，刘成富等译，南京大学出版社 2000 年版，第 2 页。

③ 俞可平：《全球化时代的社会主义》，中央编译出版社 1998 年版，第 55 页。

如亨廷顿等人也为这种无差异的消费文化对美国的国家特性，即盎格鲁—基督教新教文明的影响而忧心忡忡。

更为重要的是，消费主义的上述危害可以直接作用于社会主义制度及其意识形态层面。一方面从心理层面消解社会主义国家的消费者对资本主义经济殖民和文化殖民的抵抗心理，另一方面又以一种现实主义的意识形态取代存在着理想与现实的张力的社会主义意识形态，并如陈昕所言，现实主义的意识形态会进一步控制社会主义社会的制度的生产和再生产，甚至最终颠覆整个社会主义制度。所以，无论是国内外的学术界还是舆论界，近几年都在发出一种消费主义正在替代社会主义和爱国主义的声音。对这些警告或预测，我们必须高度重视。

五、新殖民主义是全球主义的根本目的

全球主义虽然在很大程度上不再主张军事侵略和干预等旧帝国惯于采用的赤裸裸的暴力方式，而强调"温和的影响"①，但这并不能改变其殖民主义意识形态的实质。在国际经济贸易关系上，全球主义张扬完全无界限的全球经济一体化，所有国家都应该摒弃经济和贸易方面的各种自我保护政策，打开国门，进入国际市场进行平等竞争。全球主义甚至更为激进地要求取消民族国家，认为民族国家与全球化趋向背道而驰，是全球自由经济和贸易以及全球繁荣的最大绊脚石。全球主义上述主张的真实目的是，冲垮民族国家这一道保护发展中国家及其广大人民利益不受或者少受西方发达国家的剥削掠夺的防线。民族国家也是唯一真正有效的防线，其他任何所谓主持公平正义的国际组织，在很大程度上都只是西方资产阶级、跨国公司的隐性的利益代言人。印度尼赫鲁大学教授玛丽·约翰（Mary John）和班加罗尔文化与社会研究中心的特拉斯威尼·尼兰贾纳（Tejaswini Niranjana），就从印度进入全球化轨道后的遭遇和变化的角度揭示了全球主义宣扬"去民族国家"话语的意识形态性质：我感到中国的情况与印度不一样，你们有社会主义背景，你们是在这种背景下开始"全球化"的，在"全球化"过程中，你们这里有很强的国家的保护作用，政府对很多事情可以进行控制，还有社会主义制度这个传统，强调国家主权和底层人民的利益。在印度就没有这些我们每个人都好像是裸露在"全球化"的浪潮中，面对强大的西方势力，面对跨国资本，觉得很无力，很孤单，只有团

---

① Manfred B. Steger, 2005, *Globalism: Market Ideology Meets Terrorism*, Rowman & Littlefield Publisher Inc. p. 13.

结起来一致反对才有力量。①

在印度，"全球化"的确带来了很多新公司，新投资建立的企业也创造了很多工作机会，而且有些工作招收了更多女工。但是在农村，农民和农场主并不知道"全球化"是什么，他们只看到今年的农产品落价了，卖不出去了，数千人为此自杀，"全球化"对这些人们来说就是一种灾害。如棉花公司兜售的转基因种子，你每年都得买，被它套住了。这都是世界银行参与做的，对农民的影响非常大，在中国，有一天你也会看到这一点，看到"全球化"的另外一面。②

美国学者赫尔曼非常认同上述两位学者的切身感受："全球化的提倡者认为，自由贸易是通向经济增长之路，这种主张也被长期的历史经验所驳倒：没有一个国家，过去或现在，在没有政府对弱小工业的大规模的保护和津贴以及采取避免外部强大力量支配的方法的情况下，能实现经济持续腾飞和从经济落后向现代化的转变。"③

由此可见，全球主义鼓吹"民族国家过时论"和呼吁建立"世界政府"，其根本动因在于为资本的全球自由流动和资源掠夺创造方便条件，本质上就是一种新的殖民主义。这种新殖民主义与旧殖民主义的区别，不在于其本质的不同，亦不在于其后果的差异，而在于其实施方式更具隐蔽性和欺骗性。在民族国家主权观念已成世界性共识的背景下，新殖民主义不再把军事手段即侵略他国领土主权完整作为首要和唯一的殖民策略，而是改用一种话语形式的殖民方式，通过掌握世界话语权来诠释各种社会历史现象，使历史也为自身利益服务。比如：把全球化过程在话语上建构成一个不可逆转的客观历史潮流，鼓吹"顺之者昌，逆之者亡"，使世界上不同角落的人们都把"全球化"当作一种命定的东西，从而无条件地顺从这种命运的安排；在此基础上，针对民族国家和社会主义制度对于资本扩散的阻碍作用，开始鼓吹"民族国家过时论"和"历史终结论"，要么强调超民族国家的世界性治理，要么宣传美国作为世界帝国的横空出世。巴勒斯坦裔的美国学者萨义德就深刻地揭露了这种"符号暴力"的欺骗性及其功效，"因为在帝国的背景下，话语的力量很容易使人产生一种仁慈的幻觉。但是这样的话语具有一

---

① 转引自李小江：《全球化：性别与发展》，《读书》2005 第 3 期。
② 转引自李小江：《全球化：性别与发展》，《读书》2005 第 3 期。
③ ［美］爱德华·S. 赫尔曼：《全球化的威胁》，《新华文摘》2000 年第 1 期。

种该死的特点：它曾不止一次被使用过。不但被西班牙和葡萄牙人使用过，还以惊人的频率多次被现代的英国人、法国人、比利时人、日本人、俄国人使用过。现在，又轮到了美国人。"①

---

① ［美］爱德华·W. 萨义德：《文化与帝国主义》，李琨译，生活·读书·新知三联书店2003年版，前言第10页。

第四章

全球主义对社会主义意识形态的挑战

第一节　社会主义意识形态的本质探讨

什么叫社会主义意识形态？很难用一两句话对它下一个言简意赅的定义。任何给社会主义意识形态做精确界定的努力，都很难穷尽其丰富内涵。但是，无论它怎样随着实践不断发展、不断丰富，总是具有一些本质性的特征经久不变。

一、利益取向：代表最广大人民群众的根本利益

唯物史观认为，从事生产实践活动的人民群众是推动社会发展的决定力量，是世界历史的创造者。这种唯物史观彻底否定了唯心主义的英雄史观，肯定了人民群众是推动历史前进的决定性力量，为广大人民群众争取自身利益提供了理论依据。

代表广大人民群众的利益是社会主义意识形态区别于以往历史上任何统治阶级意识形态的根本性标志之一。马克思和恩格斯在《共产党宣言》中非常鲜明地表达了这一利益取向。在揭示资本主义意识形态为资产阶级的利益和资本主义剥削制度辩护的本质时，马克思与恩格斯指出，"利己观念使你们自己的生产关系和所有制关系从历史的、在生产过程中是暂时的关系变成永恒的自然规律和理性规律，这种利己观念是你们和一切灭亡了的统治阶级所共有的。"[1]　在界定共产党人所从事的社会主义、共产主义运动的性质时，他们则指出，这是"绝大多数人的、为绝大多数人谋利益的独立的运动"[2]，"并不

---

① 《马克思恩格斯选集》第 1 卷，人民出版社 1995 年版，第 289 页。
② 《马克思恩格斯选集》第 1 卷，人民出版社 1995 年版，第 283 页。

剥夺任何人占有社会产品的权力，它只剥夺利用这种占有去奴役他人劳动的权力"①，即要维护广大劳动者拥有自己劳动产品的权利。在谈到任何一个作为无产阶级革命斗争的领导者和作为无产阶级根本利益的代表者共产党人的性质时，马克思和恩格斯又强调："没有任何同整个无产阶级的利益不同的利益。"② 也正因为如此，《共产党宣言》堪称人类历史上第一篇完全为广大人民群众维权的经典之作，标志着科学社会主义的诞生。

共产党成为执政党之后，是否代表最广大人民群众的根本利益也就成为了其执政合法性的前提。中国共产党自成立起就把马克思主义的这一利益观作为自己的行动指针，把发展观和实践观作为执政之本、立党之基。毛泽东在《实践论》中明确指出："马克思主义的哲学辩证唯物论有两个最显著的特点：一个是它的阶级性，公然申明辩证唯物论是为无产阶级服务的；再一个是它的实践性，强调理论对于实践的依赖关系，理论的基础是实践，又转过来为实践服务。"③ 以毛泽东同志为领导核心的第一代中国共产党人正是代表最广大人民群众的根本利益，坚持走群众路线，密切联系群众，在革命实践中逐渐形成了具有中国共产党人特色的群众观，并依靠这一法宝团结了最广大的人民群众，取得了新民主主义革命的胜利。以邓小平同志为核心的第二代党的领导集体在新的历史条件下继承和发展马克思主义的利益观，坚持"人民利益高于一切"的思想，把"是否有利于提高人民的生活水平"④ 作为判断改革成功与否的标准之一，把人民拥护不拥护，人民赞成不赞成，人民高兴不高兴，人民答应不答应作为党制定路线、方针、政策的依据和归宿，作为处理和观察问题的立足点和落脚点。以江泽民同志为核心的第三代党的领导集体，坚持、运用和创造性地发展邓小平理论，形成了"三个代表"重要思想，并将"三个代表"最终要落实到代表最广大人民的根本利益作了更加完整的概括，他提出："在任何时候我们都必须坚持尊重社会发展规律与尊重人民历史主体地位的一致性，坚持为崇高理想奋斗与为最广大人民谋利益的一致性，坚持完成党的各项工作与实现人民利益的一致性。"⑤ 以胡锦涛同志为核心的新一代领导集体提出了"以人为本"的科学发展观，做到五个统筹协调发展，构建社会

① 《马克思恩格斯选集》第 1 卷，人民出版社 1995 年版，第 288 页。

② 《马克思恩格斯选集》第 1 卷，人民出版社 1995 年版，第 285 页。

③ 《毛泽东选集》第 1 卷，人民出版社 1991 年版，第 284 页。

④ 《邓小平文选》第 3 卷，人民出版社 1993 年版，第 372 页。

⑤ 《江泽民在庆祝中国共产党成立 80 周年的大会上的讲话》，《人民日报》2001 年 7 月 2 日。

主义和谐社会，促进经济社会和人的全面发展，使广大人民群众的根本利益得以真正实现。

二、价值取向：实质平等与程序平等的统一

人类社会的历史是一部不断追求正义、平等的历史，也是人类自身不断取得进步的历史。以往的一切斗争虽使人类摆脱了自然的束缚与封建社会农奴制的人身依附关系，但仍未完全摆脱人压迫人、人剥削人的等级制度。资产阶级针对封建特权的不平等，高举平等的大旗，提出权利平等的公正要求。但是，当资产阶级取得了统治地位后，就极力鼓吹自由，把平等局限在狭隘（即形式合理的）范围内，而且还把平等搁置在价值系统中的次要地位，将平等置于自由之下。

社会主义崇尚的是价值合理性，不仅要求起点和过程的平等即程序平等，而且极力彰显结果的平等即实质平等。牛津大学政治学家大卫·米勒认为，在对社会主义价值合理性的实质的阐述方面，没有谁比克罗斯兰特在《社会主义的未来》一书中所说的更能精确地概括社会主义思想的实质了："社会主义者寻求报酬、地位特权的平等分配，保证人与人之间的公正，使机会平等；他们致力于减小现存的社会分化。对社会平等的信仰是迄今为止社会主义最重要的特征。"① 这一判断我们可以从马克思主义经典作家的诸多论述中得到佐证。在《共产主义原理》中，恩格斯描绘了消灭私有制后的新社会将"由社会全体成员组成的共同联合体来共同地和有计划地利用生产力；把生产发展到能够满足所有人的需要的规模；结束牺牲一些人的利益来满足另一些人的需要的状况。"② 在《共产党宣言》中，马克思与恩格斯对共产主义社会的这些特征也做了同样经典的预想："代替那存在着阶级和阶级对立的资产阶级旧社会的，将是这样一个联合体，在那里，每个人的自由发展是一切人的自由发展的条件。"③ 邓小平在探索建设有中国特色社会主义的实践中提炼出社会主义的本质，就是"解放生产力，发展生产力，消灭剥削，消除两极分化，最终达到共同富裕。"

从上述论述我们可以看出，马克思主义经典作家不仅指出了平等是社会主义意识形态最基本的价值取向，而且对平等的具体内涵做了明确规定。

---

① 转引自俞可平：《全球化时代的社会主义》，中央编译出版社1998年版，第8页。

② 《马克思恩格斯选集》第1卷，人民出版社1995年版，第243页。

③ 《马克思恩格斯选集》第1卷，人民出版社1995年版，第294页。

（1）平等意味着要消灭人剥削人、人压迫人的生产关系，摆脱个人作为阶级成员的局限性，实现人与人之间社会地位的平等。恩格斯在《反杜林论》中指出，平等的要求"应当扩大到个人的社会地位方面，必须加以消灭的不仅是阶级特权，而且是阶级差别本身"①。也就是说，只有人与人之间社会地位的平等，"承认并尊重每一个人作为人的主体性以及他的价值和尊严，承认人作为主体的目的性，承认每一个人作为目的都有生存和发展的权利"②，广大劳动者才能真正成为社会的主人。

（2）平等意味着消除异化劳动，劳动者平等地分配基本的社会利益。马克思在《1844 年经济学哲学手稿》中认为，由于私有制的存在，"劳动所生产的对象，即劳动的产品，作为一种异己的存在物，作为不依赖于生产者的力量，同劳动相对立。"③ 当阶级和阶级对立消失时，特殊利益和共同利益之间的分裂也将消失，这种劳动产品的异化现象也将随之消失，生产者将平等地拥有共同创造的社会财富。

（3）平等意味着人与人之间的关系是一种平等互助的社会关系。在社会主义社会里，生产劳动由"奴役人的工具"转变成了"解放人的手段"，劳动"从一种负担变成一种快乐"④，这种自愿的联合劳动方式"体现着人的类的特性，满足着人的归属、爱等团结性需要"⑤，化解了个人与他人、个人与社会关系的尖锐对立，它使人摆脱了孤独与疏离状态，实现了个人融于集体而集体又保障个人自由发展的理想的生存状态。

三、道德取向：集体主义

道德作为一种社会意识形式，反映了一定历史条件对人们行为提出的客观要求，它是调整人与人之间、人与社会之间关系的原则、规范的总和。与人类社会从原始社会发展到私有制社会，再发展到共产主义社会这一客观规律相对应，人类社会关系也经过了从"人们的集合体"转化为"虚幻的共同体"，再转化成"真正的共同体"的历史演进过程。

在原始社会里，生产力极为低下，血缘这根脐带把个人利益天然地结合在

---

① 《马克思恩格斯选集》第 3 卷，人民出版社 1995 年版，第 357 页。
② 马德普：《社会主义基本价值论》，中央编译出版社 1997 年版，第 117 页。
③ 《马克思恩格斯选集》第 1 卷，人民出版社 1995 年版，第 41 页。
④ 《马克思恩格斯选集》第 3 卷，人民出版社 1995 年版，第 644 页。
⑤ 马德普：《社会主义基本价值论》，中央编译出版社 1997 年版，第 157 页。

一起，形成了马克思所说的"人们的集合体"①，然后又把这些小的"人们的集合体"的利益即氏族集体的利益天然地纽结在一起，这决定了人们必然自发地形成"以个人完全依赖和绝对服从群体"为基本特征的原始道德。而在阶级社会里，是一个阶级反对另一个阶级的联合，即剥削者为各自私利而组成的统治被剥削者的联合，用马克思的话说，那是一个"冒充的共同体"，是"虚幻的共同体"。因为它们"总是相对于个人而独立的"，"个人自由只是对那些在统治阶级范围内发展的个人来说是存在的，他们之所以有个人自由，只是因为他们是这一阶级的个人。"② 对于处于被统治地位的被剥削者来说，这种共同体只能是一种桎梏。这种社会经济政治条件，则决定了在社会中必然是一部分人奉行"利己主义"，另一部分人被迫"自我牺牲"。

只有当无产阶级作为一个自觉的阶级登上历史舞台，完成解放全人类的同时最终解放自己这一历史使命，建立起共产主义社会这个"真正的共同体"时，人类的道德水平才开始发生质的飞跃。这个"真正的共同体"是无产阶级和广大人民群众在根本利益一致基础上的联合，它的基本特征既不是集体桎梏个人，也不是个人为所欲为，而是双方的相互依存、相互促进、辩证统一。这种社会关系的实质可以概括为"各个人在自己的联合中并通过这种联合获得自己的自由"③。集体主义道德原则，也就是"真实的集体"中这种新型社会关系所具有的性质的集中反映。

作为共产主义的初级阶段，社会主义社会必然要且只能以集体主义作为其伦理道德的基本原则。我们在遵循这一道德原则时，必须准确把握其丰富的内涵：集体主义以唯物史观为理论基础，把坚持个人与社会、集体的辩证统一作为一切道德行为的出发点。一方面，社会应当提供各种条件和手段保证社会成员得以生存和发展，明确肯定个人正当的利益、尊严、权利、自由和价值；另一方面，个人应对社会的进步和集体的发展满怀主人翁的热情，具有强烈的责任感；此外，当个人利益与社会利益、集体利益发生矛盾时，前者必须服从后者，因为只有这样才不至于因为个人的发展而妨碍社会上其他个人和集体的全面发展。

四、社会主义核心价值体系：社会主义意识形态的本质体现

一个国家、一个民族在长期的社会实践中，必然形成自己的核心价值体

---

① 《马克思恩格斯全集》第 23 卷，人民出版社 1972 年版，第 96 页。
② 《马克思恩格斯选集》第 1 卷，人民出版社 1995 年版，第 119 页。
③ 《马克思恩格斯选集》第 1 卷，人民出版社 1995 年版，第 119 页。

系，这是社会系统得以正常运转、社会秩序和谐安定的强大精神动力和思想支柱。作为社会主义国家，我们也有自己的明确的核心价值体系。党的十六届六中全会在《中共中央关于构建社会主义和谐社会若干重大问题的决定》中首次提出了中国文化建设的根本是建设社会主义核心价值体系。党的十七大报告中再次指出要"建设社会主义核心价值体系，增强社会主义意识形态的吸引力和凝聚力"，并提出"社会主义核心价值体系是社会主义意识形态的本质体现"，这一论断深刻地阐述了社会主义核心价值体系和社会主义意识形态的关系。

在这里，我们首先得理清核心价值体系与意识形态的关系。前文已概括了马克思主义的"意识形态"概念是指在阶级社会中，适合一定的经济基础以及竖立在这一基础上的法律的和政治的上层建筑而形成起来的，代表统治阶级根本利益的情感、表象和观念的总和，是"社会上占统治地位的精神力量"[1]。统治阶级为了保证该阶级的思想始终居于社会的主导地位，必须根据时代发展变化的要求和广大民众的利益需求，把意识形态中最为本质的东西提炼出来，形成核心价值体系。因此，可以说，核心价值体系是"在思想上层建筑或整个上层建筑中居主体地位、对思想上层建筑中的其他精神价值或对整个上层建筑中的其他物质价值和精神价值起主导作用"[2]。也正是因为核心价值体系在意识形态结构中的这一特殊地位和重要功能，决定了核心价值体系是意识形态的本质体现。如果从认识论的角度来理解，"核心价值体系是意识形态的本质体现"，意味着"核心价值体系与意识形态之间的关系就是本质和现象的关系。"[3] 核心价值体系必然要通过意识形态体现出来。同样，社会主义核心价值体系也必须通过社会主义意识形态体现出来。所谓"社会主义核心价值体系"，具体包括四个部分：马克思主义指导思想、中国特色社会主义共同理想、以爱国主义为核心的民族精神和以改革创新为核心的时代精神、社会主义荣辱观，这四个方面的内容，相互联系、相互贯通、相互促进，是一个有机的统一整体。[4] 这种核心价值体系从中国特色社会主义的指导思想、理想信念、精神动力等不同方面体现了社会主义意识形态的本质要求，正如现任教育部部

---

① 《马克思恩格斯选集》第 1 卷，人民出版社 1995 年版，第 98 页。

② 陈新汉：《社会主义核心价值体系的价值论研究》，上海大学出版社 2008 年版，第 6 页。

③ 陈新汉：《社会主义核心价值体系的价值论研究》，上海大学出版社 2008 年版，第 182 页。

④ 本报评论员：《坚持和谐文化建设的正确方向——论全面准确理解社会主义核心价值体系》，《人民日报》2006 年 12 月 20 日。

长袁贵仁所说："社会主义意识形态及其核心价值体系区别于其他社会意识形态及其核心价值体系的本质特征在于，它坚持以马克思主义为指导，坚持走社会主义道路，代表最广大人民的根本利益和要求，以富强、民主、文明、和谐为奋斗目标。"① 在社会主义意识形态的这些本质要求中，马克思主义指导思想是立党立国之本，是社会主义核心价值体系的灵魂所在，这意味着处于社会主义意识形态大厦主心骨的马克思主义决定了社会主义核心价值体系建设的性质和方向，贯穿并主导、统领着社会主义核心价值体系的其他二个方面。

中国特色社会主义共同理想，就是在中国共产党的领导下，走中国特色社会主义道路，实现中华民族的伟大复兴，它是社会主义核心价值体系的主题，与马克思主义指导思想在价值目标上是一致的。② 这个共同理想是中国共产党人在马克思主义的指导下，从人类社会历史发展规律的高度，把握世界的进步潮流，正确认识中国社会发展的基本国情，从实现和维护中国人民的根本利益出发作出的重大选择。这个共同理想，把党在社会主义初级阶段的目标、国家的发展、民族的振兴和个人的幸福紧密联系起来，把社会各个阶层和群体的共同愿望有机结合起来，因而具有强大的感召力、亲和力和凝聚力。这个共同理想与共产主义这一最高理想是统一的，我们现在为建设中国特色社会主义这个共同理想努力，就是为将来实现共产主义的最高理想奋斗。

以爱国主义为核心的民族精神和以改革创新为核心的时代精神是社会主义意识形态融入民族文化和时代精神的辉煌成果。民族精神是民族文化最本质、最集中的体现。以爱国主义为核心的团结统一、爱好和平、勤劳勇敢、自强不息的民族精神已经深深地融入到我们的民族意识、民族品格和民族气质之中，成为了中国特色社会主义文化的重要组成部分。在当今中国，爱国主义与社会主义有机地统一于建设中国特色社会主义的伟大实践中，社会主义为中国现代化建设提供了制度保障，而爱国主义则为之提供了不竭的动力来源。

以改革创新为核心的时代精神是马克思主义与时俱进的理论品格、中华民族富于进取的思想品格同改革开放和社会主义现代化建设实践相结合的伟大成果。这一时代精神已经深深融入我国经济、政治、文化和社会建设的方方面面，成为我们不断开创社会主义现代化建设的新局面、实现中华民族伟大复兴

① 袁贵仁：《社会主义意识形态的本质体现》，《人民日报》2008 年 4 月 21 日。
② 罗文东：《把握社会主义核心价值体系的灵魂——坚持以马克思主义为指导》，《光明日报》2007 年 8 月 7 日。

的强大精神力量。所以，在当代中国，改革创新与爱国主义都是同社会主义相统一的，都是以实现和维护中国人民和中华民族的根本利益为归宿的。

以"八荣八耻"为主要内容的社会主义荣辱观，则是马克思主义的伦理思想与我国社会主义道德建设实践相结合的重要成果，是马克思主义指导思想在道德领域的生动体现。荣辱观自古有之，但在不同时代、不同国家，持不同伦理道德观念的人们，其荣辱观必然存在显著的差异。社会主义荣辱观涵盖了个人、集体、国家三者之间的关系，涉及人生态度、道德修养和治国方略等方面，体现了爱国主义、集体主义、社会主义的道德原则，旗帜鲜明地规定了在社会主义市场经济条件下，应当坚持和提倡什么、反对和抵制什么，为全体社会成员辨别是非善恶、判断行为得失、确定价值取向，提供了基本的准则和规范，为我国的公民道德建设树立了新的标杆。

可见，在社会主义核心价值体系中，最根本的就是要坚持马克思主义的指导地位。我们必须把坚持马克思主义在意识形态的指导地位放在关系到党的生死存亡和国家的前途命运的高度来看待，牢牢把握马克思主义在意识形态领域的领导权、话语权和主动权。

第二节　全球主义与"普世价值论"对我国意识形态领域的侵扰

通过对社会主义意识形态本质的探讨，我们可以看出，全球主义与社会主义意识形态在本质性上扞格不入，若任由全球主义在我国蔓延，势必对社会主义意识形态构成强烈冲击。

一、"普世价值论"

当前，在我国社会的各个层面，都存在一些盲目认同全球主义的现象，一些人热衷于宣称西方发达国家已经是"私有化了"、"自由化了""民主化了"、"现代化了"，第三世界国家和社会主义国家唯有步其后尘，走过"全球化"、"私有化"、"自由化"和"民主化"，才能抵达"现代化"，热衷于"与国际接轨"，成为全球化的"匠人"。而他们视野中的与"国际接轨"，并不是指"搞由生产的社会化所要求的体制性和市场规则性'接轨'"，而是指"搞社会制度性的社会形态性'接轨'。"① 意即"接西方的'轨'，'全球化'就

---

① 李崇富：《认准大时代　拥抱新世纪》，《当代思潮》2000 年第 1 期。

是世界各国向西方看齐的接轨过程。"① 这种把西方某些资产阶级学派的理论甚至发达资本主义国家的政策主张奉为圭臬的西式教条主义倾向，根本表现是对"普世价值"的误读甚至膜拜。

在前文中，我们已经对"普世价值"做了基本的界定，指出了真正的"普世价值"的两个基本条件，并明确提出应该区分抽象的"普世价值"的非意识形态性与现实中被运用的"普世价值"的可能的意识形态化。根据这些标准，我们就可以辨别出当前国内的"普世价值"思潮的错误性及其同全球主义的内在关联。

在我国，一直存在对"普世价值"的有意无意的歪曲。早在 2005 年，《简评中共民主白皮书》一书宣称："民主就意味着政党轮替，民主就意味着领导权的开放竞争"，"中共一方面承认民主是普世价值，另一方面却又把民主的公认的定义和标准撇在一旁而自己提出一套截然不同的定义和标准，这实际上是否认民主的普适性，也就是否认民主本身。"有人附和声称，"世界发展到今天，我们应该有已经被绝大多数国家接受实行的民主，有这里所说的普世价值的民主。"② 从 2007 年秋天起，"普世价值"频频出现在各大网站和报刊上，"普世价值"观开始扩散、传播，一度跨入 2008 年十大热点理论话题之行列。这是因为，2008 年是当代中国不平凡的一年，既遭遇了空前的自然灾难"汶川大地震"，又成功地举办了北京奥运会和残运会，更重要的是中国改革开放走过了 30 年的历程。推崇"普世价值论"者把中华民族在抗震救灾中喷涌而出的万众一心、不屈不挠、友爱互助和自强不息的抗震救灾精神，集举国之力量给全世界人们奉上的最出色、最成功的奥运会和残运会，以及中国改革开放 30 年来所取得的巨大成就都归功于接受了西方的"普世价值"。他们认为，中国抗震救灾是深受西方人权的影响，是对"国民生命的尊重"，是"向全世界兑现自己对于普世价值的承诺"；奥运会和残运会则是"民主"和"平等"的生动体现；中国的改革开放是"直接受益于市场经济理论"，是向资本主义的"价值回归"，"经过 30 年的改革开放中国已经重新融入世界文明"。在关于中国改革未来发展问题上，他们认为中国社会只有走宪政民主的道路才能进一步深化政治体制改革和真正推进民主政治建设。

---

① 王绍光：《"接轨"还是"拿来"：政治学本土化的思考》，公羊主编：《思潮——中国新左派及其影响》，中国社会科学出版社 2003 年版，第 227 页。

② 转引自王一程：《马克思主义是剖析"普世价值"问题的科学思想武器》，《"普世价值"八人谈》，《思想理论导刊》2008 年第 11 期。

我国一些人之所以在"普世价值"的滥觞问题上犯如上错误，放弃中国在"普世价值"建构方面的主体地位，并不是偶然的，而有着某些特定原因的推动。

（1）它与我国意识形态领域一定范围内存在的非意识形态化倾向直接相关。"非意识形态"或"去意识形态"，是"一种国际性的资产阶级性质的思潮，它的哲学基础是抽象的人道主义和人性论"①。由此出发，一部分人必然主张"阶级斗争熄灭论"，否定和反对马克思主义的阶级观点和阶级分析方法，宣扬"全人类的共同价值"，要用抽象的"共同人性"和"人类本性"作为最高的价值标准。尤其是在冷战结束后的经济全球化时代，由于全球性问题的出现，需要各个国家、各个民族超越意识形态的论争共同应对全球风险，"非意识形态"论者借此否定当今世界整体上还是阶级社会的客观事实，声称意识形态被"超越"了、被"终结"了。事实上，"非意识形态"论者要"终结"的是社会主义意识形态，要"超越"的是马克思主义。也正因为崇尚"非意识形态"，所以他们极力回避或放弃马克思主义的阶级观点和阶级分析方法，导致了更多人失去对"普世价值"这种具有迷惑性和复杂性的社会思潮的戒备和鉴别力。

（2）它与"西化"政治倾向密切相关。在一些人的心目中，以美国为代表的西方资本主义社会实践是成功的，其民主、平等、自由等价值观是人类千百年来追求的梦想，美国在当今世界具有不可超越的榜样力量。因此，"西化"主张者在总结中国经验、对策中国问题时，不是从中国具体国情出发，而是生搬硬套西方的理论、概念、方法和话语，生搬硬套美英等发达资本主义国家的标准来衡量中国特色的社会主义实践。例如，他们把西方政党轮流执政、"宪政"当作普世的、唯一的民主制度，攻击中国政府是集权专制政府，中国的政治体制改革要以西方政治制度模式为标准和最高目标；中国行政体制改革必须从"全能政府向有限政府"转变，从"管制型政府向服务型"转变；"人的本性是自私的，私有制是合理的、永恒的，是普世的，因此他们要求在经济上实行私有化；他们把资产阶级的民主、自由、平等、博爱宣布为人类共同的核心价值，要求放弃以马克思主义为指导的社会主义核心价值体系。"②

---

① 冯虞章：《怎样认识所谓"普世价值"》，《"普世价值"八人谈》，《思想理论导刊》2008 年第 11 期。

② 周新城：《关于"普世价值"的随想》，《马克思主义研究》2008 年第 9 期。

如此等等，"西化"主张者的目的非常清楚，他们试图按照西方的标准来改造中国，试图把中国特色的社会主义实践纳入资本主义发展的轨道。

（3）目前，资产阶级抽象的人道主义、地主资产阶级抽象的人性论，正在大行其道。① 以抽象的人道主义和人性论为哲学基础的"普世价值"论，首先设定人类具有共同人性，人类存在着一些能引起人们共鸣的观念、情感或行为，如乐于助人、己所不欲、勿施于人，对残疾人的关爱，由此推出得到西方民众认同的资产阶级"民主、自由、平等"等同样应该得到世界上其他国家人民的认可的"普世价值"。从字面上来看，民主、自由、平等的确已经成为了现代社会人们共同追求的价值观念。"问题在于能否用共同人性去解决特定的政治诉求。"② 马克思在《关于费尔巴哈的提纲》中非常精辟地指出："人的本质是一切社会关系的总和。"③ 也就是说，"人的真正本质在于其社会性，其价值追求不是其自然性的反映，而是其社会性的表现，因而，此种共性一旦具体化，就会出现差异，甚至对立。"④ 显然，把民主、自由、平等这些价值观念抽象为"普世价值"违背了马克思主义具体分析方法，不存在抽象的"普世价值"，即不存在绝对的、永恒的、普天下人都认同的价值观念。正如马克思在批判"真正的社会主义"所言："不代表无产者的利益，而代表人的本质的利益，即一般人的利益，这种人不属于任何阶级，根本不存在于现实界，而只存在于云雾弥漫的哲学幻想的太空。"⑤

（4）以美国为首的西方国家加紧在我国推行"西化"、"分化"战略，对"普世价值"在我国的渗透起着推波助澜的作用。苏东剧变后，西方国家并没有放弃其和平演变战略，在我国宣传和推行美国的价值观念是其"西化"、"分化"中国的重要手段。在经济全球化的条件下，西方国家要求文化也要全球化，也要"普世"，在这种以西方文化普世的强烈欲求下，中国无疑是被同化的重点对象。

由此可见，如何讨论和运用"普世价值"的问题不是一个单纯的学术问题，而是一个意识形态领域斗争的前沿问题，具有鲜明的政治倾向性。正如一位领导同志旗帜鲜明地指出，所谓的"普世价值"就是美国价值，西方推销

① 李崇富：《关于"普世价值"的几点看法》，《马克思主义研究》2008 年第 9 期。
② 侯惠勤：《"普世价值"的理论误区和实践陷阱》，《马克思主义研究》2008 年第 9 期。
③ 《马克思恩格斯选集》第 1 卷，人民出版社 1995 年版，第 56 页。
④ 侯惠勤：《"普世价值"的理论误区和实践陷阱》，《马克思主义研究》2008 年第 9 期。
⑤ 《马克思恩格斯选集》第 1 卷，人民出版社 1995 年版，第 299 页。

"普世价值"就是想用他们的价值观改造世界。对此，我们必须保持清醒的认识，只有运用马克思主义的唯物史观，坚持马克思主义的阶级观点和阶级分析的方法，才能彻底揭穿"普世价值"的谎言，才能避免跌入"普世价值"实践的陷阱。

"普世价值论"在国内的流行，表明全球主义作为一种西方主导的意识形态对我国社会主义意识形态已经构成了严重挑战，直接导致了如下错误思潮在中国的泛滥。

二、"民族国家空心论"

20 世纪 90 年代以来，全球主义主张建立一个世界政府，与其相呼应的理论是"民族国家空心论"。也就是说，在经济全球化下，随着世界统一市场的形成以及地球村初具规模，传统的囿于边界的民族国家已经发生了重大变革，"民族国家主权和疆界的作用在全球化的冲击下正在销蚀，"① "国家权力已经中空化，国家已经变成空心的和不完全的机构，国家的权力出现了明显的衰落趋势。"② 持这种观点者主要有三点依据。

第一，国家对时空的掌控越来越脆弱。根据马克斯·韦伯的"现代民族国家是固定领土上的合法垄断权力"③ 定义，国家不仅是有固定领土疆界的，而且还"掌控了社会的时间和空间，建立起时空轴线的矩阵，并且垄断时空的组织架构。"④ 但是，在高新技术迅猛发展的经济全球化时代，人类的活动不仅超越了自然地理条件的限制，也超越了时间的控制，各种经济因素如市场的全球化、资本的全球化、跨国公司经营的全球化、信息全球化以及人员流动的全球化，使国家对时空的掌控越来越脆弱，伴随而来的是国家对社会控制能力的衰退和权力的衰落。

第二，国家的主权即将消亡。传统的国家是独立的、自主的实体，主权是至高无上的统治权，是神圣不可侵犯的。经济全球化的各种结构性力量的冲击

① 祁亚辉：《全球化挑战民族国家的主权与疆界》，http：//www.xslx.com/htm/gjzl/gjzs/2006 - 09 - 09 - 20341.htm.

② ［英］苏珊·斯特兰奇（Susan Strange）：《不完全的国家》（The Defective State），《代达罗斯》（Daedalus）1995 年春季号，转引自何增科主编：《全球化与国家权力》，http：//www.chinaelections.org/newsinfo.asp? newsid =24570 .

③ ［英］鲍伯·杰索普：《重构国家、重新引导国家权力》，何子英译，《求是学刊》2007 年第 4 期。

④ ［西］曼纽尔·卡斯特：《认同的力量》，社会科学文献出版社 2003 年版，第 283 页。

对民族国家的主权产生了深远影响，主要体现在如下四个方面。（1）在全球化进程中形成的统一的世界市场，要求经济活动和资源配置冲破民族国家的疆界和各种贸易壁垒，这使民族国家难以依靠关税和配额限制等传统手段来保护本国的经济。（2）国际金融资本在全球范围内自由而快速流动，增加了民族国家对资本流通的控制难度，削弱了各国政府通过货币政策、利率政策和汇率政策等经济手段进行宏观调控的能力。（3）跨国公司的全球经营战略影响着民族国家的产业结构调整和投资布局，而且跨国公司往往通过政治谈判、政治游说、增资或撤资等各种方式对东道国的决策施加压力。（4）在全球化条件下，民主、自由、人权、安全、和平等政治价值普世化，各种全球性和区域性政府间国际组织、非政府国际组织、各种亚国家组织等权力主体和行为主体的多元化，要求我们在解决诸如大气污染、毒品走私等全球性问题时做到政治决策跨国化和国际合作制度化等。① 这些因素都削减了民族国家的主权。

第三，民族国家正在失去暴力垄断权。按照马克思主义的观点，国家的实质就是一个阶级对另一个阶级进行专政的工具。从这个角度上来看，国家为了维护其统治秩序，必须拥有一套维护其合法性的垄断权力，其中垄断暴力工具的权力是国家的重要特征，使用暴力是一个国家之所以为国家的根本。但是在知识经济时代，新信息科技力量直接影响国家的权力已是不争的事实，社会将借助新信息科技的力量监视、控制和压抑国家工具，国家的暴力垄断性正面临严峻挑战。正如卡斯特所言："由于全面监控的力量遍及社会，国家的暴力垄断性受到跨国的和不具国家性质的社会网络的挑战，使其镇压抗争的能力受到各自为政的社区主义和部落主义所腐蚀；另外恐怖主义的战争跨越了国界，划地为王的地方势力划破了法律和社会秩序的防线。国家虽然仍需借用暴力和全面监控的力量，但却不再是全面的垄断或是以国家之名来操弄这些权力了。"②

在经济全球化的背景下，民族国家的确面临上述挑战。但是，如果仅此就判断民族国家即将消亡而期待世界政府的来临则未免太过天真。

首先，在世界的各个角落，国家间的边界仍然是国际冲突的导火线。我们可以清楚地看到，尽管当下的评论家们大谈特谈"全球化已经使国家间的边界消逝了"，但全球化的背后却是纷飞的战火。以色列和巴勒斯坦为耶路撒冷

---

① 祁亚辉：《全球化挑战民族国家的主权与疆界》，http://www.xslx.com/htm/gjzl/gjzs/2006-09-09-20341.htm.

② ［西］曼纽尔·卡斯特：《认同的力量》，社会科学文献出版社2003年版，第349页。

的归属而战，印度和巴勒斯坦为克什米尔问题而以核战争相互威胁，以及埃塞俄比亚与厄立特里亚因领土争议而发生冲突，都是起源于边界纠纷。①

其次，在全球经济日趋一体化的背后，民族国家并不是难以作为。恰恰相反，正如马丁·卡诺伊（Martin Carnoy）所言，"国家之间的竞争依然是一种国家政策的功能，对于国际经济的投资的吸引力也是地方经济的前提，跨国公司仍强烈地依赖其母国直接或间接的保护；而有关全国的人力资本的政策自然是以经济生产单位所在地的国家为主要考量。"② 赫斯特和汤姆森在赞同马丁·卡诺伊上述看法的基础上补充道："民族国家可以使用其规范性的权力来减缓或阻止资本、劳动、信息以及商品的流动。"③ 这些观点在 2008 年发生的金融危机中得到了有力印证。我们可以看到，在金融危机的冲击下，许多跨国公司变得像暴风雨中的浮萍一样脆弱，全靠民族国家出手相助，即使是美国这样高扬新自由主义、以创造"华盛顿共识"为荣的资本主义国家，其救市方面的力度比世界上其他国家都大。由此可见，仅仅依据经济上的全球化趋势就断言民族国家即将消失是一种荒谬的看法。

第三，作为国际组织的成员国，民族国家遵守国际政策规制与维持自身主权并不必然发生矛盾。原则上说，国际组织是主权平等的各民族国家为商讨、处理国际事务而建立起来的一系列政府间协商机制和体制，而不是民族国家范围内存在的公共权力机构。这些原则的实施结果，趋向于对各成员国主权的限制乃至削弱。然而，不可否认的是，各民族国家仍在小心翼翼地保护着自己的"主权"，在民族国家内部不存在"削弱"公民权利的问题。④ 相反，任何一个民族国家都试图从本国资本的利益、本国的国家利益、有利于本国的经济发展水平出发努力地影响和参与制定国际政策规则，通过各种手段和技巧争取本国利益的最大化。

最后，我们还要明白，在资本主义全球化的虚幻世界里，唯有民族国家的存在才有可能使社会福利正常运转。

由此，我们可以得出结论，在当前经济全球化的进程中，民族国家仍然十

---

① ［美］斯蒂芬·D. 克拉斯奈（Stephen D. Krasner）：《国家主权的命运》，白分哲编译，选自美国《外交政策》2001 年 1/2 月号。

② 转引自［西］曼纽尔·卡斯特：《认同的力量》，社会科学文献出版社 2003 年版，第 355 页。

③ 转引自［西］曼纽尔·卡斯特：《认同的力量》，社会科学文献出版社 2003 年版，第 356 页。

④ 张博树：《全球治理与民主：兼论中国民族国家战略的价值重构》，http：//www. chinaelections. org/PrintNews. asp？NewsID = 92112.

分重要，它不是在消亡，"而是正在被重新想象、重新设计、重新调整以回应挑战"①。

三、"人权高于主权论"

与"民族国家过时论"互为表里、各为其用的是"人权高于主权论"。主权作为一定历史条件的产物，同民族国家共存并以后者为客观基础。一旦民族国家被认为是"过时"的、"错误"的，国家主权自然会被贬低和否定。全球主义者通过强化全球化，"一点点地侵蚀"国家主权，以建立"世界秩序大厦"。当"民族国家"和"国家主权"遭此厄运后，应运而起并取而代之的便是他们极力鼓吹的"不分国界"的"人权"了。②

其实，人权高于主权的思想并不新鲜，二战后就出现了。战后，广大发展中国家摆脱了旧殖民主义的统治，纷纷走上了国际政治舞台，他们坚持主权原则和自决权原则，强烈要求捍卫民族国家的主权和利益，坚决反对西方发达国家和跨国垄断资本的剥削和奴役。发展中国家正当的利益诉求对国际经济政治旧秩序形成了巨大挑战，这使美国等西方大国通过旧殖民主义获取不义利益的方式受到威胁，迫使西方发达国家改变殖民主义的方式，通过新殖民主义方式来侵略和掠夺。③ 其中"人权高于主权论"就是新殖民主义的伎俩之一。

全球主义者认为人权高于主权的理由之一：因为人权是所有人（即全人类）的权利，而"主权"国家的人口，无论多到什么程度，都只是"全人类"的一部分，"个人是国家存在的目的"，所以"人权高于主权"。④ 显然，全球主义者的上述观点是建立在抽象的人道主义基础之上的，如果人权是所有人的权利的话，这种"人权"不过是一个抽象的概念，人权只存在于个人权利之中，没有个人权利也就没有人权。

而事实是，今天的个人权利都存在于国家主体的保护之下，个人生活在本国的法律秩序之下。在大多数情况下，个人无法诉诸国际法律秩序以寻求人权保护。有些国家的公民根据双边或多边条约可以诉诸区域人权保护机构，但其前提仍然是，他所属的国家接受了条约的义务。因此人权是主权国家的国内管辖事项，国家主权始终是人权的保障，失去了主权，也就失去了人权。正如邓

---

① ［英］鲍伯·杰索普：《重构国家、重新引导国家权力》，何子英译，《求是学刊》2007 年第 4 期。

② 钟哲明：《评民族国家"过时"、"人权高于主权"论》，《北京大学学报》1999 年第 6 期。

③ 陈安国：《全球化语境中"人权高于主权论"意识形态之批判》，《实事求是》2002 年第 2 期。

④ 徐亦让：《批判"人权高于主权"的谬论》，《哲学研究》2000 年第 10 期。

小平所指出的："真正说起来，国权比人权重要得多。"一个国家的主权如果被侵犯、被剥夺，这个国家人民的人权必然受到摧残和蹂躏。国破则家亡，这是历史的常识；国破而家兴，那是卖国者的逻辑。在世界史上特别是亚非拉历史上，这样的事例难道还少吗？以美国为首的西方国家所标榜的"人权高于主权"，在理论上是荒谬的。①

第二，"人权高于主权论"者主张人权普遍性观点，认为人权的标准是普遍的，实现与保护人权的制度和模式也应该是普遍的，对特殊性的承认会使某些国家对人权作出随心所欲的解释，最终会使人权的普遍标准完全崩溃。②

人权普遍性观点的不足在于忽视了人权的特殊性。我们在接受和认同国际公认的人权原则时（对人权的普遍接受），必须要考虑人权的特殊性。因为人是具体的个人，他们生活在特定的国家与历史环境之中，保护人权的任务是通过具体的政治与法律制度来实现的，而由于不同国家或民族的历史文化、地理环境、发展水平和社会制度不同，其政治法律制度也具有特殊性。

关于人权与主权关系的争论并不是纯理论性的。对很多国家来说，接受"人权高于主权论"，就意味着各国选择自己的人权保护制度的权力受到质疑，意味着他们也许必须放弃自己的文化特点而接受外来的人权模式，这显然有悖于主权国家完全自治的基本原则。

如果接受"人权高于主权论"的话，就给西方干涉他国内政提供了理论依据，西方强调"人权高于主权"的实质就是利用人权的普遍性向不同社会制度的国家施加压力，推行西方式的民主自由，按照自己的利益公式来改造世界。美国已经打着"人权高于主权"的招牌轰炸南斯拉夫、出兵科索沃和攻打伊拉克。有学者一针见血地指出："这种人权外交旗帜下的武力干涉，实际上恢复了当年殖民主义者的'炮舰政策'。"③

因此，对于人权与国家主权的关系问题，我们应该冷静地分析这一对矛盾产生的具体情况。人权已经成为了国际社会关系的重要问题，这是事实，也是人类社会进步的标志，各主权国家必须采取务实的态度根据各国具体国情改善本国的人权状况。另一方面，主权原则仍是国际社会的通行准则，它没有也不会过时。"这里应指明两点。一是主权国家一直是近代以来国际关系的基本实

---

　　① 文彬、建林：《评"人权高于主权"》，《外交学院学报》2001 年第 4 期。

　　② 朱力宏等：《中欧人权观的异同及其对中欧关系的影响》，《国家行政学院学报》2002 年第 4 期。

　　③ 刘振江：《"民主和人权全球化"理论评析》，《国外理论动态》2007 年第 7 期。

体单位，人权领域的国际公约是主权国家参与制定的，其本质是主权国家之间的国际合作。否定主权原则、不尊重他国主权，就无法形成人权的国际公约和国际保护。二是人权公约中的不少条款是倡导性的，远不及各国国内法对人权保护和促进所具有的效力和可操作性。在相当长的历史时期内，人权的促进和发展，主要的还是依赖于主权国家自己的政府和人民共同努力，而不是靠别国指手划脚。"①

总之，人权与国家主权不是一对与生俱来的矛盾。国际人权保护的一项重要责任，就是通过各种方式促使主权国家履行其人权义务，推动人权事业的实际进展。

四、"马克思主义过时论"

意识形态领域内出现的"马克思主义过时论"以及淡化主流意识形态的倾向，可以说是全球主义意识形态在当代中国的最好注脚。虽然国内的"马克思主义过时论"者不敢如张五常那样狂言，"要在马克思的棺材上钉上最后一颗钉子"，然而一度兴起的"张五常热"犹如"此地无银三百两"的谚语，验证了"马克思主义过时论"已在国内形成了一定的气候，弥漫在诸多学科领域中。

在政治学领域，"普世价值"成为讨论话题，主张西方宪政民主、自由、人权的声音比较强烈。有人直接否定中国特色的社会主义民主，公然指出"'特色民主'是'中国特色民主'的简称，提出这种观点是为了抗衡自由民主宪政的普世价值，试图发明一种独辟蹊径的'另类民主'。"他们认为"普世价值就是指'文明世界'的共同价值，'野蛮国家'是不包括在内的。""随着全球化的进展，文明世界一统天下，普世价值就成了全球价值。"② 还有人认为，"自改革开放以来，'以权力制约权力'已经逐渐成为中国人中所认同的政治体制改革大思路。""三权分立，已经不再是政治思想禁区；分权制衡，已经不再是政治实践禁地。"③

在法学领域，有人直接否定国家大法——宪法，认为"从宪政理念上看，

① 崔恒昌：《试论国际人权保护的缺陷与不足》，北大法律信息网，2007 年 1 月 11 日，转引自 http://www.mzfz.net/Html/xfx/.

② 王思睿：《"特色民主"还是"民主特色"》，http://www.chinaelections.org/NewsInfo.asp? NewsID = 117627.

③ 任剑涛：《凸显权力与限制权利》，http://eblog.cersp.com/userlog7/89280/archives/2007/579056.shtml.

社会主义宪政具有内在的冲突",因为我国的宪法（1982 年宪法）是"以一种历史陈述的方式,规定了一个地位独特的政党组织对于国家政治生活所具有的特殊地位与权力,宪法高于一切政治组织与公民个人的地位丧失了。""显然,中华人民共和国宪法的宪法特性是不足够的,在某种意义上讲,它具有反规范意义上的宪法的取向。"① 以这种观点为依据,有人主张应当"删除宪法序言"②。而我们知道,宪法序言中规定了我们国家的性质是人民民主专政的社会主义国家,马克思主义是我们的指导思想等内容。

在新闻学中,有人主张"新闻自由",他们主要提倡"喉舌论"与"党性论"等观念。有人说传统新闻学理论有偏误,媒体应该是"社会公器",不应该是"奴化人们思想的工具";有人抨击党的宣传系统是"中国新闻业头顶上的一块乌云",要走出"喉舌新闻学"就必须"要打破报禁和党禁",应"尽快向淡化党派性阶段过渡"。

在文学和艺术领域,有人主张不受任何限制、不负任何社会责任的创作自由;不讲党性和人民性的统一;认为文学不应该反映现实,要"推崇无功利的个性化的写作"。他们甚至宣称:"一个作品要想成为现代艺术,就必须既不是现代的,也不是艺术,甚至不是作品!"

在历史学领域,有人主张历史虚无主义,提出"告别革命"论,认为革命只起破坏性作用,没有任何建设性意义;有人否定"哲学（实际是指唯物史观）对历史研究的指导作用",认为唯物史观存在"根本缺陷"、"已经过时",也就是认为"由辩证逻辑的否定之否定规律演绎出的历史发展观,是完全错误的","自然的和人类社会的历史发展规律是根本不存在的,作为发展的逻辑根据的辩证法的否定之否定规律纯属子虚乌有"③;也有人认为"文化等同于人类历史中的一切,人类历史也就是文化史","人类历史实质上就等同于精神发展史",因此提出要用所谓"唯人史观"、"文明史观"等解构、重写中国近现代史和中华人民共和国史。

那么,这些观点的核心是什么,症结在何处? 核心就在于他们只讲抽象的

① 任剑涛:《在两种宪政设计之间:自由主义与中国宪政改革》,http://www.lwlm.com/guo-jiafaxianfa/200902/267430p3.htm.

② 转引自光尚然:《有关宪法修改的若干问题（上）》,http://www.globalview.cn/readnews.asp? NewsID=252.

③ 杨友成: 《历史唯物主义发展观的终结》,BBS 水木清华站,http://www.smth.edu.cn/bbsanc.php? path=%2Fgroups%2Fliteral.faq%2FPhilosophy%2Fworld%2Fpolitics%2FMarxism%2F4%2FM.990455042.A,2001 年 5 月 21 日。

人性、只讲理想和理念，而不讲人的社会性、不讲人的阶级性、不谈现实，归根结底就是要彻底颠覆马克思主义，要以抽象的人性论代替马克思主义在意识形态领域的主导地位。如果放弃马克思主义在意识形态领域的主导地位，必然使民族性、国家性、社会主义性在思想领域中的地位式微，民族认同遭遇困境，最终影响到整个中华民族的信仰和凝聚力以及发展合力。因此，深入剖析"马克思主义过时论"产生的原因尤显必要。

第一，"马克思主义过时论"错误判断了中国当前的社会形态与社会性质。理论界对我国积极参与经济全球化、进行社会主义市场经济体制改革的方向与性质的争议颇大。西方相当部分学者甚至国内也有人认为中国的社会制度已经不是社会主义制度了，就连比较客观的中国问题研究专家莫里斯·迈斯纳也不例外。在《邓小平时代——中国社会主义历史命运研究》一书中，莫里斯对中国1978—1994年的改革历史进行全面研究以后得出结论：由于市场经济机制的引入，尤其是劳动力市场的引入，中国引入了资本主义制度。① 后殖民理论批评家、学识渊博的汉学家和历史学家德里克认为，资本主义市场全球化已导致了全球文化同化，所谓的"中国特色是不管现实与之是多么相悖、强加于一切事物之上的，只是中国自身在坚决抵制因其本身的市场贮藏而成为一个新兴的资本主义社会这个无情的事实。"② 国内也有些学者认为，中国已经进入市场社会、资本主义社会，我们不能简单地将中国社会的问题说成是社会主义的问题。如果把中国社会形态判断为市场社会、资本主义社会，也就必然丧失坚持马克思主义在意识形态领域的主导地位的前提，并不可避免地认为马克思主义已经过时。

第二，"马克思主义过时论"故意放大社会主义实践中背离马克思主义的个别现象的影响。几十年来，社会主义国家在发展和改革实践中确实出现了一些失误如"文化大革命"，严重损害了马克思主义在民众中的地位。党内屡禁不止的腐败问题严重背离了马克思主义政党全心全意为人民服务的宗旨。此类现象的根源显然并不在于马克思主义，而恰恰根源于对马克思主义基本原理的违背。但是，对于那些企图颠覆马克思主义的人来说，当然乐意将错就错，借此机会宣称马克思主义是错误的，是过时的。

---

① 转引自李惠斌：《全球化：中国道路》，社会科学文献出版社2003年版，第111页。

② ［美］阿里夫·德里克：《跨国资本时代的后殖民批评》，王宁等译，北京大学出版社2004年版，第229页。

第三，"马克思主义过时论"把马克思的个别论断和观点的过时夸大为马克思主义的过时。马克思主义是一个完整的思想体系，它的基本理论、观点、方法并不会过时，但这并不意味着马克思主义经典作家的每一个结论和论断都不会过时。因为一方面是观点和论断产生的具体历史条件会改变，另一方面恰恰是马克思主义学说进入社会领域后改变了自己学说所创造的条件。当代资本主义的发展，在很大程度上得益于马克思对其运行规律以及剥削本质的揭露，迫使资产阶级为了维护自身的统治不得不采取各种挽救措施。因此，资本主义制度在马克思主义诞生之后的变化看似是对马克思主义的反驳，实质上却正是对马克思主义的证明。

第四，"马克思主义过时论"认为经济全球化进程是对马克思主义预言的反动。马克思在《德意志意识形态》中对人类历史发展规律进行严密考察论证后指出，新社会也就是共产主义社会的实现是"以生产力的普遍发展和与此相联系的世界交往为前提的"①。过时论者据此认为，在21世纪经济全球化的今天，这两个条件都已基本实现了，但是，经济全球化浪潮所导致的结果却是社会主义第一大国苏联的土崩瓦解；而西方社会在经济全球化条件下，却掀起了新一轮的经济发展高潮，社会矛盾得到了一定程度的缓和，全球化好像就是资本主义生产方式的全面胜利。现实的脚步似乎与马克思和恩格斯160年前所预设的理想社会目标愈行愈远了。

客观分析当代世界格局，虽然社会主义实践以及共产主义运动受到了严重挫折，但劳资矛盾并没有因此而消除。事实上，经济全球化趋势的不断增强，国家垄断资本的全球性扩张即转化为国际垄断资本，原先以民族国家为边界的劳资矛盾实质上已经转化为全球范围内的劳资矛盾，如南北矛盾、发展中国家与发达国家的尖锐对立。与此同时，资本主义社会的生产社会性和占有私人性的矛盾通过经济全球化而变为具有世界性质的矛盾。2008年美国次贷危机引发的金融海啸祸及全球，其实质"就是资本主义基本经济制度的产物、是资本主义生产方式的基本矛盾——生产的社会化和生产资料私人占有之间的矛盾，并表现为资本主义商品生产的供给过剩与劳动群众有支付手段的需求不足的矛盾的对抗性爆发。"② 这又一次验证了马克思主义对资本主义基本矛盾分

---

① 《马克思恩格斯选集》第1卷，人民出版社1995年版，第86页。

② 李崇富、昝瑞礼等：《学术综述：对当前国际金融危机的马克思主义解读》，人民网理论频道，2008年11月28日。

析的真理性。经济全球化条件下资本主义基本矛盾的全球化，更有利于人们重新认识马克思主义理论的真理性，有利于世界人民追求新的更公正合理的社会主义制度。马克思主义的这种新生首先表现在理论上，即在个别人极力鼓吹"历史终结论"和"马克思主义过时论"的同时，则是更多的学者对新殖民主义和新帝国主义的揭露和批判以及对马克思主义思想的关注。在 2008 年世界金融危机时，当资本主义遭受重创，马克思主义又引起了世人的重视。英国畅销书作家托尼·帕森斯 2009 年初在北京披露，因为金融危机的影响，马克思的书在欧洲成为了阅读时尚的宠儿，他戏称"自己暂无法与马克思比拼销量"。据报道，马克思的《资本论》2008 年在柏林的销售量是 2007 年的 3 倍、1990 年的 100 倍，法国总统萨科奇也在看《资本论》；德国财政部长施泰因·布吕克也公开表示，"马克思的一部分思想真的不错。"① 马克思主义的新生还表现为反全球化运动的风起云涌，如西雅图世贸组织会议、魁北克美洲国家组织会议与哥德堡欧盟首脑会议都遭到了严重抗议。这些反全球化运动并不是要反对全球化这一进程，而是要反对西方强势跨国资本对弱势国家和群体的欺凌和剥削，寻求一种更为公正和合理的社会秩序。

五、全面私有化的市场浪漫主义

我国自 20 世纪 80 年代逐步实行市场经济体制改革以来，"取消公有制，全面私有化"的市场浪漫主义情结就尾随而来，试图误导改革的方向。

市场浪漫主义是全球主义的经济理论基础。全球主义在经济上追求建立一个统一的全球市场，要求撤除各国的保护机制，实现贸易和投资在世界范围内的完全自由化。全球主义的经济理论基础，是亚当·斯密的"看不见的手"、大卫·李嘉图的"比较优势"、罗斯托的"经济成长阶段论"共同构成的市场浪漫主义，其核心理念是"看不见的手"。②

在亚当·斯密时代，英国已经实现了高度工业化，资产阶级需要为大量商品寻找销路，斯密的"看不见的手"理论就是在这种情境下应运而生的。斯密主张应充分发挥市场这只"看不见的手"的作用，即认为在市场机制这只"看不见的手"的引导下，每一个参与自由竞争、自由贸易的人在最大限度地追逐个人利益的过程中，会自动地促成分工和财富的增长，从而实现社会利益的最大化。"当时，亚当·斯密的自由竞争和自由贸易主张被称为世界主义，

---

① 朱玲：《金融危机让马克思在西方再畅销》，《北京青年报》2009 年 1 月 5 日。
② 韩德强：《碰撞——全球化的陷阱与中国现实选择》，经济管理出版社 2000 年版。

就如同今天的全球化一样，已经在社会各界流行。"① 李嘉图的"比较优势论"把斯密的理念进一步扩展到国际领域。"比较优势论"主张，"如果各国都专门生产本国最具有优势（生产率最高）的产品，则国际贸易将给所有国家都带来利益。"② 这些世界主义者的经济理论建立在人类社会是一个永久和平、完全同质的整体的基础上，并且认为不同国家之间不存在特殊的历史、政治、文化、价值以及利益的分殊。可是，现实世界中，国家间的力量还很不平衡，世界主义经济观维护的只能是强者在国际经济中的利益。

罗斯托的"经济成长阶段论"则是亚当·斯密理念在对一国经济发展进行预期的体现，罗斯托认为每一个市场经济国家都会经历由不发达到发达的过程。罗氏在1960年出版的代表作《经济成长的阶段：非共产党宣言》中，把人类社会发展分为六个"经济成长阶段"：传统社会、为"起飞"创造前提的阶段、"起飞"阶段、成熟阶段、高额大众消费阶段、追求生活质量阶段。罗斯托的经济成长阶段是以市场经济理论为基础的，即认为市场是万能的，市场能刺激竞争力和创造力；市场能自动地调节价格涨落，实现资源的最佳配置；市场能以消费者为导向，满足人们的物质文化的需要。罗斯托的目的非常明显，正如其著作的副标题所示，他企图用市场经济成长论来取代历史唯物主义对人类历史五阶段的划分：原始社会、奴隶社会、封建社会、资本主义社会、共产主义社会，用发达的市场经济来取代共产主义，以达到消除人们对共产主义社会的向往和追求的目的。

新自由主义是市场浪漫主义的翻版。新自由主义作为一种经济学理论，产生于20世纪二三十年代，在凯恩斯时代备受冷落，70年代中期石油危机宣告了凯恩斯主义的失灵，这给新自由主义提供了勃兴的机会。1978年，罗斯和密尔顿的《自由选择》在美国出版，标志着新自由主义思潮的复活。新自由主义认为凯恩斯主义干预经济的扩张性财政与货币政策是滞胀的原因，应该取消以需求管理政策为基础的国家全面干预经济的政策，充分发挥市场机制的自动调节经济的作用。他们的主张对一些主要西方国家的政府决策产生了重大影响，80年代里根政府和撒切尔政府积极推行新自由主义。老布什政府进一步强化新自由主义政策，炮制出"华盛顿共识"。1990年"华盛顿共识"的出笼，标志着新自由主义从学术理论上升为国际垄断资本主义的经济范式和政治

---

① 韩德强：《碰撞——全球化的陷阱与中国现实选择》，经济管理出版社2000年版，第126页。
② 韩德强：《碰撞——全球化的陷阱与中国现实选择》，经济管理出版社2000年版，第124页。

性纲领，嬗变为美国的国家意识形态和主流价值观念，为美国实现"政治全球化"或"全球一体化"战略提供了理论依据，也为国际垄断资本向全球扩张及其制度安排提供了理论依据，它的本质就是"国际垄断资本主义的理论体系"。①

新自由主义这种维护国际垄断资本主义的全球利益的理论体系，推崇绝对的自由化、私有化、全面市场化以及全球一体化。在他们看来，私有制是自由的前提，是推动经济发展的基础；自由是效率的前提，必须实现自由贸易、自由竞争；市场能有效地配置资源，反对任何形式的国家干预；全球一体化则使市场能合理有效地充分发挥全球资源配置的功能。在新自由主义主导下，一些拉美国家一度以快速、彻底地进行"自由化"、"私有化"、"非调控化"而出名，他们迷信与国际接轨，盲目开放市场，受到西方舆论的赞誉，而结果是阿根廷等拉美国家经济几近崩溃边缘，苏联更在休克疗法中土崩瓦解。

新自由主义虽然以经济理论的面貌出现，但它绝不仅仅只在经济领域中起作用，而是影响到一个国家的政治制度，比如全盘私有化的主张对于社会主义国家而言实质上就是对社会主义政治制度的釜底抽薪。有鉴于此，有学者一针见血地指出，"西方国家某些政治势力并不是把新自由主义单纯作为一个经济学派，而首先是把它作为一种适应其政治需要的意识形态"②，要用这种意识形态来规范包括拉美国家在内的广大发展中国家的改革取向，即政治上"西化"、经济上"非民族化"。

新自由主义观点在我国经济学界一部分人中产生了很大影响，对此我们一定要有清醒的认识，警惕新自由主义干扰我国经济体制改革的方向。

六、复古或全盘西化的政治浪漫主义

中国特色社会主义改革开放的大船已经行驶了30多年，经济体制改革取得了举世公认的辉煌成就，政治体制的进一步深入改革成为世人关注的焦点。有人鼓吹引进西方宪政民主和多党制，有人鼓吹利用儒家伦理解决社会中的公平问题，试图干扰我国政治体制改革的进程和正确方向。

1. 用"儒家社会主义"取代"中国特色的社会主义"

---

① 中国社会科学院"新自由主义"课题组：《新自由主义研究》，《马克思主义研究》2003年第6期。

② 苏振兴：《改革与发展失调》，载何秉孟主编：《新自由主义评析》，社会科学文献出版社2004年版，第163~164页。

儒家社会主义在中国思想史上占有重要地位，主要理论反映为儒家经典《礼记·礼运》中所描绘的大同社会和小康社会所追求的平等思想。但是在阶级社会里，平等也只是阶级内的小范围的平等，无法实现社会整体的平等。

主张用"儒家社会主义"代替"中国特色的社会主义"的人认为，20世纪90年代以后的中国贫富差距日益扩大，社会公平问题成为当代中国的头号问题。① 如何建立一个公正公平的社会呢？江泽民提出了"以德治国"和"以法治国"的社会主义治国方略，新一届中央领导集体在此基础上提出要构建和谐社会的社会主义国家目标。"这样，'有中国特色社会主义'这个概念的过程与目标就已经清晰地呈现出来了，即建立有中国特色的社会主义就是通过'以德治国'和'依法治国'方略实现一个人人享有幸福的'和谐社会'。如果我们用一个更加简洁的概念来概括这样的社会的话，那就是建立有中国特色的社会主义就是建立儒家社会主义社会。"之所以下此论断，是因为"以德治国"和"依法治国"二者都统一于"克己复礼"这一儒家的核心思想之中，"社会主义和谐的目标实现依靠的正是儒家的核心思想的具体社会实践。"②

主张用"儒家社会主义"代替"中国特色的社会主义"的人进一步指出，"构建社会主义和谐社会"这个基本纲领的提出是在"新的改革共识"的强烈要求下出台的。所谓"新改革共识"就是要求中国的改革要"更加注重社会公平"而不再是片面追求"效率优先"，要求改革的结果是"共同富裕"而不再是"少数人先富"，要求改革更加明确"以人为本"而不再是盲目追求GDP。这种"新改革共识"已经成为当代中国的最强大公共舆论，并且已经促成近年来中国政府改革方针的重大调整和转向。③

主张用"儒家社会主义"代替"中国特色的社会主义"的人还阐释道："新改革共识"之所以能在中国形成，是因为中国社会存在着三种传统：儒家传统、毛泽东时代的平等传统以及以市场为中心的自由和权利，而且逐步形成了三种传统相互制约又相互补充的格局。具体言之：首先，"和谐社会"这个概念毫无疑问是植根于中国儒家传统的，这与以往强调的西方传统的"阶级斗争"概念有根本的不同；其次，"和谐社会"的实质目标即"共同富裕"则是毛泽东时代社会主义传统的核心追求；第三，共同富裕的目标仍然将通过进

---

① 甘阳：《中国道路：三十年与六十年》，《读书》2007年第6期。
② 王世保：《论有中国特色的社会主义就是儒家社会主义》，中思网，2007年11月17日。
③ 甘阳：《中国道路：三十年与六十年》，《读书》2007年第6期。

一步完善改革以来形成的市场机制来落实。在这三种传统的合力作用下，中国要达成一个"儒家社会主义共和国"的目标，其主干就是以儒家为主来包容道家佛教和其他文化因素，中国在21世纪的最大课题就是要深入发掘"儒家社会主义"的深刻内涵。①

上述观点显然是站不住脚的。首先，儒家的"克己复礼"中的"德治主义"传统和"以德治国"与"以法治国"相结合的治国方略存在着本质区别。（1）"克己复礼"是封建社会制度中统治阶级维护其政权的基本手段和工具；而"以德治国"则是在社会主义制度中孕育、产生和发展而成的，是广大人民群众在中国共产党领导下，不断提升自身素质，在物质文明持续进步的同时实现人的综合素质（特别是伦理道德素质和思想政治素质）的不断超越，并以此体现社会主义制度的无比优越性，从而达到以精神文明建设和物质文明建设共同支撑起社会主义政权的高远目标。（2）与儒家"克己复礼"传统相联系而存在的是绵延数千年的"人治"阴霾，与"以德治国"思想相依存的则是表征现代文明程度的"法治"理念。由此可见，把"以德治国"和"以法治国"揽入"克己复礼"的怀抱实为大谬。

第二，认为"和谐社会"植根于儒家传统，与以往强调的西方传统的"阶级斗争"概念有根本不同，这一说法存在问题，需要论证。（1）"和谐社会"的理论来源既吸收了中国传统文化中的社会和谐思想，同时也汲取了西方文化中加强社会建设和社会管理的思想和理论，更重要的是对马克思主义的有关社会建设思想的继承和发展。（2）"阶级斗争"是马克思、恩格斯在《共产党宣言》中提出的概念，是无产阶级要取得自身解放的途径，它如何成为西方所强调的传统呢？实际上，"任何时代的统治阶级大都不是宣扬阶级斗争，而是宣扬阶级调和，他们也在追求'和谐'。"② 由此可见，该论点中的西方传统的"阶级斗争"意指马克思主义，其实质就是要割裂社会主义和谐社会与马克思主义的关联，以此达到否定马克思主义的目的。

第三，把"共同富裕"确定为毛泽东时代社会主义传统的核心追求，这一论断也是不准确的。邓小平从中国的具体国情出发，把"共同富裕"确定为社会主义必须要坚持的根本原则和实现的目标，强调共同富裕不等于平均主

---

① 甘阳：《中国道路：三十年与六十年》，《读书》2007年第6期。

② 王俊：《"儒家社会主义"的历史语境与局限》，《二十一世纪》网络版第67期，2007年10月31日。

义，共同富裕不等于同等富裕，共同富裕也不等于同步富裕，鼓励一部分地区、一部分人先富起来，以先富带动后富，最终达到共同富裕。

第四，认为"共同富裕"依靠市场机制就能实现同样是片面的。我们进行社会主义市场经济体制改革，极大地解放和发展了生产力，为中国特色的社会主义现代化建设创造和积累了丰厚的物质财富。但是我们还应当看到，由于市场是自由的、开放的，它本身不考虑社会公平问题，市场机制的核心是解决生产力发展过程中竞争和效率问题。那么，在社会主义市场经济条件下，如何来弥补社会公平问题的"真空"？只有利用法律和行政等手段进行合理的宏观调控，合理拉开收入差距、防止两极分化，只有依靠政府承担起维护社会公平、保护市场竞争中弱势群体利益的责任，才能为"共同富裕"目标的实现铺平道路。我们的创造性和特色就是坚持社会主义基本制度和市场经济的结合，如果离开了社会主义基本制度就会走向资本主义。正如江泽民同志所说："我们搞的是社会主义市场经济，'社会主义'这几个字是不能没有的，这并非多余，并非'画蛇添足'，而恰恰相反，这是'画龙点睛'。所谓'点睛'，就是点明我们市场经济的性质。"①

从上述观点中我们不难看出，不管是论断"中国特色社会主义就是儒家社会主义"，还是认为"中国改革的最终目标是建立儒家共和国"，二者都是无视和否定了改革开放中的中国坚持马克思主义指导思想、坚持社会主义制度的必要性，企图用儒家思想来取代马克思主义，用儒家思想来指导中国的社会主义。

2. 用程序民主取代实质民主

民主是当前政治体制改革中的热门话题，但是政治浪漫主义者在高举"民主"大旗时，并没有区分程序民主（形式民主）、实质民主（价值民主）这两种民主类型。前者着重关注民主实现的程序和形式，强调人民对民主的参与性，后者则强调民主的具体内容及其与人民的契合度。因此，前者对于民主的内容及其实现方式的界定则具有普遍主义的内涵，强调民主的普遍主义原则，而后者对民主的内容及其实现方式的界定具有较强的在地性（local），必须具体情况具体分析。一方面，两种民主类型是相互契合的，因为任何实质性民主都需要通过具体的民主程序来落实，但我们必须看到，"程序"说到底也具有"实质"的意义；另一方面，两种民主类型又是相互冲突的，即在地性

---

① 《江泽民论有中国特色社会主义》（专题摘编），中央文献出版社2002年版，第69页。

追求与普遍主义追求之间的冲突。在中国，我们并不抽象地排斥实质民主或者程序民主，而是认为要在与中国特色社会主义要求相契合的"民主"内容的前提下来探寻与具体民主内容相契合的民主程序。另外，我们也一直认为不同民主制度之间具有某种程度的共通性，这使得不同民主制度之间的对话成为可能，并积极地探索对话的途径和方式。

但是，政治浪漫主义者却宣称"程序民主"才是至高无上的，只有西方的（准确的说是美国的）政党制度、选举制、"三权分立"才称得上是民主的，并要求在全球范围内推广美国式"程序民主"。正如前文已经指出的，"程序"也具有"实质"意义，这种"程序民主"就是奉行抽象普遍主义，试图不分民主的实质内容和具体实施条件而在全球片面地推行一种单一、抽象的民主程序。进一步探讨的话，我们可以发现这种抽象的程序民主以程序的普遍性遮盖了美国和西方民主内容的"在地性"性质，而试图以程序的普遍主义为载体实现这些"在地性"实质民主的全球扩张目标。对于与西方的（特别是美国的）文化和民主观念完全异质的其他国家和地区来说，对西方国家鼓吹的"程序民主"的认同和片面追求，就形成了一种政治浪漫主义。具体言之，这种政治浪漫主义主要有三种错误观点。

（1）把民主误认为多党竞争

西方国家一向把共产党执政的国家归类为一党制①，并流行着这样一种偏见：没有竞争对手的一党执政必然形成专制，必然形成权力垄断，权力垄断的专政体制必然导致权力腐败，是没有人民民主可言的。因此，只有实行多党竞选、轮流执政，才可以制衡因权力高度集中而产生的各种弊病，才能更充分地体现民主。这些人一味地在自己所设定的"民主就等于多党轮流执政"的框架中对我国政党制度评头论足，不理会中国的国情及其对民主内容、实现程序的制约和规定。

事实上，民主始终是历史性与阶级性的统一，内容和形式的统一，如果抹杀民主实现的具体语境，单纯追求某种超越社会性和历史性的民主程序，并不能真正实现民主目标。西方多党制是欧美社会存在的反映，是由西方社会"市场经济下的社会分化、市民社会、不同的利益集团基础上的政党、法制游戏规则下的竞争、公民的政治参与渠道通畅发达、互容性的政治文化"② 等一

① 王绍光：《民主四讲》，生活·读书·新知三联书店 2008 年版，第 173 页。
② 萧功秦：《与政治浪漫主义告别》，湖北教育出版社 2002 年版，第 204 页。

系列社会支持性条件为基础的，扎根于西方社会自身悠久的政治、经济、文化和道德传统之中，才能够结出国家富强和政治凝聚的理想果实。更为形象地说，"制度 A 导致效益 B，这一因果关系是在 X、Y、Z 等一系列复杂因素的参与和作用下才得以实现的。"①

因此，只追求理论逻辑上的恰切性而不顾各种主客观条件，一味试图在中国的本土性资源的树干上嫁接西方的宪政民主的幼枝，并不能结出其在原产地那样的果实。更具体地说，在一个缺乏自主性的市民社会，没有充分的经济分化和社会利益分化为基础，没有与这种经济与社会结构分化相联系的宽容妥协的政治文化为条件，如果仅仅由于向往多党制的表面效能，"横取他国已行之法，强施本土"②，强行推行多党制，其结果只是再现民国初期各政党为谋求本派利益导致党派之争，最后发展到全国性的内战。这一点已经为世界各国的经验所证明，也已经成为一种过时的幼稚的理性主义思维方式，遭到了许多较为成熟的学者的强烈批判。钱锺书先生曾在《围城》中戏谑：中国人真厉害，洋人的东西到中国是来一件毁一件。如果我们从上述角度来思考这句话的含义，无疑可以得到更多启示。

（2）把民主误认为全国性直接选举

选举制度是近现代民主制的基础，"现在的选举被普遍认为是制度民主与不民主的分水岭。"③ 如政治浪漫主义者就认为，我国只有像西方国家那样让所有法定选民都参加大选，直接推举国家领导人，才能最广泛、客观、准确地反映全体选民的意愿，才能充分发挥和体现人民民主权利。

这种观点是对选举制度的极大误解。首先，西方发达国家也不是都实行全国公选，像美国、德国、日本等发达国家也是由具有选举权的所有公民，先选出可以代表自己利益、政治主张的代表，然后再由代表参加全国大选选出国家元首。其次，从纯理论角度看，公民对各级代表的选举越直接就越有利于民主的实现，全国性直接选举虽然能从形式上保证所有的合法选举人的选举权，但并不能从机制上保证民主有效实施。如选民由于种种原因被政治势力所操纵；需要花费大量的人力、物力来组织大选；选举过程中选民情绪激动导致的动荡，甚至竞选人遇刺被害的现象也屡有发生。因此菲律宾、印度等国家虽然实

---

① 萧功秦：《与政治浪漫主义告别》，湖北教育出版社 2002 年版，第 115 页。
② 萧功秦：《与政治浪漫主义告别》，湖北教育出版社 2002 年版，第 207 页。
③ 王绍光：《民主四讲》，生活·读书·新知三联书店 2008 年版，第 139 页。

行了全国性直接选举，但也算不上是世界上最民主的国家。实际上，理想的民主的选举制度既不是看候选人如何相互厮杀，也不是全国性直接选举的热闹场面，而应该以公正的方式进行，不受暴力胁迫、金钱操控等外在因素的影响，选举结果才能尽可能地代表民意。第三，一个国家究竟采取哪种选举形式，应当根据本国选民素质、选民人数、历史传统、政党关系及选举机制的特点等诸多因素来决定。

我国实行县乡人大代表直接选举与县级以上人大代表间接选举相结合的方式，这也是由中国的具体国情决定的。中国是个有着 13 亿多人口的大国，人民的文化素质、现有的物质设施和交通条件限制了直接选举的组织与实施。更重要的是，我国各党派之间有着共同的政治基础，广大人民群众的利益和共产党的利益也是根本一致的，这从根本上保证我国实行间接选举也能体现民主性。同时，在长期的实践中，我国已建立了在间接选举中确保其民主性的有效机制，先由全体选民选出基层单位的人大代表，再由这些代表参加高一级人大会代表的选举，最后选出全国人大代表，再由人大代表投票选举国家领导人，对各级代表有严格的资格审查程序，确保代表的先进性、全民性、代表性。这种选举方法层层衔接，严密稳妥，使选举结果较好地体现了民主性，而且选举结果一般都能使群众满意。

（3）把民主误认为实行"三权分立"

政治浪漫主义者认为，"三权分立是民主的惟一选择"，"无论世界上有多少种民主形式，但惟有三权分立才是民主的最高级形态，是完全意义的民主……没有三权分立就没有真正的监督。"[①] 中国目前存在的权力制约机制和监督机制不健全以及腐败大案要案屡屡发生，是因为没有搞"三权分立"，因而他们提出通过在中国搞"三权分立"来推动社会主义民主政治建设。

显然，上述看法对"三权分立"的认识是不全面的。事实上，"三权分立"并不是至善尽美的。一是虽然在"三权分立"中立法权、行政权、司法权可以相互制衡，但它是被资产阶级独占的、人民无法分享的政权制度，只是有产者的论坛和表决器，民众缺乏制约这些权力机构的力量；二是"三权分立"只是为政党、利益集团提供了更多途径去实现自身的利益，其权力制约的本质在于维护资产阶级的整体利益；三是"三权分立"在运行时还存在议行不一、分而不立、互相掣肘的弊端，政党轮替、议会迫使内阁倒台或弹劾总

---

① 王大豪：《三权分立是民主的惟一选择》，http：//www. chinavalue. net/ Group/ Topic/ 21779.

统、行政首脑解散议会等政治僵局频繁出现。

我国实行"议行合一"的人民代表大会制度，是近代以来中国社会发展的必然选择，是立足于中国国情、与国体相适应的政权组织形式。人民代表大会制度是中国人民自己独特的政权运作方式，这种政权组织形式，"能够集中人民内部不同阶层的共同利益，也能够反映和协调各方面的特殊利益，从而把全国人民的力量凝聚和调动起来"[1]，"具有很强的组织动员能力和社会掌控能力，有利于集聚国家力量、人民意愿办成具有全局性、战略性、前瞻性的大事。"[2] 一言以蔽之，人民代表大会制度在治国效率方面远远优于"三权分立"。正如邓小平所说："我们的制度是人民代表大会制度，共产党领导下的人民民主制度，不能搞西方那一套，社会主义国家有个最大的优越性，就是干一件事情，一下决心，一做出决议，就立即执行，不受牵扯。我们说搞经济体制改革全国就能立即执行，我们决定建立经济特区就可以立即执行，没有那么多互相牵扯，议而不决，决而不行。就这个范围来说，我们的效率是高的，我讲的是总的效率。"[3]

3. 用宪政民主体制取代四项基本原则

在我国进行政治体制改革和加强政治文明建设的进程中，有人提出实行以美国为主导的西方自由主义的宪政民主思想。比如政治浪漫主义者认为，我国现行的政治体制存在着权力的软约束、腐败、权大于法、民主化程度低等弊病是由于"政治体制改革"是在"坚持四项基本原则的前提下"的"鸟笼政治"[4]，中国政治改革的总体目标应该确定为建立宪政民主体制，因为宪政民主是反专制政体的，能有效地限制权力（限政）、抑制腐败、奉行法治、保障人权、维护民主。更直白地说，政治浪漫主义者就是试图用西方式的宪政民主制度代替共产党领导下的人民民主专政制度。[5]

事实上，宪政民主的鼓吹者没有看到的是——也许他们早已发现，只不过出于自身的真实目的而不愿意承认罢了——我们的政治建设目标同他们所宣称的"目标"之间真正的区别：一方面在于他们的真实目标并非促进中国社会的政治文明而是颠覆我国的社会主义制度，另一方面则在于他们对于中国政治

① 李江源：《最符合我国国情的民主政治制度》，《人民日报》2009 年 2 月 2 日。
② 周锦尉：《人民行使国家权力的最好形式》，《人民日报》2009 年 2 月 2 日。
③ 《邓小平文选》第 3 卷，人民出版社 1993 年版，第 240 页。
④ 张从兴：《向政治浪漫主义说"不"》，《联合早报》2004 年 1 月 8 日。
⑤ 张祖桦：《中国政治改革的总体目标：建立宪政民主体制》，《当代中国研究》1999 年第 3 期。

传统的特殊性的抹杀和无视。他们认为，立法权能左右行政权，只要制定一部像样的宪法，就能实现民主了。宪政民主的鼓吹者们之所以一而再、再而三地犯这种非常低级的错误，其根本原因在于他们深受启蒙运动以来的理性主义思想的熏陶，试图以还原主义的数理逻辑来概括人类社会的复杂性，而认识不到大到一个政治制度，小到一项法律条款的成长和发挥作用所必需的社会生态环境（包括政治生态、文化生态等），认识不到中国的国情、历史传统、文化特性等具体条件对政治模式的选择性。不仅如此，他们还没有认识到或者试图抹杀这样一个事实：政治制度始终是国家意志的反映，政治制度到底为谁制定，由谁制定，政治制度确定后怎样才能真正保证广大人民群众的实际利益，宪政民主体制都没有提供具体的答案。

正因为如此，邓小平敏锐地觉察到了以宪政、民主化为特征的西方政治体制无法适应中国国情，体察到"即行民主"将置中国于混乱局面、给经济建设和社会秩序带来严重后果，因此他果断地提出了要坚持"四项基本原则"。

第三节　全球主义在国内得到呼应的归因分析

为什么全球主义意识形态会被我国国内一些人接受并大肆鼓吹呢？第三章中我们已对全球主义的推销方式作了阐述，当然这是全球主义意识形态之所以能对我国意识形态形成巨大冲击的重要外部原因之一。但同样重要的原因还在于，我国国内对全球主义的盲目迷信有着深刻的时代因素和社会历史背景。

一、社会主义意识形态建设的曲折削弱了自身的主导地位

从五四运动时期马克思主义的成功东渐到毛泽东思想、邓小平理论和"三个代表"重要思想以及科学发展观的形成，历时不足百年，中国共产党为确立和巩固社会主义意识形态的主导地位积累了许多宝贵的历史经验。在看到成绩的同时，还必须注意到我们党在意识形态建设中的曲折和失误，在一定程度上影响和削弱了社会主义意识形态的威信，给反社会主义的资产阶级意识形态以可乘之机，具体表现如下。

一是对意识形态在社会系统中的地位和功能的认识方面。在"文化大革命"时期，"过头强调意识形态的替代性、过度扩大意识形态的功能性、过分

夸大意识形态的权威性"①，几乎把所有的社会注意力和资源集中到意识形态领域，却在很大程度上忽视了社会主义意识形态赖以存在的物质基础即经济建设的重要性，抽取了社会主义意识形态得以发展和巩固的支柱，使社会主义制度的优越性未能充分地在现实生活中得以具体展示。这种"泛意识形态化"，还表现在把意识形态标准确定为所有社会活动（包括科学研究、经济活动、文艺活动在内）的标准，对人们的每一种活动都不分青红皂白地涂抹上一层非常浓郁但又十分粗糙的意识形态色彩，等等。这种"泛意识形态化"的后果之一是，干扰和阻碍了正常的社会主义生产力的发展和人们物质文化生活水平的提高，并导致人们对意识形态教育的反感。因此，在党的十一届三中全会后，随着党的工作重心的转移，无论是在党内还是在民间，还来不及对我党的意识形态建设历史进行非常严格和理性的反思时，一些人就在少数人的影响下走向了"去意识形态化"这样一个相反的极端，提出"淡化意识形态"，放松意识形态领域的工作。正因为如此，邓小平同志在反思改革开放 10 年的经验教训时痛切地表示：这"十年来我们的最大失误是在教育方面"②，在于放松了思想政治教育。

二是关于我国对意识形态内容与当下社会实际的关系处理。如前所述，社会主义意识形态必须是广大人民群众利益的体现，既要以理想性引导人民的前进方向，又要立足现实，反映社会主义社会当下的实际情况。但是，在"文革"之前的一段时间以及"文革"过程中，我们往往只关注意识形态的理想性要求，而忽视其立足的现实基础，把意识形态转换为一些假大空的口号。在改革开放时期，我们国家的意识形态建设在内容上开始纠正"文革"错误，努力实现理想性与现实性的统一。但不容忽视的是，市场经济取向的改革所造成的价值后果在一定程度上必然与社会主义本来的价值追求产生冲突，如果社会主义意识形态建设在内容上不注意妥善处理和协调这种冲突，也必然造成理想性与现实性的脱节。

三是在意识形态传播方式上，我国未能充分利用社会学、心理学、传播学等学科研究成果来为意识形态传播服务。而美国等国家则让意识形态贯穿于生活和生产的各个层面和角落，竭力实现心理学家理查德·克罗斯曼所言的"好的宣传就是要做得不像宣传"，即"宣传对象按照你所指定的方向走，而

① 郑永廷：《社会主义意识形态研究》，中山大学出版社 2001 年版，序言第 2 页。
② 《邓小平文选》第 3 卷，人民出版社 1993 年版，第 287 页。

他却以为这个方向是他自己选定的"①。与美国相比，我们国家的社会主义意识形态建设亟需加强其科学性和细致性。

在全球化进程中，世界上不同民族、不同国家的意识形态处于一个开放的、相互比较的情境中，敌对的意识形态会瞄准我国社会主义主流意识形态建设中出现的断裂和缝隙乘虚而入，与我国争夺阵地和群众。而由于西方意识形态在内容、形式和包装上的华美性和迷惑性，以及普通群众的"因陌生而美丽"的接受心理，使其更具有吸引力和渗透性。如果不加强社会主义意识形态的自身建设，我们就有失去阵地的危险。

二、"理念崇拜"的历史心态容易接受全球主义意识形态

近代以来，中国作为一个非西方的后发国家，一直在努力探寻适合与有效的现代化路径，以实现中华民族的伟大复兴。中国知识分子在长期与西方隔绝的封闭环境中突然被西方先进工业文明的冲击震醒，他们在国富民强的强烈愿望下，寻求诊断本国的制度弊端的方案时，自然而然地会把目光集中于西方制度及其产生的效果，有些人天真乐观地认为只要引用西方制度，那么从消除官僚腐败和社会犯罪、提升国民道德水准，到建立市场经济秩序、消除通货膨胀等所有重大目标都能一蹴而就。有学者把国人的这种政治心态称为"理念崇拜"，即"崇尚某种抽象的中心象征符号，并以这种符号与理念作为一劳永逸地、整体地解决中国问题的基本处方。换言之，这是一种以某种理念或'主义'来推演和涵盖解决具体问题的途径的思维模式。"②

这种无视理论与实践之间错综复杂的关系问题，以意识形态理念来简单涵盖"问题"的政治文化现象，可以说是近代以来受理性主义影响至深的中国部分决策者和知识分子的共同心理特征。比如 1905 年日俄战争以后，主张"立宪救国论"的清末知识分子就曾天真地认为，中国只要"立宪"，"君民一体，国富民强"也就指日可待。

在改革开放的今天，虽然在具体内容上出现了一些变化，但这种"理念崇拜"情结依然没有根本改变，并成为迎接全球主义的重要"门神"。譬如：一讲"以经济建设为中心"，人们就陷入了发展主义的泥坑，只顾 GDP 增长，并以为单纯 GDP 的增长能够带来整个社会的进步，而无视 GDP 主义所造成的

---

① ［英］弗郎西丝·桑德斯：《文化冷战与中央情报局》，曹大鹏译，国际文化出版公司 2002 年版，前言。

② 萧功秦：《与政治浪漫主义告别》，湖北教育出版社 2002 年版，第 163 页。

资源浪费、环境破坏、社会矛盾积聚等各种严重后果。一旦人们把市场经济体制判识为可以带来良好效益的合理的资源配置方式时，就把当前所有的社会和经济问题都归结为计划经济体制的作祟，也把所有问题的解决寄希望于"市场经济体制"的建立，"市场制度决定论"心态凸显。一谈到发展民营经济，就高高祭起"私有化"的旗帜，宣称"私有化"是解决中国当前社会经济生活中遭遇的各种困境的不二法门。这种"理念崇拜"情结反映在对待全球化的态度上，则表现为有些人对全球主义的全盘接受，以为只要按照某些西方学者所鼓吹的信条，主动放弃民族的和国家的各种利益需求和本土特色，无条件地加入以客观中立身份出现的各种国际组织之中，就能实现本国的现代化。

三、对西方成功经验的借鉴使全球主义得以"登堂入室"

改革开放之前，国人长期生活在比较封闭的社会环境中，与外界交流极其匮乏，而西方的市场经济体制已发育得比较成熟，能为中国改革提供一些可供借鉴的经验。另外，当国门洞开，中国与西方发达国家的对比直接呈现在国人面前时，强烈的反差最容易激起人们的民族危机意识，油然而生一种通过学习西方工业社会运行机制来实现现代化的紧迫感。这两方面的原因使人们感到，借鉴西方文化和各种管理制度来推动中国改革开放事业的必要性。正是在对西方工业社会运行机制的浓厚兴趣和引入这一机制的过程中，全球主义意识形态开始登陆中国。

一批人走出国门考察学习西方的经验，另一批人则在国内引介和研究西方社会政治和经济理论，国外各种思想、理论如新自由主义、新制度经济学、宪政民主被大量引入国内。国内许多学者和政府官员对西方理论耳熟能详，但他们很难也不可能有机会对西方社会的历史现状与经济、政治运作过程进行认真、细致的考察，通常只是带着"救弊理性"的问题导向，"简单而抽象地、雾中看花地理解和认识西方"[1]。这样，在"师夷长技"时，就可能将一种理论的历史文化根源抹去，然后把理论化约为几个简单的定理或者口号向国人推介。研究五四思想的著名学者林毓生先生早就批评过这种错误倾向：了解另外一种文化非易事，而把另外一种文化中的某些东西变成一种口号则是相当简单的；如果人们觉得那些东西对我们有用，却又不了解那种被当做口号的东西在西方历史文化背景下演变出来的特殊性质，人们就会犯"形式主义"的谬

---

① 萧功秦：《与政治浪漫主义告别》，湖北教育出版社2002年版，第116页。

误。① 国内一些人对"全球主义"的盲目认可和推介，部分原因可以追溯到这种不科学的学风。

而且，这种学习西方的方法还忽视了任何一种理论都有其特定的历史文化背景和为特定群体服务的事实。比如全球主义，就是西方强势国家的社会经济、政治生活的反映，是站在国际垄断资本的利益立场上，带着一种极端的优越感审视所有的非西方国家，戴着有色眼镜看待社会主义、看待中国。如果我们不顾这些事实，盲目地迷信全球主义这类理论，就只会蒙蔽我们的双眼，误导中国的改革。

四、把参与经济全球化等同为认可全球主义

在当下的世界情势中，各国政治家们都开始意识到国际竞争的核心是经济竞争，不同社会制度和发展模式的国家只有在竞争中发展，在发展中竞争，才能不断壮大自身。对经济因素重要性的认识，一方面推动着经济全球化进程，另一方面又使经济全球化改变了冷战时期以美苏为首的东西方两大阵营基于社会制度和意识形态差异来决定国家间关系的范式，经济外交逐渐取代了意识形态外交，国家之间的关系也更多地表现为经济关系。

然而在实践中，一些人却把我国处理国家关系中不以意识形态利界，积极参与经济全球化加入世贸组织、加强对外贸易等非意识形态性的经济活动，以及积极投身全球公共问题的解决，等同于淡化、甚至是取消马克思主义在我国意识形态领域中的地位和作用的信号。迎合这种误读，一部分人丧失了对"美国企图在全球化的旗帜下让各国把经济主权交给由它操纵的各类全球经济组织……实现美国赢家通吃的美梦"②的警醒，而是热情地欢呼全球主义意识形态的到来，劝告人们放弃民族主权。因此，有的学者认为，经济全球化背景之下全球公共问题的出现，全球主义意识形态也已经形成了，需要"人们超越民族国家的地理边疆，确立一种以'全人类利益优先'的价值观念和思维方式。"③

诚然，全球公共问题的解决需要世界各国人们的共同努力，但首先我们必须要弄明白全球问题产生的真正根源是什么，真正的责任者是谁。在各民族国

---

① 转引自萧功秦：《与政治浪漫主义告别》，湖北教育出版社2002年版，第164页。

② 胡代光：《〈碰撞〉序言》，载《碰撞——全球化陷阱与中国现实选择》，经济管理出版社2000年版。

③ 陈永亮：《全球化时代的意识形态变革》，《太平洋学报》2003年第1期。

家力量严重失衡、力量强大者没有放弃民族国家利益的前提下，如果不识别西方发达国家借全球问题之名行干涉他国内政的"霸权主义"之实的实质，我们就严重违背了邓小平提出的"以自己的国家利益为最高准则来谈问题和处理问题"的外交底线，在经济全球化进程中丢失的将是民族利益、国家利益和广大人民群众的利益。

第四节　盲目认可全球主义的危害

一、全球主义加速了苏东剧变

苏东剧变——世界社会主义运动遭遇的重大挫折，虽然是国内国外、历史与现实等一系列错综复杂的因素"合力"作用的结果，但意识形态、思想理论上的严重错误则是促使苏联红色国旗从克里姆林宫上空黯然降落的关键催化剂之一。

1. 以抽象的人道主义原则取代马克思主义的阶级分析法

早在 1956 年，赫鲁晓夫在苏共二十大作了题为《关于个人崇拜及其后果》即有名的"秘密报告"以及其他一系列讲话之后，苏联内部产生了一股旷日持久的"解冻"思潮。这股思潮的核心内容就是"赫鲁晓夫的以否定阶级斗争和无产阶级专政学说为重要思想特征的'全民党'论、'全民国家'论及其理论基础——抽象的人道主义原则"①。1985 年 3 月，戈尔巴乔夫在苏共中央全会的就职讲话中重复了赫鲁晓夫当年提出的"一切为了人、为了人的幸福"② 的抽象口号，在此基础上形成了人道的民主的社会主义思想。

人道的民主的社会主义思想的提出，根本原因是苏共领导人长期以来对"什么是社会主义"缺乏正确认识，对资本主义与社会主义的本质区别的认识非常模糊混乱。世界联系日益紧密、全球性问题开始凸显之时，在西方资产阶级学者鼓吹的"趋同论"、"终结论"的影响下，苏共领导人越来越模糊社会主义与资本主义制度之间的根本差异和对立，从抽象的人道主义出发，一改过去强调阶级斗争、对抗、埋葬帝国主义的说法，大谈世界的共性、矛盾的同一性，从一个极端走到另一个极端。

---

① 中共中央党校科研部东西方政党和文化比较研究中心：《苏共的失败及教训》，中共中央党校出版社 1994 年版，第 100 页。

② 《戈尔巴乔夫言论选集》，苏群译，人民出版社 1987 年版，第 39 页。

比如戈尔巴乔夫多次强调，"人类应该承认迫切需要把全人类原则作为时代的主要的绝对命令置于优先地位"，树立"全人类的利益比阶级利益优先的思想"①。1989 年 11 月 26 日戈尔巴乔夫在《真理报》上发表了题为《社会主义思想与革命性改革》的长文，在谈到两种社会制度的相互关系时，甚至得出了"资本主义社会和社会主义社会有着就其内容来说十分相似的进程"的结论。基于这种结论，戈氏提出，"首先必须使其排除现代两大社会体系的对抗性，抽象的形而上学的对立。"② 这样一步步地完全否定了两种社会思想体系在根本价值取向、利益取向、政治经济制度上的差异和对立。

再如戈尔巴乔夫的首席顾问亚·雅科夫列夫公然声称 "社会主义思想实质仅仅是一种假说"③，否认科学社会主义是无产阶级的思想体系，宣称是"人类自古以来就有的" 共同财富，同早期基督教思想"有本质上的相似"，"它的道德伦理内涵，就是复活在 19 世纪被提升到知识和观念高度的早期基督教理想。"④ 亚·雅科夫列夫认为 "无须证明全人类道德和价值的必要性"，全人类应该自觉地接受"同一价值"，积极开展"全人类价值、全球道德的教育"⑤。他还从这种全人类价值观出发，反对按阶级来划分社会和世界，指责马克思主义的阶级立场和阶级分析法导致全球范围内的对抗和冲突，"使我们分裂为东方和西方"⑥。

从以上表述中我们可以看出，苏共领导人的思想从放弃集团对抗、停止"冷战"、打破闭关锁国局面开始，经过追求"全人类共同利益和理想"，承认并向往"全人类的价值"，混淆社会主义和资本主义的界限，最后全盘接受西方价值观。⑦ 他们主张用这种超阶级、超国界的"全人类价值观"来认识两个体系之间的相互关系等问题，与"全球主义"所鼓吹的论调如出一辙，完全

① ［苏］米·谢·戈尔巴乔夫：《改革与新思维》，世界知识出版社 1988 年版，第 125 页。

② ［苏］米·谢·戈尔巴乔夫：《社会主义思想与革命性改革》，《真理报》1989 年 11 月 26 日。

③ ［苏］亚·雅科夫列夫：《"改革新思维" 与苏联之命运》，高洪山等译，吉林人民出版社 1992 年版，第 98 页。

④ ［苏］亚·雅科夫列夫：《"改革新思维" 与苏联之命运》，高洪山等译，吉林人民出版社 1992 年版，第 162 页。

⑤ ［苏］亚·雅科夫列夫：《"改革新思维" 与苏联之命运》，高洪山等译，吉林人民出版社 1992 年版，第 154 页。

⑥ ［苏］亚·雅科夫列夫：《"改革新思维" 与苏联之命运》，高洪山等译，吉林人民出版社 1992 年版，第 152 页。

⑦ 许新等：《超级大国的崩溃——苏联解体原因探析》，社会科学文献出版社 2001 年版，第 225 页。

背离了马克思主义的阶级观点和阶级分析法。

2. 鼓吹意识形态多元化，取消马克思主义在意识形态领域的主导地位

戈尔巴乔夫多次强调，改革首先要进行思维的革命，即意识形态领域的变革。显然这一改革思路是对的，意识形态是社会的思想旗帜和行动指南，只要这面旗帜的指示方向是正确的，社会就能照着正常轨道顺利运行。关键是他未能正确地理解意识形态领域坚持主导性与多样性统一的重要性，混淆了"多元化"与"多样性"之间的本质区别，放弃了马克思主义在意识形态领域的主导地位，导致了苏联解体、亡党亡国的历史悲剧。

1987年7月，戈尔巴乔夫在会见舆论工具和各创作协会的领导人时，第一次提出和阐释了"多元化"，他说，"广开言路，让全社会参加进来，让每一个出版物都表现出人们常说的社会主义多元论，这样做有益得多。"① 从这时起，苏联共产党中央正式向资产阶级让出了社会主义意识形态自己的阵地。

到了1990年7月的苏共二十八大上，"舆论多元化"演变成为"意识形态多元化"，在苏共二十八大《走向民主的、人道的社会主义》的"纲领性声明"和新党章中，只笼统地提"创造性地发展马克思、恩格斯、列宁的遗产"，却对过去"教条主义盛行、不允许异己思想存在"的做法大加挞伐，把意识形态领域内坚持马克思主义的指导地位，贬斥为"意识形态的垄断主义"，不再提反对资产阶级意识形态，甚至还认为苏共只有"放弃对意识形态的垄断"才能实现真正的民主。在制度上对意识形态多元化的鼓吹和支持，为资本主义意识形态登台亮相搭好了大舞台。也正因为如此，许多学者都认为，社会主义苏联演变成今天一蹶不振的俄罗斯，是从意识形态领域开始，然后进入经济领域和政治领域的。②

3. 毫无保留、毫无限制的民主化和公开性，造成舆论宣传失控

民主化、公开性是戈尔巴乔夫"改革新思维"的特有标记和主要内容之一。戈尔巴乔夫早在1984年就任苏共中央总书记时的一次讲话中就详细地阐述过公开性问题，他认为"公开性是社会主义民主不可分离的一个方面，也是整个社会生活的准则。"在《改革与新思维》中，他进一步系统论述了实行民主化、公开性问题，把民主化、公开性看做苏联改革顺利进行的根本保障，

---

① ［苏］米·谢·戈尔巴乔夫：《改革与新思维》，世界知识出版社1988年版，第63页。

② 吴易风：《俄罗斯经济学家谈俄罗斯经济和中国经济问题》（上），《高校理论战线》1995年第11期。

反复强调民主的重要性，认为"只有通过民主和依靠民主，改革本身才有可能。""应该把民主的潜力充分发挥出来"①，"更多的社会主义，有更多的民主、公开性"②，"社会主义民主越多，社会主义就越多"③；强调要"扩大社会生活各个领域的公开性、批评和自我批评"④；定义"公开性是社会主义的本质属性"⑤；认为历史问题不应该留下"空白点"和"禁区"，实行"彻底的公开性"，"任何事实——不论是今天的痛点，还是过去历史上的某些不幸事件——都可以作为报刊分析的对象。"⑥ 1988 年 1 月，在同新闻出版和理论界负责人谈话时，戈尔巴乔夫甚至提出，"我们主张毫无保留，毫无限制的公开性。"

苏共领导人提出以民主化、公开性来改革苏联社会僵化的政治体制，想通过民主化、公开性来培养人民群众的主人翁意识，调动人民群众对社会主义改革的积极性、主动性和创造性，无论从字面上还是从理论上看，都是合理的。

但问题在于，长期以来，苏联官方对舆论工具和文化领域统得过死，管得过严，公民言论自由受到严格控制，经济发展又不能满足人民群众的基本生活需要，人民群众的逆反心理已经在慢慢积聚。戈尔巴乔夫们却"过于迷信群众的自发性，对苏联社会自觉接受马克思主义和社会主义思想的程度估计过高，而对苏共历史上大量错误做法给社会造成的心理创伤估计不足。"⑦ 当毫无保留、毫无限制的民主化和公开性一出台，人民压抑已久的对社会现实的不满情绪，犹如脱缰野马呼啸而出，为形式和激情所左右，不由自主地卷入揭露、批判苏共的政治运动之中，社会上掀起了一股来势凶猛的否定历史、否定苏共、否定社会主义的历史虚无主义思潮。

然而苏共并没有及时地扭转这种混乱局面。相反，1990 年 6 月 12 日，苏联最高苏维埃通过苏联报刊和其它大众新闻媒介，以法律的形式确认了意识形态多元化、新闻出版自由的原则，主动放弃了马克思主义新闻媒介的党性原则，放弃了党对新闻媒体的领导，允许私人、各党派团体和外国人办报。这就

① ［苏］米·谢·戈尔巴乔夫：《改革与新思维》，世界知识出版社 1988 年版，第 21 页。

② ［苏］米·谢·戈尔巴乔夫：《改革与新思维》，世界知识出版社 1988 年版，第 25 页。

③ ［苏］米·谢·戈尔巴乔夫：《改革与新思维》，世界知识出版社 1988 年版，第 50 页。

④ ［苏］米·谢·戈尔巴乔夫：《改革与新思维》，世界知识出版社 1988 年版，第 23 页。

⑤ ［苏］米·谢·戈尔巴乔夫：《改革与新思维》，世界知识出版社 1988 年版，第 43 页。

⑥ ［苏］米·谢·戈尔巴乔夫：《改革与新思维》，世界知识出版社 1988 年版，第 64 页。

⑦ 许新等：《超级大国的崩溃——苏联解体原因探析》，社会科学文献出版社 2001 年版，第 230～231 页。

使舆论工具纷纷落入形形色色的反对派手中，苏共的思想舆论阵地在"8·19"事件之前就丧失殆尽，甚至为各种反共反社会主义思潮提供了大本营。如经过苏联国家报刊委员会登记的全国性报刊有 1800 种，而苏共掌握的仅有 27 种，占 1.5%。① 即使这些由苏共控制的报刊，其舆论导向也是不鲜明的，社会主义方向也不坚定，违背了新闻媒介应是党和人民的耳目喉舌的历史责任。这样，整个新闻舆论媒体几乎都被自由主义控制了，各种宣扬资本主义制度和资产阶级价值观的文章都粉墨登场；一部部否定和污蔑社会主义制度的被禁作品相继问世；一件件冤假错案的案情文章在报刊上屡见不鲜。在这种舆论导向的影响下，民族主义、分裂主义与反共、抛弃苏联、追求独立等各种思潮汇集一起，最终冲垮了苏共意识形态的堤岸，西化思潮、民族势力取得了胜利。②

意识形态的多元化，毫无保留、毫无限制的民主化和公开性运动，使苏共（还因为本身的日益腐化变质）陷入了严重的信任危机，引发了社会上非政治组织的成立，直接导致政治多元化与多党制。苏共二十八大的纲领性声明中，"赞同"放弃苏共的"政治垄断地位"，"把政权转交给苏维埃"，"赞同"政治多元化和多党制。从此，苏共在国家政权体制和权力结构中的领导地位和领导作用完全丧失。

4. 以"新自由主义"指导经济转轨

由于苏共领导人一直将计划等同于社会主义制度，将市场等同于资本主义制度，所以，他们认识不到社会主义市场经济理论的缺失，是经济体制改革几经失败的症结所在。苏联经济学家对社会制度与具体运行机制之间的关系的分析也普遍存在认识误区。1991 年由俄英两国经济学家共同主持的一项调查研究中，当问及"市场是调节经济生活的最佳机制吗"，95% 的苏联经济学家表示同意，而表示同意的英国经济学家只有 66%，100% 的苏联经济学家都认为"私有制是市场的必要条件"③。

基于这一错误认识，包括东欧在内的大多数社会主义转型国家，对西方市场经济普遍存在着一种幻想，认为一旦抛开社会主义就可以进入市场经济，这

① 中共中央党校科研部东西方政党和文化比较研究中心：《苏共的失败及教训》，中共中央党校出版社 1994 年版，第 171 页。

② 张树华：《当代俄罗斯政治思潮》，新华出版社 2003 年版，第 110～111 页。

③ ［美］大卫·科兹、弗雷德·威尔：《来自上层的革命——苏联体制的终结》，中国人民大学出版社 2002 年版，第 94 页。

种向自由市场经济过渡的激进主张与"华盛顿共识"中的快速私有化原则一拍即合。以新自由主义为主旨的"华盛顿共识"一出笼之后，被迅速应用到俄罗斯和其它东欧国家，内容大体包括：（1）市场和内外贸易快速自由化，"快速而全面地消除价格监督"，"尽快转向开放的、非集中的监督和货币体系"；（2）向外国，首先向西方国家全面开放国内市场，尽可能多地争取西方国家的投资和贷款；（3）制定保护私有制的法律，颁布私有化法；（4）国有企业全盘私有化。国有小企业逐个出售，国有大企业先转变为国家拥有全部股票的股份公司，然后再不断降低国家持股比重，直至全部卖光，尤其是多给党政官员股票。① 这样，即使过去是市场经济最坚决的反对者，在利益面前也成为新制度下改革进程的急先锋。苏东原社会主义国家不可避免地走向了全面资本主义化的道路。

苏东剧变既是国际共产主义运动史上的重大挫折，也是人类历史的悲剧。前车之覆，后车之鉴，我们从意识形态角度分析总结苏共垮台和苏联解体的原因，从中吸取的教训可以用两句话来概括：一方面必须在意识形态领域坚持马克思主义的指导地位；另一方面要从苏东剧变中更加清醒认识全球主义的本质，以及盲目认可全球主义、淡化社会主义意识形态的危害。

二、全球主义对当代中国可能产生的危害

1. 消解马克思主义在意识形态领域的指导地位

一般来说，在社会发生剧烈变革和转型时期，往往是各种意识形态最为活跃的时候。因为过去相对稳定的社会结构和利益关系的破裂和重组，新的利益要求和社会阶级、阶层得以生产和再生产，代表不同阶级、阶层利益的政治思想文化，必然进行短兵相接式的较量。另外，转型时期的政治、法律等诸意识形态领域都会出现一些空档和断裂，如何维护自身的主导地位，将是主流意识形态在此时期的核心任务。

当下中国正处在历史上前所未有的剧烈转型期，国内积极进行市场经济体制改革，对外则主动融入经济全球化进程，社会主义意识形态因此而受到如下几方面力量的挑战。（1）利益关系在分化和重组。改革开放前建立的整个社会利益共同体已经分化，社会分层日益复杂化，与这种利益分化局面相适应的是，代表不同社会阶层的各种意识形态的纷纷出现。（2）国门的洞开和各种

---

① 参见田春生：《论俄罗斯经济转型前 10 年的政策失败及其原因》，何秉孟主编：《新自由主义评析》，社会科学文献出版社 2004 年版，第 252～253 页。

国际交流的增加，为全球主义意识形态的入侵和滋生创造了条件。全球主义凭借自身的美丽包装，以及国人因陌生而对之产生的好感①，因而具有较强的渗透力。（3）市场经济行为作为以赢利为唯一目的的工具理性行为，必然努力在消费者中培养消费主义的消费观念，通过刺激甚至建构消费者的某些消费欲望来实现产品生产和销售的最大化，从而实现赢利目的。

在社会转型期，意识形态领域的多元化现象的出现，恰恰是马克思主义作为社会主导意识形态的地位削弱的表现。

在民族国家和世界的关系上，马克思主义意识形态从来不是简单地否认民族国家或者国际主义的合法性，而是强调国际性与民族性的统一。② 正如前文所引印度学者玛丽·约翰的观点：社会主义是保护国家主权和底层人民利益的重要武器。因此，如果承认全球主义关于世界政府的说辞，实际上就否定了马克思主义的国家学说和国际关系思想，是对中华民族的民族认同和国家认同的消解。

消费主义在中国的影响已非常明显。这不仅反映在各种广告宣传上，更反映在各种电视、电台、报刊和因特网对吃、喝、玩的高度关注上，表现在对美女经济的追捧上。如果放任消费主义大行于世，必将全面消解社会主义意识形态对理想、信念的强调，消解中国传承数千年的独特文明。

从上述角度看，说西方资产阶级所彰显的全球主义意识形态，正在同中国以马克思主义为指导的社会主义意识形态争夺阵地一点也不过分。因为，"意识形态领域，社会主义思想不去占领，资本主义思想就必然去占领。这是一个真理。"③ 如果我们违背了这一真理，丧失对西方意识形态反马克思主义本质的警觉，而无鉴别地认可和呼应垄断资产阶级意识形态的全球主义版本，认为全球主义意识形态是"全球化时代意识形态发展的新趋势"，并自觉地"顺应"这一"时代潮流"④，那么必然导致意识形态领域内"马克思主义过时论"、"社会主义过时论"的盛行，剥夺马克思主义在我国意识形态领域的指导地位，对此我们应当保持高度警惕。

---

① "距离产生美"是一种被普遍接受的心理，也是一条重要的传播理论。
② ［苏］莫德尔任斯卡娅：《世界主义是奴役各国人民的帝国主义思想》，蔡华五译，商务印书馆 1962 年版，第 145 页。
③ 《江泽民论社会主义精神文明建设》，中央文献出版社 1999 年版，第 256 页。
④ 陈永亮：《全球化时代的意识形态变革》，《太平洋学报》2003 年第 1 期。

2. 使市场经济体制改革偏离社会主义方向

新自由主义的流行已经在亚洲、拉丁美洲以及原苏东地区的许多国家产生了极其严重的危害。

在中国，私有化的实质就是把过去几十年积累起来的庞大的国有资产转化为私人资产，造成社会主义制度的经济基础丧失，共产党的执政基础的丧失，广大人民群众的基本生活保障的丧失，整个社会陷入贫富两极分化的困境之中。

对于这种后果，邓小平一直目光如炬，洞察得一清二楚："如果走资本主义道路，可能在某些局部地区少数人更快地富起来，形成一个新的资产阶级，产生一批百万富翁，但顶多也不会达到人口的百分之一，而大量的人仍然摆脱不了贫穷，甚至连温饱问题都不可能解决。只有社会主义制度才能从根本上解决摆脱贫困的问题。所以我们不会容忍有的人反对社会主义。"①

把中国完全纳入世界市场的后果与完全私有化的后果是一样的。因为中国的经济发展水平还很低，无法抵抗国外廉价产品潮水般的涌入，必然造成大量民族工业的破产和大量的下岗失业人员。而且，当我们把所有的希望都寄托于跨国公司的资本时，也就是把命运交给了它们。从本质上看，跨国公司的根本目的是最大限度地牟利，因此，正如下文将指出的，把中国等发展中国家变成它们的殖民地正是其实现最大利益的最佳手段。所以，跨国公司和垄断资本一旦控制我国经济命脉，就必然会为着自身的利益而毁坏我国的经济命脉。

新自由主义鼓吹的完全市场化和完全私有化总是相伴而来、同时发生的，赞同新自由主义，只会使我国市场经济体制改革偏离社会主义方向，造成国家经济基础被破坏、民众普遍贫困化的后果。

美国学者大卫·科茨深入研究了苏联解体的原因，他认为，"按照新自由主义的观点，中国的继续发展必须打破政府对资本和商品流通的有效控制，把企业建立在私有制基础上。我认为这是错误的，要知道，美国的自由主义模式不会给中国带来什么好处的。据我研究，凡是过去实行计划经济和公有制国家，一旦采纳新自由主义模式，实现完全的市场化和私有化，最多只能成为发达资本主义国家的附庸。"② 中国人民大学吴易风教授说："如果我们丧失警惕，听任新自由主义泛滥下去，误导我国的改革开放，公有制在国民经济体制

① 《邓小平文选》第 3 卷，人民出版社 1993 年版，第 208 页。

② ［美］大卫·科茨：《一位美国学者对苏联解体的分析》，《真理的追求》2000 年第 7 期。

中的主体地位就会丧失，那样社会主义市场经济就会蜕变为资本主义市场经济，这是多么危险的情景啊！"①

3. 挑战中国共产党的执政地位

所有政党都与意识形态有着天然的联系②，意识形态的每一种功能都与政党直接或间接相关。列宁曾经指出，"意识形态把政党当作自己的物质武器，任何政党的产生和存在都有自己的意识形态前提，从逻辑上说，先有意识形态和意识形态认同才可能有政党"；不仅"主义政党"如此，"选举政党"也如此，"如果一个政党没有自己的一整套思想、理论、主张和政策，或者说它的这一套东西与别的政党毫无两样，它就会失去存在的基础和理由。"③ 对于执政党而言，意识形态的功能更是得到了明显的彰显，它既必须表征该政党的独特世界观和价值观以区别于其他政党，又必须明白无误地向世人展示它代表着绝大多数人的利益，以赢得最大多数人对它的执政行动的支持；既要阐明该党的执政能力以及基本的方针政策，又要能说明其社会政治理想；总之，意识形态是一个执政党的"合法性"理论、思想和价值的来源，对一个执政党的意识形态的颠覆，也就是对其执政"合法性"的否定。所以，"一个政党合法性危机的起点是党员对本党的纲领和章程所确立的世界观和价值观发生动摇和转移，这是对执政党合法性提出的最严峻的挑战。"④

上文已经指出，全球主义作为意识形态，无论其表现为新自由主义还是表现为消费主义，都是与我国以马克思主义为指导的社会主义意识形态直接对立的。因此，作为资产阶级文化冷战和新殖民主义策略的一部分，全球主义意识形态在我国的传播必然造成社会主义意识形态的消解和中国共产党执政的合法性危机。这种危机首先表现在全球主义对中国共产党执政的根本指导思想马克思主义的冲击上。不仅如此，由于具体的和共同的国家观念是一个党执政的政治基础，所以如果广大民众接受了全球主义意识形态，首先就会导致民族认同和国家认同的丧失，民族虚无主义滋生，从而消解中国共产党的政治基石。中国共产党是代表最广大人民的根本利益的，而这种代表实现的基础是公有制在国民经济结构中的主体地位。如果没有公有制在国民经济体系中的主体地位，也就没有广大人民群众参与国家和社会事务管理的经济基础，也就没有广大人

---

① 吴易风：《和青年朋友谈谈新自由主义》，《中华魂》2004 年第 1 期。

② 徐绍刚：《执政党与意识形态》，《政治学研究》2003 年增刊。

③ 转引自徐绍刚：《执政党与意识形态》，《政治学研究》2003 年增刊。

④ 徐绍刚：《执政党与意识形态》，《政治学研究》2003 年增刊。

民群众利益的实现，而如果没有最广大人民群众的根本利益作为基础，共产党不但会丧失其本质特征，执政地位也得不到广大人民群众的支持和认可，从而丧失群众基础，丧失其执政的合法性。

4. 淡化民族认同，削弱民族凝聚力

一个国家的主流意识形态必然是国家特性的载体，是民族认同的根本归依。① 建构属于本民族和本国家的共同的意识形态是每一个现代民族国家的自觉行动。

社会主义意识形态，是我们党代表最广大人民的根本利益、统一思想、凝聚全民族力量进行中国特色社会主义现代化建设和实现中华民族伟大复兴的精神支柱和思想动力，是在我国长期的革命和建设过程中逐渐形成和不断完善的。

在当今世界多元文化相互交流、相互渗透的经济全球化条件下，我们党自觉地破除思想的禁锢，与时俱进，积极地参与经济全球化，在文化的相互交流、竞争中发展和创新马克思主义，创新中华民族的优秀文化传统，这对于保持马克思主义的生命力、增强民族自信心和促进全世界华人的民族认同，实现中华民族的伟大复兴具有毋庸置疑的积极意义。

但是，在世界文化交流过程中，作为意识形态的全球主义会不可避免地对我国的马克思主义、社会主义文化和优秀传统文化进行冲击，对我国社会长期培育出来的社会主义信念以及在历史长河中积淀而成的中国特色进行消解。这种冲击主要表现在：通过鼓吹民族国家过时论，淡化我国民众的民族主义与爱国主义情结；通过鼓吹个人主义，淡化我国文化传统中的集体主义；通过鼓吹消费主义，创造物欲横流的社会环境，淡化中华民族艰苦奋斗的意志；通过鼓吹媚洋主义，抵消国民对民族工业的保护和支持；通过指责中国政府强化民族主义教育，逼迫中国人民放弃爱国主义的自我教育。

而我们非常清楚地知道，当今国际的竞争就是综合国力的竞争，一个民族、一个国家的精神信仰的崩溃，就意味着失去了凝聚力、生命力和国际竞争力。因此，如何在不断融入全球化潮流的同时，努力保护和彰显我们民族和国家的独特的文化传统，保存民族认同和爱国主义，是当前我国意识形态建设的一个十分重要的课题。

① ［美］塞缪尔·亨廷顿：《我们是谁？》，程克雄译，新华出版社2005年版。

5. 搅乱思想认识，扰乱社会秩序

意识形态是维护社会稳定和秩序不可或缺的重要力量。作为政治和道德规范，意识形态起到了整合社会的作用，作为价值体系，它又起着调动社会成员的积极性和创造力的作用。

在近代以前的中国，非常素朴的自然崇拜和伦理崇拜心理维持了中国两千年的历史运行轨迹。新中国成立以后，共产主义理想成为我们的"精神支柱"①。在这一理想信念的感召下，中国人民自觉地加入到中国特色社会主义现代化建设行列，为实现人人平等的共产主义社会而奋斗，营造了生机勃勃的社会主义建设氛围。我们自觉地以共产主义的意识形态为视角和方法来分析、处理现实生活中遇到的各种问题和挫折，从而有效地缓和了社会矛盾，保持了一个安定团结的政治局面。当前，中国正处在前所未有的战略机遇期，只有好好利用这一历史机会，抓住"发展"不动摇，才能把社会主义现代化建设推向一个新的历史阶段。一个稳定的社会环境对于中国的发展至关重要。正是在这个意义上，邓小平提出稳定压倒一切。而保持意识形态领域的统一性和稳定性，则是保持社会稳定的重要条件之一。

全球主义是以反马克思主义、反社会主义、反中国强大为目的的资产阶级意识形态，是与社会主义意识形态持相反取向的。作为一种政治思潮，它鼓吹超阶级的"宪政民主"，宣称"宪政主义正是现代政治文明的精华"②，并据此要求取消共产党的领导，实行西方式的多党制、议会民主制。作为一种经济思潮，它把市场经济体制改革抽象成"全面私有化"，怂恿弱势的发展中国家放弃自我保护政策，实施"全面开放"政策。作为一种价值观念，它要求人们只从自我利益出发看待社会问题。事实上，这些宣传已经在世界各地造成了严重的社会动乱：从政治上看，出现了苏联和东欧社会主义国家的垮台，从经济上看，则有世界各地人民反抗新自由主义的各种社会行动大肆而起。1994年1月1日，墨西哥的萨帕塔民族解放军在北美自由贸易协定生效之日宣布起义；20世纪90年代中期，巴西农民展开夺地运动，抗议政府代表大农场主出口集团的利益，牺牲中小种植者、无地农民和农业工人的利益；厄瓜多尔出现了反抗新自由主义改革的土著人联盟。在中国，全球主义内含的自由化思潮也

---

① 《邓小平文选》第3卷，人民出版社1993年版，第137页。

② 沙健孙：《坚持马克思主义的指导地位反对西式教条主义》，《马克思主义研究》2004年第5期。

曾数次破坏我国安定团结的政治局面，如1989年春夏之交的动乱。

前车之履，后车可鉴。全球主义已经成为一种伪装得十分巧妙的资产阶级意识形态，并以"全球化"浪潮为掩护，其真实面孔更难被识破，其破坏性也更加隐秘和巨大。在这种背景下，邓小平十几年前提出的警告仍言犹在耳："自由化思潮一发展，我们的事业就会被冲乱。总之，一个目标，就是要有一个安定的政治环境。不安定，政治动乱，就不可能从事社会主义建设，一切都谈不上。"①

6. 使中国沦为发达资本主义国家的附庸

西方强势国家宣传和推行全球主义意识形态的根本目的，是在新的社会历史情境中实现对广大发展中国家的重新控制。与传统的依靠坚船利炮和血腥掠夺的旧殖民主义政策不同，他们会以"全球化"为武器：一方面努力校正"全球化"的发展方向，另一方面又把"全球化"建构成一种客观的社会历史潮流，在舆论上引导广大发展中国家主动融入"全球化"过程之中，主动打开国门，降低关税，撤销各种自我保护机制，出让部分国家主权，迎接跨国资本的全面入驻，最终心甘情愿地沦为跨国资本逐鹿的利益战场。

这种政策在一些国家和地区已经取得了成果，这些国家在全球化时代的遭遇对于中国来说就是最大的警钟。（1）中国经过30多年的改革开放，综合国力有了举世瞩目的提高，成为世界多极化格局中的重要一极，成为美国维护其世界霸主地位的最大的潜在挑战者之一。因此，遏制中国，防止中国的迅速强大，是美国政府和其他发达资本主义大国一贯的立场和政策。（2）中国人口众多，幅员辽阔，既是一个庞大的廉价劳动力资源国，又是一个庞大的消费市场，抢占中国国内市场，控制中国的经济主权，是跨国公司实现其赢利目标的最佳选择。（3）从中国的经济和技术发展水平的现状看，我国当前的经济增长质量还很低，还需要依靠大量跨国资本的支持，科学技术对生产力的贡献也非常有限，还没有足够的实力在国际市场上与发达国家一争高低，中国要在国际市场上占据理想份额还需要付出很多，正如邓小平所说，"现在国际市场已经被占得满满的，打进去都很不容易。"② 因此，中国不得不大力吸收外来投资。（4）最为重要的是，中国是一个具有发展中大国和社会主义国家双重身份的国度，在意识形态上与西方强势国家具有根本差异，中国社会主义建设的

---

① 《邓小平文选》第3卷，人民出版社1993年版，第124页。
② 《邓小平文选》第3卷，人民出版社1993年版，第311页。

成功时时处处威胁和否证着美国等西方强势国家的意识形态和社会制度的合理性。

在上述因素作用下，美国等西方国家一直把中国视为其首选目标，希望通过控制中国的经济命脉而左右中国的经济发展前景，改变中国的社会政治制度，化解中国对其霸权地位的潜在威胁。

在新殖民主义的实现方式上，这些国家一方面利用中国不得不参与经济全球化进程的机会，操纵各种国际组织、制定一整套有利于扩大自身利益和利润的所谓"国际规则"，逼迫中国政府在国家利益问题上妥协；另一方面大力鼓吹新自由主义，要求中国政府最大限度地降低外资进入条件，在国内实现全面私有化；同时还鼓吹人权高于主权，利用国际人权组织等限制中国发展。21世纪以来，美国和日本更是不断制造并大肆散布"中国威胁论"，极力诋毁中国的"和平崛起"战略。而这种局面的出现，恰恰从另一个角度证明了邓小平的断言："如果我们不坚持社会主义，最终发展起来也不过成为一个附庸国，而且就连想要发展起来也不容易。""为什么说我们是独立自主的？就是因为我们坚持有中国特色的社会主义道路。否则，只能是看着美国人的脸色行事，看着发达国家的脸色行事。"① 如果民族独立性都难以维持，又遑论民族复兴呢？

---

① 《邓小平文选》第 3 卷，人民出版社 1993 年版，第 311 页。

第五章

中国社会主义意识形态建设的指导原则与举措

在前文中，我们对全球主义的本质及其对我国社会可能造成的危害做了比较详细的论述。现在，我们必须慎重思考的问题是如何在"全球化"背景下保持中国文化的自主性和独特性，而不是被强行纳入由西方强势资本主义国家主导的所谓"世界文明主流"的话语和价值体系中去。概而论之，我们可以从两个角度回答这个问题：一方面就是加强对全球主义意识形态的防范意识和能力，免受全球主义意识形态的侵蚀；另一方面就是努力加强社会主义意识形态建设，提升自身的吸引力和解决问题的能力，以获得相对于全球主义意识形态的比较优势。说到底，这两方面的努力又是纠缠在一起的，都取决于我们建设社会主义意识形态的能力和建设成果。这样，最为根本的问题就呈现出来了：我们应该建设一种什么样的社会主义意识形态，如何建设这种意识形态？

第一节 建设中国特色社会主义意识形态的基本原则

一、服务于中国特色社会主义现代化建设

当代中国最紧要的实际任务是：进行中国特色社会主义现代化建设，实现中华民族的伟大复兴。意识形态在社会系统中的功能决定了社会主义意识形态建设既是这项伟大工程的重要组成部分，又是引导和推动这项伟大事业的重要因素。因此，服务于中国特色社会主义现代化建设应该成为我们建设社会主义意识形态的根本出发点；是否有利于中国特色社会主义现代化实践的推进，是评价我们的意识形态建设是否成功的唯一标准，正如有学者所言，"离开了建

立中国特色社会主义实践，文化建设就会丧失评判标准。"①

服务于中国特色社会主义现代化建设大局的社会主义意识形态建设，需要把握好以下三个方面。

首先，必须彰显经济建设的中心地位，必须强调发展社会主义生产力，提升国家综合国力的重大现实意义。这既是社会主义的本质要求，也是由中国建设社会主义的现实国情决定的。我国是在贫穷落后的基础上建设中国特色社会主义。不可否认，从时间向度上看，社会主义制度的建立使中国人民的生活水平相较新中国建立前有了极大的改善。但是，随着时间的推移，人民的比较视角自然而然地从纵向向度转向横向向度，即把中国与发达资本主义国家相比。在这个时候，如果社会主义依然是贫穷的，就必然会使人民对社会主义制度的优越性产生怀疑，尤其是那些没有经历过旧社会的年轻一代，很可能深深地卷入"对前辈人所作的社会主义道路选择的认同，或再选择的过程之中"②。

有鉴于此，邓小平曾严正地指出，"不坚持社会主义，不改革开放，不发展经济，不改善人民生活，只能是死路一条。"③ 正是在这种思路引导下，党的十一届三中全会果断结束了"以阶级斗争为纲"的时代，确定了"一个中心，两个基本点"的基本路线，强调必须以经济建设为中心，扩大和深化改革开放。其后，邓小平又将社会主义的本质概括为"解放生产力，发展生产力"。江泽民的"三个代表"重要思想继承与发展了上述思想，明确提出中国共产党要"代表中国先进生产力的发展要求"。在深入学习贯彻科学发展观的新的历史时代，新一届中央领导集体强调要坚持发展为第一要义，着力把握发展规律、创新发展理念、转变发展模式、破解发展难题。

由此可见，以经济建设为中心，不断解放和发展生产力，提高国内生产力水平，提升国家综合国力，是符合社会主义现代化建设要求的最大的"意识形态"。事实上，只有经济发达了，生产力水平提高了，综合国力增强了，社会主义制度的优越性才可以得到呈现，其他意识形态的迷局才会不攻自破。

其次，建设服务于中国特色社会主义现代化建设大局的社会主义意识形态，必须促进物质文明、政治文明、精神文明和生态文明的协调发展。无论是"社会主义"还是"现代化"，都是系统性概念，强调政治、经济、文化、生

① 秋石：《民族复兴中的文化使命》，《求是》2004 年第 6 期。

② 李崇富：《较量：关于社会主义历史命运的战略沉思》，当代中国出版社 2000 年版，第 345 页。

③ 《邓小平文选》第 3 卷，人民出版社 1993 年版，第 370 页。

态的协调发展。社会主义现代化建设，并不单指经济的增长或者物质文明的进步，而是一个包括物质文明、政治文明、精神文明和生态文明在内的综合性范畴，建设社会主义现代化事业的过程，就是四者共同协调发展的过程。因此，在我国社会主义意识形态建设问题上，我们一方面必须坚持"以经济建设为中心"的观点，另一方面又必须反对任何只及其一而不计其余的片面认识和做法，强调政治文明、精神文明、生态文明三个文明建设同物质文明建设的协调发展，把这四个文明作为社会主义现代化的四块基石。

最后，要真正实现支持社会主义现代化建设的目的，社会主义意识形态建设不仅要在理论上不断强化和完善上述观念，同时还要努力营造一种社会文化氛围，使人民群众都能够自觉地接受社会主义意识形态彰显的内容，并自觉地按照社会主义意识形态所指引的方向行动。唯有如此，理论层面的意识形态才能化为社会主义公民在实践层面上的精神动力。

二、坚持以马克思主义为指导

"坚持马克思主义在意识形态领域的指导地位"，是我国意识形态保持其社会主义性质的根本途径。① 邓小平曾经非常明确地指出，"老祖宗不能丢，丢了，就不是马克思主义了，就变成别的什么主义了。"②

坚持马克思主义，就是坚持用马克思主义的立场、观点、方法指导社会主义意识形态建设。马克思主义创始人不仅创立了马克思主义这门学说，而且告诉我们应该怎样对待他们的学说。恩格斯在致威·桑巴特的信中教导说："马克思的整个世界观不是教义，而是方法。它提供的不是现成的教条，而是进一步研究的出发点和供这种研究使用的方法。"③ 在致保·恩斯特的信中，恩格斯也提醒道："如果不把唯物主义方法当作研究历史的指南，而把它当作现成的公式，按照它来剪裁各种历史事实，那它就会转变为自己的对立物。"④

坚持马克思主义就必须在实践中不断发展马克思主义。马克思主义认为，社会存在决定社会意识，理论不外是历史实践的外在表现。这个命题蕴含着理论要随着实践的发展而发展，随着历史的前进而前进的重要观点。正如恩格斯所说："我们的理论是发展着的理论，而不是必须背得烂熟并机械地加以重复

①《中共中央关于加强党的执政能力建设的决定》，《人民日报》2004 年 9 月 19 日。

②《邓小平文选》第 3 卷，人民出版社 1993 年版，第 292 页。

③《马克思恩格斯选集》第 4 卷，人民出版社 1995 年版，第 742~743 页。

④《马克思恩格斯选集》第 4 卷，人民出版社 1995 年版，第 688 页。

的教条。"① 邓小平亦指出，"不以新的思想、观点去继承、发展马克思主义，不是真正的马克思主义者。"② 马克思主义只有将自身置于人类历史和人类认识发展的长河之中，不断吸取、消化历史发展提供的材料，不断扬弃过时的、不正确的成分，才能不断丰富与发展自己，才能保持旺盛的生命力。纵观马克思主义160多年的历史，就是一部自我校正、自我更新、与时俱进的历史。这种与时俱进的理论品格，使得以马克思主义为指导的中国共产党，能够不断地把中国革命、建设和改革的鲜活经验提升为理论，形成了毛泽东思想和中国特色社会主义理论体系，生动而具体地坚持和发展了马克思主义，用发展着的马克思主义引领中华民族的伟大复兴。

发展马克思主义，必须在坚持马克思主义的基本立场、观点和方法的基础上进行，不能偏离马克思主义的轨道。必须破除两种错误倾向：一种是前文所述的迷信马克思主义经典作家的个别结论、个别字句的教条主义做法，只在这些细枝末节上做文章，而不关心对马克思主义基本原理不断诠释和发展；另一种是打着发展马克思主义的旗号，做的却是违背马克思主义的事情，把马克思主义引向歧途。在世界共产主义运动史上，这两种现象屡次出现过，每一次都造成了非常严重的后果。

社会主义意识形态建设与马克思主义的发展，是一个辩证的、相互指涉的过程。马克思主义本身就是意识形态，是指导无产阶级进行共产主义革命和建设的思想旗帜。社会主义意识形态的建设实际上是一个按照马克思主义的基本要求不断发展和创新马克思主义的过程，而马克思主义的不断发展又为社会主义意识形态的建设注入了新的活力。

三、坚持"二为"方向与"双百"方针的统一

坚持"二为"方向与"双百"方针，是我们党对文化发展基本规律的高度概括，是对精神产品生产的基本要求，也是社会主义文化事业繁荣发展的重要保证，理应成为社会主义意识形态建设遵循的基本原则。

1. "为人民服务，为社会主义服务"：社会主义文化发展的根本方向

早在延安文艺座谈会上，毛泽东就明确提出："我们的文学艺术都是为人民大众的，首先是为工农兵的，为工农兵而创作的，为工农兵所利用的。"③

---

① 《马克思恩格斯选集》第4卷，人民出版社1995年版，第681页。

② 《邓小平文选》第3卷，人民出版社1993年版，第292页。

③ 《毛泽东选集》第3卷，人民出版社1991年版，第863页。

毛泽东的这一提法明确了文艺创作的出发点和落脚点，为文艺创作指明了方向。

社会主义意识形态建设作为社会主义文化建设的重要组成部分，也必须坚持"二为"方向。坚持"二为"方向实质上同社会主义意识形态建设应该以马克思主义为根本指导，以社会主义现代化建设的大局为根本目的是完全契合的。

这不仅因为意识形态具有鲜明的阶级性，而且任何思想理论工作，都不可避免地存在某种价值指涉和政治目的。"价值中立"只可以作为一种理想状态，却不能因此而认定某种思想理论可以在现实中做到。邓小平早在1941年就指出："各种势力的文化工作都是与其政治任务密切联系着的，所谓超政治的文化是不存在。"① 江泽民也曾明确强调："政治具体地存在于我们的社会生活中，存在于文艺工作者的思想感情中。特别是在面临西方国家经济、科技占优势的压力和西方意识形态渗透的情况下，所谓不问政治、远离政治是不可能的。"② 社会主义性质的意识形态，必须自觉地确立自己的服务对象，从而发挥意识形态对社会生活的正确导向功用。

坚持"二为"方向，决定了文化事业的发展始终要把社会效益放在首位。邓小平在1985年时明确指出，"思想文化教育卫生部门，都要以社会效益为一切活动的唯一准则。"③ 江泽民多次强调指出："在思想文化教育部门和所有从事精神产品生产或传播的企事业单位，都必须把社会效益摆在首位，在这个前提下讲求经济效益。"④"当经济效益同社会效益发生矛盾时，自觉服从社会效益。"⑤ 这些论述对保证我国的文化事业沿着"二为"方向顺利发展起到了重要的指导作用。

社会主义意识形态建设只有以"二为"方向为准绳，才能明辨是非，鉴别良莠，权衡利弊，度量得失，在吸收国外文化有益成果的同时，又能成功抵制全球主义意识形态的侵蚀，保证中国特色社会主义文化的健康发展。

2. "百花齐放，百家争鸣"：促进社会主义文化繁荣发展的基本方针

百家争鸣，反映的是春秋战国时代的学术繁荣盛况。当时，社会处于大变

---

① 《邓小平文选》第1卷，人民出版社1994年版，第22页。
② 《十四大以来重要文献选编》（中），人民出版社1997年版，第1745页。
③ 《邓小平文选》第3卷，人民出版社1993年版，第145页。
④ 《江泽民论社会主义精神文明建设》，中央文献出版社1999年版，第37页。
⑤ 《江泽民论社会主义精神文明建设》，中央文献出版社1999年版，第38页。

革时期，产生了各种思想流派，如儒、法、道、墨等，他们著书讲学，互相论战，出现了学术上的繁荣景象，后世称为"百家争鸣"。

"百花齐放、百家争鸣"作为一个完整的口号，则是中国共产党领导文学艺术、科学研究工作的基本方针。这一方针是党在指导文艺工作和科学研究的实践中逐步摸索出来的。1956 年 4 月 28 日，在中共中央政治局扩大会议上，毛泽东第一次完整地提出，艺术问题上的"百花齐放"和学术问题上的"百家争鸣"，应该成为我国发展科学、繁荣文学艺术的方针。1957 年 2 月，毛泽东在《关于正确处理人民内部矛盾的问题》的讲话中明确提出"百花齐放、百家争鸣"的方针。1957 年 3 月 12 日，在《中国共产党全国宣传工作会议上的讲话》中，毛泽东进一步系统地论述了"百花齐放、百家争鸣"的方针，并明确宣布"百花齐放，百家争鸣，这是一个基本性的同时也是长期性的方针，不是一个短暂性的方针。"自此，"百花齐放、百家争鸣"被确立为社会主义文化繁荣发展的基本方针。

坚持"双百"方针，符合人类认识规律和精神生产规律，也是马克思主义发展创新的内在要求。因为马克思主义既是科学真理，也是开放和发展的体系。这种理论品格，使得马克思主义从不惧怕批评并欢迎各种批评。可以说，马克思主义本身就是在同各种非马克思主义、反马克思主义的学说与流派的斗争中发展和壮大起来的。同样，马克思主义只有在开放的环境下，在与谬误的斗争中，在同非马克思主义、反马克思主义学说的争鸣中才能彰显其科学性和生命力，才能说服群众、掌握群众，并获得新的发展，才能实现马克思主义对哲学社会科学的指导作用，进而促进哲学社会科学研究事业的发展。从这个意义上说，"双百"方针不但不会削弱马克思主义的指导地位，还会加强马克思主义的理论说服力。

另一方面，马克思主义也是在与各学派相互切磋、相互批评、争奇斗艳中创新理论，得以发展的。今天，国外理论界活跃着众多的马克思主义理论流派，如分析的马克思主义、结构主义马克思主义、市场马克思主义、生态学马克思主义、女权主义的马克思主义、解释学马克思主义、解放神学的马克思主义，等等。所有这些流派都涉及马克思主义哲学观念，但并不是每个派别都把马克思主义哲学当作主题来论述。这些不同流派从不同的角度、不同的方法来观察事物，得出的结论也必然存在差异。恰恰是各种学派之间的比较、鉴别、探讨和争鸣，在实践中认识真理、服从真理、发展真理，才推动了马克思主义的发展壮大。

坚持"双百"方针与坚持以马克思主义为指导是辩证统一的。我们坚持以马克思主义作为立党立国的根本指导思想，坚决反对指导思想的多元化，绝不是说在哲学社会科学中只允许一个学派、一种观点存在，只允许用一种声音说话，而是指哲学社会科学必须在马克思主义的立场、观点、方法的指导下发展。如果"双百"方针与马克思主义的指导割裂开来、对立起来，妄图取消或者故意忽视马克思主义的指导作用，采取放任自流的"自由化"方针，即我想说什么就说什么，想怎么说就怎么说。那就是对"双百"方针的极大误解。任何社会都不存在绝对的自由，一种言论的自由必然伤害另一种言论的自由，一个个体的绝对自由必然以其他个体的绝对不自由为代价，所以，科学哲学家波普尔指出不受限制的自由将击溃其自身，这就是"自由的悖论"①。

在社会主义意识形态建设中，必须坚持"二为"方向与"双百"方针的辩证统一。"二为"方向是社会主义意识形态建设的总目标和总方向，"双百"方针是实现这一目标的必由之路。只有一方面牢牢把握"二为"方向的价值判断标准，另一方面坚持"百花齐放、百家争鸣"的方针，繁荣和发展社会主义文化，才能实现社会主义意识形态的发展、创新。

四、坚持主导性与多样性的辩证统一

"社会的一元价值导向与个体的多元价值取向同时并存，是社会发展的一个普遍现象。"② 这是因为任何社会的统治阶级为了维护自身的统治地位、协调社会各阶层之间的矛盾、保持社会的稳定发展，必须把代表自身利益的意识形态上升为全社会的意识形态，对其他各种价值取向进行统摄和抑制。但是由于不同个体和群体所处的社会地位和境遇不同，其利益需求不一样，价值取向必然也是不一样的。

在认识到意识形态领域主导性与多样性普遍并存的必然性的同时，我们更要注意到当代中国意识形态领域内的这种主导性与多样性并存局面的特殊性。一方面，社会主义意识形态必须处于主导地位，个中原因如下。（1）人民民主专政的国家性质决定了必须坚持社会主义意识形态的主导地位。在这样的国家里，意识形态必须是为维护和实现广大劳动人民的利益服务的，这与社会主义意识形态坚持的利益取向是一致的。（2）坚持公有制的主体地位决定了我

---

① ［英］卡尔·波普尔：《开放社会及其敌人》第 2 卷，中国社会科学出版社 1999 年版，第 199 页。

② 许志功：《关于坚持马克思主义指导地位的几个问题》，《前线》2004 年第 6 期。

们必须保持社会主义意识形态的主导性。坚持公有制为主体，使国家和政府能够根据广大劳动者的根本利益要求和社会经济发展的要求，有效实施宏观调控，促进社会主义市场经济的高效运行和生产力的迅速发展，从而保证广大人民利益的实现。这决定了我们只有坚持社会主义意识形态的主导地位，才能维护公有制主体地位不动摇。（3）坚持共产党的领导决定了我们必须坚持社会主义意识形态的主导地位。中国共产党自成立的时候起，就把马克思主义写在自己的旗帜上，作为党发挥先锋模范作用和战斗堡垒作用的科学指南。为保证共产党始终是中国革命和社会主义建设事业的合格的领导者，我们必须坚持社会主义意识形态的主导地位。

同时，我们也要清醒地认识到意识形态领域内多样性现象的存在是一个不争的事实。改革开放 30 多年来，中国社会发生了巨大转型，由于社会的生产方式、分配方式和人们的价值观念、思维方式、生活方式、交往方式都发生了重大变化，人们的社会生活和文化生活呈现出千姿百态的生动局面。因此，科学地把握意识形态领域内主导性与多样性并存的辩证关系，事关我国社会发展的大局。对此问题，郑永廷教授做了比较详细的阐述。

首先，要坚持主导性前提下的多样性。坚持社会主义意识形态的主导性是前提、是根本，主导意识形态要有一以贯之的坚持性、发展性，不能模糊、动摇，不能放弃、否定，更不能停滞。否则，意识形态领域的方向、性质就会发生偏差甚至错误，过时、保守的意识形态无力主导日益发展变化的多样化思想观念。在坚持主导性的同时，也要发展多样性，多样性是为了丰富、充实主导性。否定多样性、主导性内容的意识形系就会变得抽象、单一。

其次，坚持多样性的主导性。在选择、利用多样的思想观念时，一定要坚持主导性，否则，就会发生两种偏向：一是以多样性冲击、淹没主导性。这种现象缺乏主导性内容的支撑、统领，主张指导思想的多元化，或在学术上把各种思想观念简单地拼凑在一起，名义概念多，旁征博引不少，看起来很丰富，但价值取向不明确，甚至不知所云、相互矛盾。二是以多样性否定主导性的"替代现象"。这种现象是以多样性置换主导性，即改变社会主义意识形态的主导性，或主张以儒家思想为主线，或提出以西方资产阶级思想为主导，或企求以宗教思想为主体来取代社会主义意识形态的主导地位。①

郑教授提到的这两种偏向都是在我们当前社会主义意识形态建设时必须警

---

① 郑永廷：《社会主义意识形态发展研究》，人民出版社 2002 年版，第 269～270 页。

惕和防范的。同时我们还需注意以下两点。

（1）严格区分多元化与多样化之间的本质区别："元"是事物的根本性质，社会主义意识形态从根本上来说，只能是一元的，即与人民群众的根本利益保持一致，为了维护社会主义意识形态的根本性质，就必须"坚持马克思主义的一元化"指导。"社会主义意识形态的多样性"的真正含义，应该是指同一性质之下形式的丰富多样性，它体现和反映了广大人民群众多方面的物质和精神需求。严格区分"多元化"与"多样性"，防止敌对势力以"多样性"为名，行"多元化"之实，防止马克思主义的意识形态阵地被概念偷换者出卖，导致社会思想混乱，从而引发社会动乱。

（2）必须严格区分两个"多样化"：一个是社会上客观存在的"多样化"，是良莠互见，先进、落后和腐朽并存的；一个是我们党在十六大所倡导的"多样化"，是先进的多样化，健康有益的多样化。我们坚持主导性与多样性的统一，弘扬主旋律，要大力发展先进的多样化，支持健康有益的多样化，同时也要努力改造落后的多样化，坚决抵制腐朽的多样化。

第二节　和谐社会：社会主义意识形态的基础性结构

社会主义意识形态的功能及其实现机制是增进民众对社会主义制度的认同，增强社会主义制度的政治合法性。但是，社会主义意识形态并不是孤立存在的，它的成功取决于民众对它的合法性的认同，而民众对它的认同又进一步取决于其内容同社会现实之间的契合程度。李友梅等人提出，社会认同的成功建构取决于三个因素，即福利渗透、意义系统和社会组织，它们之间的匹配关系构成支持社会认同的"基础性结构"。① 就我国当前的社会状况而言，社会主义意识形态建设能否成功或者在多大程度上成功首先取决于我们国家的现代化建设成就，取决于我们的社会主义和谐社会建设的进程和成绩。从这个角度看，落实科学发展观，构建社会主义和谐社会是推进我国社会主义意识形态的社会认同的基础性结构。

一、构建社会主义和谐社会目标的提出

十一届三中全会上，以邓小平为核心的中央领导集体毅然做出了把党的工

---

① 李友梅、肖瑛、黄晓春：《社会认同：一种结构分析的视野》，上海人民出版社2007年版。

作重心从"以阶级斗争为纲"向"以经济建设为中心"转移的重大决策，实施改革开放，提出"发展就是硬道理"，要解放生产力、发展生产力。邓小平在强调经济建设的中心地位、基础地位的同时，又十分注重社会的全面建设。在改革开放之初就提出："我们要在建设高度物质文明的同时，提高全民族的科学文化水平，发展高尚的丰富多彩的文化生活，建设高度的社会主义精神文明。"① 在社会主义现代化建设的进程中，党和国家始终强调要"两手抓"、"两手都要硬"。经过改革开放以来30多年的发展，我国社会主义市场经济体制日趋完善，社会主义物质文明、政治文明、精神文明建设和党的建设不断加强，综合国力大幅度提高，人民生活显著改善，社会政治长期保持稳定。在取得巨大成绩的同时，我们看到，我国已进入改革发展的关键时期，空前的社会变革，给我国发展进步带来巨大活力，也必然带来了这样那样的矛盾和问题，突出表现为几个方面。

（1）城乡之间、区域之间经济发展很不平衡，社会贫富分化加剧。改革开放之初，我国基尼系数在0.3左右，1990年代中期达0.42，2010年已经达到0.48。1997年，我国城乡居民收入比为2.6：1，2010年已达到3.33：1，落差幅度不仅远高于发达国家，也高于巴西、阿根廷等发展中国家。② 区域之间差距也非常明显，2009年我国东部地区人均年收入为38587元，西部地区为18090元，差距达2万余元。从省际差别来看，最高的上海市人均年收入为76976元，最低的贵州省为9187元，两地相差67789元。目前全国4007万贫困人口中，中西部地区所占比重高达94.1%。③ 社会贫富差距的扩大化趋势加剧了社会矛盾，社会群体性事件不断增多。

（2）社会保障制度不健全，国家在公民的社会风险中所承担的责任在市场化进程中不断减弱。在某种程度上，市场经济体制构建的过程，是一个不断摧毁过去围绕单位制而建立起来的国家主导的社会保障制度的过程。但是，新的社会保障制度建设的力度远远小于改革旧的社会保障制度的力度。

（3）法治建设还不是很健全，腐败现象滋生，特别是吏治腐败没有得到有效遏制。

（4）消费主义和物质主义开始盛行，社会人文精神严重缺失。

---

① 《邓小平文选》第2卷，人民出版社1994年版，第208页。

② 曲哲涵：《收入差距为何不断扩大》，《人民日报》理论版，2010年5月24日。

③ 《七个怎么看——理论热点面对面2010连载之一"携手同行，共建共享——怎么看我国发展不平衡"》，人民网理论频道，2010年7月2日。

（5）安全生产、社会治安等方面关系群众切身利益的问题比较突出。

（6）生态平衡遭到破坏，自然资源浪费严重，部分矿产资源面临枯竭，耕地面积迅速缩小。

国际经验表明，当人均 GDP 进入 1000 美元到 3000 美元的时期，也就是从低收入国家步入中低收入国家行列的阶段，对任何国家的成长来说都是一个极为重要的历史阶段，它既是一个"黄金发展时期"，又是一个"矛盾凸显时期"，处理得好，就能够进一步顺利发展，经济能够很快上一个新台阶；处理得不好，经济将停滞不前甚至出现萎缩，社会秩序也可能遭遇严重倒退。因此，只有认识到经济增长与社会秩序之间的上述尖锐对立，采取有效措施缓解并解决上述社会问题和环境问题，才能把中国社会推进到一个新的水平。以胡锦涛为总书记的中央领导集体审时度势，及时总结国内外发展的历史经验和教训。2005 年，在中央党校举办的省部级主要领导干部提高构建社会主义和谐社会能力专题研讨班上，胡锦涛同志对"什么是和谐社会，如何实现和谐社会"的主题作了精辟阐述："我们所要建设的社会主义和谐社会，应该是民主法治、公平正义、诚信友爱、充满活力、安定有序、人与自然和谐相处的社会。"

我们从中可以认识到，所谓社会主义和谐社会，狭义地看，主要指区别于物质文明、政治文明、精神文明和生态文明的社会关系层面上的秩序性，即社会学上所说的"社会关系的良性运行与协调发展"，秩序井然又充满活力。但是，任何社会关系都是同经济的、政治的、文化的以及生态的因素不可分割地纠缠在一起，或者说，后面这些因素恰恰就是社会关系的具体表现，因此，我们又必须从广义上认识"和谐社会"的内涵。从广义的角度看，"和谐社会"则既指上述几个维度即物质文明、政治文明、精神文明、生态文明以及社会关系层面各自内部的充分和协调发展，同时还必须指涉这五个维度之间的协调发展和良性运行。换言之，"和谐社会"内在包含了物质富裕、政治民主、文化繁荣和生态良好等内容，构建社会主义和谐社会，同建设社会主义物质文明、政治文明、精神文明以及生态文明是有机统一的。胡锦涛同志在 2005 年 2 月 19 日的讲话中阐明了它们之间密不可分的关系：要通过发展社会主义社会的生产力来不断增强和谐社会建设的物质基础，通过发展社会主义民主政治来不断加强和谐社会建设的政治保障，通过发展社会主义先进文化来不断巩固和谐社会建设的精神支撑，同时又通过建设和谐社会来为社会主义物质文明、政治文明、精神文明的建设创造有利的社会条件。

二、科学发展观是社会主义和谐社会的基本认识论和方法论

2003 年 10 月，党的十六届三中全会通过的《中共中央关于完善社会主义市场经济体制若干问题的决定》中，第一次明确提出"科学发展观"，并把它的基本内涵概括为"坚持以人为本，树立全面、协调、可持续的发展观，促进经济社会和人的全面发展"，坚持"统筹城乡发展、统筹区域发展、统筹经济社会发展、统筹人与自然和谐发展、统筹国内发展和对外开放的要求"。党的十七大报告更为明确地界定了科学发展观的不同要素之间的内在关联："第一要义是发展，核心是以人为本，基本要求是全面协调可持续，根本方法是统筹兼顾。"

解读科学发展观，可以从以下几个基本的特点开始。第一，"以人为本"明确了发展是为谁服务的，或者说是谁的发展。"以人为本"一方面继承了马克思主义的基本传统，即发展是为了最广大人民群众的根本利益，另一方面则明确了人民群众的根本利益不是某一个局部的因素，群众利益不仅仅在于经济的增长，而且还包含政治的、社会的、文化的、生态的因素，这些诉求相互依赖，相互支持，构成人民群众最为个别的利益整体。第二，人民群众根本利益的全面性和整体性，要求我们不能走只顾 GDP 而不顾其他需求的发展模式，而应该同时注意发展的全面性和协调性（空间向度），把政治文明、精神文明、和谐社会的构建以及生态文明同物质文明并置，促进各自内部的协调发展以及四者之间的相互协调，应该确保发展的可持续性（时间向度），不竭泽而渔，不能只顾眼前利益弃置长远发展目标。第三，为实现上述发展目标，我们必须坚持统筹兼顾的发展方法，着力通过转变发展观念来缓解直至解决城乡矛盾、地区矛盾、资源和自然环境矛盾。

由此可见，"科学发展观"中的"科学"已经超越了西方启蒙运动以来关于"科学"的界定，超越了在工具理性主义范畴内认识科学的局限。工具理性主义的"科学"只追求科学自身的分析逻辑，而把伦理的、道德的诉求以及社会的整体性抛到脑后。这种科学观构成现代化理论的逻辑起点，其在现实中的表现就是 GDP 主义、新自由主义、发展主义，造成的结果是人的本质被割裂，人成为一架大机器上的零件，把自然当作不会穷尽、任人宰割的对象，造成严重的资源浪费和环境危机，等等。而在科学发展观中，"科学"的内涵不是工具理性的，而是马克思主义"全面性"意义上的，并且同国内外学术界对发展主义的批判与反思的思路（如生态后现代主义、新发展观）暗合符

节，把工具目标与伦理、道德目标整合起来，把人的要求同自然的规律整合起来，把个人与社会整合起来，把经济与社会、政治与文化整合起来，把当前利益与长远利益整合起来，是世界上最先进的发展观念。

胡锦涛同志指出："一个国家坚持什么样的发展观，对这个国家的发展会产生重大影响，不同的发展观往往会导致不同的发展结果。"[①] 纵观欧美国家工业革命以来的发展史，以及我国改革开放30多年的发展历程，我们可以发现，科学发展观比工具理性主义更能体现人和社会的本质要求，有助于摆脱"先污染后治理"的传统发展道路，有助于克服"有增长无发展"的经济增长模式，具有更强的社会适应性和生命力，不仅同构建社会主义和谐社会的目标具有内在的一致性，而且为和谐世界的构建提供了一种崭新的道路。

党的十七大报告明确指出："深入贯彻落实科学发展观，要求我们积极构建社会主义和谐社会。社会和谐是中国特色社会主义的本质属性。科学发展和社会和谐是内在统一的。没有科学发展就没有社会和谐，没有社会和谐也难以实现科学发展。"科学发展观与和谐社会目标在本质上是一致的，如果说和谐社会是社会建设的目标，那么科学发展观的角色则是为这个目标的实现提供认识论和方法论指导，只有在遵循科学发展观的要求，和谐社会的目标才可能真正实现。

三、社会主义和谐社会的实践

党的十六届六中全会明确了构建社会主义和谐社会的阶段性目标和任务："到二〇二〇年，实现全面建设惠及十几亿人口的更高水平的小康社会的目标，努力形成全体人民各尽其能、各得其所而又和谐相处的局面。"回顾构建社会主义和谐社会的目标提出5年以来我国社会建设的历程，取得了显著的成效。（1）城乡一体化进程加快。从农业税费合一改革到取消农业税，彻底改写了中国"三农问题"的历史。新农村建设工程有序推进，农村生产生活环境得到有效改善。（2）社会建设全面启动，全面覆盖的社会保障体系、医疗保障体制逐步推进和建立，国家在公民的风险承担方面重新担当起积极的角色。（3）收入分配制度改革逐步推展，为建立一个公平、平等的社会主义社会奠定基础。（4）和谐文化建设高歌猛进，文化大发展大繁荣取得显著成绩。（5）党内民主稳步推进，通过党内民主带动社会民主取得成绩。（6）经济发

---

① 胡锦涛：《在中央人口资源环境工作座谈会上的讲话》，人民网，2004年4月4日。

展模式开始转型，节能减排、低碳经济、新能源开发取得进展，中国成为世界低碳经济发展的主要推动力。（7）公民社会组织得到长足发展，社会自我组织、自我管理和自我服务的能力明显提高。

从理论上看，构建社会主义和谐社会，是科学发展观具体反映到社会生活和社会关系层面而获得的理论成果，充分彰显了中国共产党人对社会发展理论的丰富和创新，丰富了世界的现代化思想，无论是对全球化背景下各个国家的发展还是对于国内人民，都具有极强的吸引力，是一种极为重要和先进的意识形态。从实践上看，构建社会主义和谐社会的过程，就是一个从根本上缓解各种社会矛盾，推进社会主义民主，发展和谐文化，协调人与自然的矛盾的过程，是一个推进社会的秩序和活力有机统一的过程，更是一个重建"新改革共识"① 和巩固社会认同的过程。因此，构建社会主义和谐社会从理论和实践两个层面证明了社会主义意识形态的合理性与正当性，不仅能够增进国内人民的政治认同和民族国家认同，而且有助于提升社会主义意识形态在国际社会的说服力。

第三节　中国特色社会主义意识形态的建设策略

以胡锦涛同志为总书记的党中央采取一系列重要举措，坚持并巩固马克思主义在意识形态领域内的主导地位，在中共中央十六届四中全会指出建设社会主义先进文化，必须"贴近实际、贴近生活、贴近群众，创新内容、创新形式、创新手段"。② 这"三贴近"和"三创新"，符合意识形态建设的基本规律，回答了如何加强社会主义意识形态建设的问题，是我国社会主义意识形态建设的具体指导方针。

一、实施马克思主义理论研究和建设工程，繁荣发展哲学社会科学

实施马克思主义理论研究和建设工程，是为坚持和巩固马克思主义在意识形态领域的指导地位而采取的重大举措，是繁荣发展我国哲学社会科学的首要任务，也是党最根本的思想建设。

1. 加强马克思主义理论体系建设

当今西方学术界有一个很重要的概念叫"话语"（Discourse），用我们通

---

① 甘阳：《中国道路：三十年与六十年》，《读书》2007 年第 6 期。
② 《中共中央关于加强党的执政能力建设的决定》，《人民日报》2004 年 9 月 19 日。

常的说法，指的就是概念体系。围绕这个概念，形成了一种新理论，叫做"话语理论"。该理论认为，一个民族的文化归根到底是由话语决定的，谁掌握了话语领导权，谁就掌握了文化领导权，就在一定程度上剥夺了他者表达自己的权利和机会，久而久之，他者就会出现严重的失语现象。对于话语理论，我们一方面应该批判其唯心主义的一面，另一方面又必须承认它对意识的能动性的强调，并利用后者来为我们自身的建设服务。我们现在的概念体系，是以马克思主义的一系列概念、观点和理论为核心的体系。① 而当前，西方的理论话语正通过学术交流、学术著作出版、文化产品的输出等途径与马克思主义争夺话语权，严重威胁着马克思主义在意识形态领域内的主导地位。

显然，在经济全球化这个开放的时代，面对这种挑战，我们不可能再像过去那样采取自我封闭的方式，对西方话语一概拒绝或者充耳不闻，只有"以其人之道还治其人之身"，加快建设一套以马克思主义概念为核心的理论体系，以自信的姿态积极与学术界的各种话语进行对话和交锋。在对话和交锋中一方面彰显自身的科学性和合理性，另一方面砥砺自身，吸收对方理论中的合理成分为我所用，不断完善和发展自身。这样才能捍卫马克思主义的话语权力，捍卫社会主义中国的国家利益。

建设马克思主义的理论体系，增强该理论体系的战斗力和说服力，首先必须强化对马克思主义经典著作的系统研究。系统研究马克思主义经典著作，有理论和现实上的双重必要性。首先，马克思主义理论体系博大精深，具有深刻的学理内涵，对马克思主义经典著作的研究是一项非常艰巨、复杂和长期的任务。其次，长期以来，我们对马克思主义著作的解读和理解存在着一定程度的偏差。第三，任何作品既具有鲜明的时代特征，同时又受创作者个人观察事物的不同角度、立场、学识背景等诸多方面的影响，随着社会历史的变迁，这些论断有的会过时，有的需要做出新的阐释。另外，在新的历史条件下，中国共产党的使命和地位发生了巨大变化。社会历史环境包括党的执政角色的变化，要求我们对马克思主义的基本理论不断学习研究，对马克思主义基本理论进行新的发展。

在上述理论和现实背景中加强马克思主义经典著作的系统研究，关键要解决如下问题："哪些是必须长期坚持的马克思主义基本原理，哪些是需要结合

---

① 杨金海：《党最根本的思想建设——有关实施马克思主义理论研究和建设工程的对话》，《河南日报》2004 年 9 月 17 日。

新的实际加以丰富发展的理论判断，哪些是必须破除的对马克思主义的教条式理解，哪些是必须澄清的附加在马克思主义名下的错误观点。"① 只有科学地回答了这些问题，自觉划清马克思主义与反马克思主义的界限，我们才能成功地建设马克思主义的理论体系，用马克思主义的基本原理来分析现实问题，提升马克思主义解决实际问题的能力，并因此而提升马克思主义理论的力量。

建设马克思主义的理论体系，增强该理论体系的战斗力和说服力，其次是要把中国特色社会主义理论体系作为研究重点，丰富和发展马克思主义理论体系。邓小平理论、"三个代表"重要思想、科学发展观，是我们党坚持以马克思主义为指导，坚持解放思想、实事求是、与时俱进，积极推进理论创新，在改革开放和社会主义现代化建设进程中所取得的伟大理论成果；更是发展着的马克思主义，具有时代特色和中国风格，符合中国经济和社会发展的具体情况，不仅丰富和充实了马克思主义的基本内涵，而且也是全面提高马克思主义解决中国改革和发展中的实践问题的能力的必由之路，理应成为马克思主义概念体系的重要组成部分。

2. 加强马克思主义理论的学科和教材建设

我国马克思主义理论的学科体系建设和教材建设主要是在20世纪50年代参照苏联模式的基础上建立起来的。改革开放30多年来，中国社会已经发生了翻天覆地的变化，原有的学科体系和教材体系虽然也经过多次改革和修订，但总体上看还是严重滞后于现实情况，一些论断陈旧而难以解释新的实际情况，一些重要概念缺乏与时俱进的新阐述，已经很难适应改革开放新形势发展的需要了。在我国社会迈向全面建设小康社会的新阶段，我们应该建立充分反映当代中国马克思主义最新理论成果的学科体系和教材体系，让马克思主义研究的最新成果"进教材、进课堂、进学生头脑"②。

（1）必须突出我国社会的主流意识形态，坚持以马克思主义作为学科建设和教材建设的指导思想。马克思主义是一个科学的理论体系，它的真理品格和理论魅力就在于它具有无可辩驳的说服力量和非常深刻的学理内涵，我们必须建设具有时代特征的马克思主义基础理论和哲学社会科学学科体系，编写体现当代马克思主义最新理论成果的哲学、政治经济学、科学社会主义、政治

---

① 《李长春在中央召开的马克思主义理论研究和建成工程会议上的讲话》，新华网，2004年4月28日。

② 《关于进一步繁荣发展哲学社会科学的意见》，人民网，2004年3月20日。

学、社会学、法学、史学、新闻学和文学等重点学科教材。（2）学科建设和教材建设必须坚持中国特色，反映符合中国实情的政治经济制度、民族心理、历史传统、文化背景等诸方面因素。（3）学科建设和教材建设必须关注现实提出的新问题。过去我们的理论从书本上拿来的太多，从实际生活中升华来的太少；旧东西太多，新东西太少。理论工作者需要认真反思，把从历史的和现实的、正面的和反面的社会实践经验中总结出的规律性的认识编写进教材。（4）我们在编写教材时应注意吸收和使用新语言、新概念、新范畴，也就是通常所说追求内容与形式的完美结合。每个时代都有自己的话语表达特征，新时代的话语表达既体现时代感，又具备新颖感，有利于吸引新时代的读者。因为我们教材的适用对象是新一代大学生，没有新鲜而生动的话语表达，再正确的道理、再科学的回答也难以入耳、入脑、入心。①

3. 进一步加强马克思主义理论队伍建设

实施马克思主义理论研究和建设工程成败与否的关键，是加强马克思主义理论的队伍建设，没有一支高素质、过得硬的队伍，这项伟大工程建设就有可能流于形式，很难取得切实有效的成果。

第一，马克思主义理论研究者必须要有高度的责任感和使命感。培养马克思主义研究者强烈的社会责任意识，对马克思主义的热爱和研究马克思主义的神圣使命感，关注国家前途、民族命运，坚守马克思主义阵地，无疑是理论研究队伍建设的根本。唯有这种精神和立场的存在才能保证马克思主义理论研究的繁荣。如果马克思主义研究者没有上述坚定的信念，没有艰苦工作的精神，没有坚持真理的品格，就可能把马克思主义研究职业化，任务化，不愿付出艰苦的创造性劳动，只是急功近利、人云亦云地完成任务式的研究，结果必然产生一大堆低水平、粗制滥造的、平庸凑数的成果，甚至还可能出现对马克思主义的严重误读，完全谈不上丰富与发展马克思主义。

第二，培养一支老中青结合的马克思主义理论队伍，实现优势互补，提高马克思主义理论队伍的整体素质和综合素质。"努力造就一批用马克思主义武装起来，立足中国、面向世界，学贯中西的思想家和理论家，造就一批理论功底扎实、勇于开拓创新的学科带头人，造就一批年富力强、政治和业务素质良

---

① 尹韵公：《展示中国特色新闻学的理论魅力》，《人民日报》2004 年 12 月 7 日。

好、锐意进取的青年理论骨干"①，是提升马克思主义理论研究的关键。老年研究者立场坚定，见识丰富，基础扎实，对于把握好理论研究的方向具有非常重要的作用；青年研究者思维活跃，知识面宽广，接受新生事物和知识的能力强，是理论创新的中坚；中年研究者具备老年和青年研究者两方面的素质。老中青结合的马克思主义理论研究队伍能充分发挥不同年龄段研究人员的长处，同时还能保持研究梯队的连续性。

第三，培养一批高素质的马克思主义教学骨干队伍。当前高校从事"两课"教学的师资队伍普遍存在学历层次偏低、知识结构不合理、教条掌握较多却缺乏深入研究的能力等不足之处。而且，他们所承担的教学任务往往非常繁重，没有足够的时间和精力来精心备课，通常只是照本宣科。师资队伍的这些缺陷让马克思主义理论教育的效果大打折扣。因此，要确保马克思主义理论教育真正做到"三进"，必须培养一大批热爱马克思主义理论教学工作、精通马克思主义基本原理、具有理论联系实际的水平、精通高校教学规律和特点的教研型的师资队伍。

4. 促进哲学社会科学的繁荣发展

繁荣发展哲学社会科学是实施马克思主义理论研究和建设工程的逻辑必然和现实必然。首先，哲学社会科学的意识形态性特别强，不掌握哲学社会科学，就难以真正确立马克思主义在我国意识形态领域的指导地位。其次，马克思主义理论研究和建设工程必须通过哲学社会科学来落实，马克思主义概念体系必须由哲学社会科学来建构，没有哲学社会科学的繁荣，就没有马克思主义理论研究和建设工程的成功实施。最后，马克思主义理论研究和建设工程的成果必须通过哲学社会科学来推广。这里所谓的"推广"，一方面指哲学社会科学必须坚持以马克思主义为指导，把马克思主义的概念体系变成哲学社会科学的概念体系，另一方面则指哲学社会科学作为直接面对社会生活和生产的学科体系，通过其应用性研究传播和转化马克思主义理论研究成果，使这些成果转化为社会经济发展的指导思想，转化为促进社会经济发展的生产力，为我国社会主义现代化建设事业提供精神动力和智力支持。有鉴于哲学社会科学的这种重要价值，中共中央在《关于进一步繁荣发展哲学社会科学的意见》中明确指出："哲学社会科学是人们认识世界、改造世界的重要工具，是推动历史发

---

① 徐崇温：《实施马克思主义理论研究和建设工程的重大意义》，《中国社会科学院院报》2004年10月14日。

展和社会进步的重要力量。哲学社会科学的研究能力和成果是综合国力的重要组成部分。建设中国特色社会主义离不开以马克思主义为指导的哲学社会科学的繁荣发展。"并强调了"四个重要"的思想："在改革开放和社会主义现代化建设进程中，哲学社会科学与自然科学同样重要，培养高水平的哲学社会科学家与培养高水平的自然科学家同样重要，提高全民族的哲学社会科学素质与提高全民族的自然科学素质同样重要，任用好哲学社会科学人才并充分发挥他们的作用与任用好自然科学人才并充分发挥他们的作用同样重要。"

二、坚持综合创新，加强优秀传统文化与马克思主义合成研究

我国进行社会主义现代化建设的根本目的是建立中国特色的社会主义，中国的文化建设也应该以建设中国特色的社会主义文化为方向。在这里，有两个非常重要的定语：中国特色与社会主义。"社会主义"表明中国的现代化是社会主义制度性质上的，其指导思想是马克思主义；"中国特色"表明这种现代化立足于中国的实际，是根据中国的实际国情来建设的，是马克思主义的基本原理在中国这片土地上"地方化"的结果，是抽象理论与具体实践有机结合的结晶。其中，对"中国特色"的理解，需要一个较为宽阔的视野，它不仅指涉中国基本的物质性国情，如人口众多、幅员辽阔而人均资源稀少等等，还指涉一些文化性的和精神性的国情，如中国是世界上历史最悠久的文明古国之一，儒家文明源远流长，深入民众骨髓，构成了本民族的基本精神气质和国民性格，已经成为中国的一种客观的社会存在。因此，在建设社会主义先进文化和意识形态的时候，我们必须充分考虑到这种文化国情的客观存在与马克思主义在某些方面的契合性及其现实价值。

对待中国具体的文化国情，曾经流行过两种较为极端的观点：一种是文化虚无主义，一种是文化保守主义。

文化虚无主义认为中国传统文化是阻碍中国现代化进程、造成中国近代史上的衰落和受尽欺凌的根本症结，因此鼓吹全盘"西化"。

文化保守主义试图以中国传统文化完全取代马克思主义在中国文化和意识形态中的主导地位，宣称中国传统的儒家文化是中国在经济全球化背景下，抵抗全球主义意识形态的颠覆、维护文化独立性的唯一法宝。

文化保守主义者认为，日本和亚洲四小龙经济腾飞的理由，"一是政治专

制，二是儒家传统文化。言下之意，中国的现代化，也要靠这两条。"① 有的作者撰文明确提出，"在全球化时代，复兴儒教不仅能够为中国政治建立神圣合法性和文化合法性基础"，而且"能够为建立一个超越民族国家的'文化中国'奠定基础，甚至能够为人类世界提供启示"。因此，"把儒学重塑为与现代社会生活相适应的、遍及全球的现代宗教"，"这是全球化时代中华民族的历史使命。"②

很显然，这两种观点都是对中国近现代历史的无视。对于文化保守主义者而言，他们一方面认识到了中国传统文化的内核对于中国以及全球化时代处在工具理性支配下的人类社会的重要积极意义，但另一方面，他们却无视马克思主义在中国存在的现实，甚至把马克思主义同中国传统文化中的优秀成分完全对立起来。马克思主义进入中国100年，完全取得中国文化和意识形态的主导地位已有60年，它已经成为中国文化体系的构成性部分，是不能简单地祛除的。更为重要的是，马克思主义在中国的100年。正是中国革命取得胜利，中国现代化建设不断成功的100年。正是在马克思主义的指导下，中国才改变了鸦片战争以来的半殖民地半封建的历史，才跳出了儒学统治下中国历史的"圆圈律"现象③，成功地走上现代化道路，并在短短的几十年间取得了西方资本主义国家上百年才取得的成就。

对于文化虚无主义者而言，他们无视儒家文化为代表的中国传统文化在中国数千年存在的历史事实，否认中国传统文化旺盛的生命力和海纳百川的气度以及应对当前世界上出现的各种全球性问题的重要功能。

鉴于以上分析，我们认为，建设中国特色社会主义意识形态的正确思路是，首先必须坚持马克思主义的主导地位，同时应该把握住马克思主义与中国优秀传统文化的辩证关系，在中国现代化进程中实现二者的融合与创新，即进行"综合创新"。唯其如此，才能确保我国社会主义文化和意识形态的战斗力和生命力，才能在国际文化和意识形态竞争和交流中占据主动地位。

"综合创新论"是20世纪八九十年代张岱年、方克立等学者就如何建设和发展中国特色社会主义文化的问题长期思索提出来的基本思路，张岱年最早在《文化与哲学》一书的自序中提出这一概念："30年代曾参加当时关于文

---

① 罗文东：《中国特色社会主义文化理念》，中国法制出版社2003年版，第428页。

② 康晓光：《文化民族主义论纲》，《战略与管理》2003年第2期。

③ 肖瑛：《中国传统文化体系中的核心结构与中国历史之进路——关于"韦伯难题"的另类思考》，《唐都学刊》2003年第2期。

化问题的讨论，我反对东方文化优越论，也反对全盘西化论，主张兼取中西文化之长而创造新的中国文化，我这种主张可以称为'综合创新论'。"① 所谓综合有两层含义：一是中西文化之综合，即在马克思主义基本原理的指导下综合中国传统文化的优秀内容与近代西方的文化成果，其中最重要的是吸取、学习西方的科学成就和同科学发展有密切联系的哲学思想；二是中国传统文化中不同学派的综合，包括儒、墨、道、法各家的精粹思想的综合以及宋元明清以来理学与反理学思想的综合。在综合古今中外优秀文化的基础的同时更要发挥创造性的思维，进一步探索自然界与人类生活的奥秘，有所发现、有所发明，建立新的文化体系。这个新的文化体系是在马克思主义的指导下，以社会主义价值观来综合中西文化之长而创新中国文化。它既是对传统文化的继承，又高于已有的文化，这就是社会主义新文化。②

对于这一文化建设理论思路，方克立先生的表述是："必须抛弃中西对立、体用二元的僵固思维模式，排除盲目的华夏中心论和欧洲中心论的干扰，在马克思主义普遍真理的指导下和社会主义原则的基础上，以开放的胸襟、相容的态度，对古今中外的文化系统的组成要素和结构形式进行科学的分析和审慎的筛选，根据中国社会主义现代化建设的需要，发扬民族的主体意识，经过辩证的综合，创造出一种既有民族特色又充分体现时代精神的高度发达的社会主义新中国文化。"③

由此可见，文化的综合创新论的理论基础就是马克思主义的普遍原理，以马克思主义为指导，坚持用马克思主义的立场、观点、方法来分析传统文化和西方文化，批判地加以继承和吸收，从而创新和发展社会主义文化。这一基本思路是对中国文化在经济全球化浪潮之下面临西方文化同质化危险的积极战略应对。

三、改革文化体制，解放和发展文化生产力

我国是一个文化遗产和文化资源十分丰富的国家，而且，中华文化海纳百川的姿态使它始终能够保持与时俱进的生命力，不断吸收和转换外来文化成果，不断铸造中华文化的新辉煌。但是，厚重的文化内涵和资源并不一定能自然而然地转化为生产力，更不会自然而然地转化为外向的经济优势和"软实力"。特别是在全球化和市场化的条件下，各强势国家都向全世界推广自身的

① 张岱年：《文化与哲学》，教育科学出版社1988年版，序言。
② 参见张岱年：《文化传统与综合创新》，《江海学刊》2003年第5期。
③ 方克立：《现代新儒学与中国现代化》，天津人民出版社1997年版，第484页。

文化产品，高举"文化全球化"旗帜，咄咄逼人地进行意识形态渗透，发展中国家特别是像中国这样的文化资源大国，如果不迅速地把巨大的文化资源转换为文化生产力，不能有效发挥自身文化的"软实力"，就难以抵挡国外文化的入侵，难以保持自身文化的独特性和自主性，遑论国家的文化安全和意识形态安全乃至国家利益。

事实上，这种危机在我国已经很明显。观照当前我国本土文化的生存状况，改革开放以来，公益性的文化事业严重萎缩，传统文化正受到严重威胁，许多地方性剧种、手工艺技术已经湮灭和失传。就国外文化产品的入侵而言，中华文化在全球化和市场化条件下正处于被动局面。2010 年 4 月 28 日，文化部部长蔡武在向全国人大常委会汇报关于文化产业发展工作情况时指出，中国文化贸易逆差仍然较大，以演艺产品为例，中国引进和派出的文艺演出每场收入比约为 10∶1，中国全部海外商业演出的年收入不到 1 亿美元，不及国外一个著名马戏团一年的海外演出收入。这种文化力的巨大落差如果不能得到改善，将直接影响我国综合国力的持久提升。

之所以出现上述局面，主要原因是我国当前的文化发展观念和文化管理体制严重滞后。在文化观念上，把文化与意识形态紧紧地捆绑在一起，认为市场化和产业化将损害文化所承担的意识形态功能，认为文化的市场化必将使文化的内在特性丧失；观念的落后造成了文化体制的落后，在文化管理上，政企不分，文化事业和文化产业不分，文化建设投入低，文化投融资渠道狭隘，民营资本难以进入文化生产领域，文化生产者的想象力枯竭，等等。

为扭转上述被动局面，重铸中华文化的辉煌，早在 2000 年，中国共产党在十五届五中全会就正式提出了"文化产业"概念，要求完善文化产业政策，加强文化市场的建设和管理，推动有关文化产业发展。党的十七大强调要"在时代的高起点上推动文化内容形式、体制机制、传播手段创新，解放和发展文化生产力。"党的文件为我国改革文化体制，发展和壮大文化事业和文化产业指明了方向。我们认为，解放和发展文化生产力，改革文化体制的关键是落实十七大提出的"内容形式、体制机制、传播手段创新"。

第一，加大文化创新的力度。江泽民指出，创新是一个民族进步的灵魂，是一个国家兴旺发达的不竭动力。"自主创新能力是文化产业的核心能力"①，培育和增强文化创新能力，是解放和发展文化生产力的根本途径。有学者指

---

① 童世骏：《文化软实力》，重庆出版社 2008 年版，第 108 页。

出，理论储备不足，文化创新能力不强，是制约中国文化发展，出现文化贸易逆差的重要原因，也是我们不能有效抵制美国消费主义文化入侵和文化殖民的重要因素。①

文化创新，不仅指内容创新，而且需要形式和手段的创新，即创新文化的管理体制、生产和传播的形式和手段。唯有创新文化管理体制，才能从根本上解除束缚文化发展的各种弊病，才能解放和发展文化生产力。唯有创新生产和传播的形式和手段，才能把抽象的、古老的和先进的文化内容以大众喜闻乐见的、生动的具体形式表现出来，才能进入市场，为观众所接受。特别是要通过现代科学把中华传统文化和马克思主义文化的精髓技术表现转化出来。

文化创新的另一个重要内涵是要把意识形态完全融入到文化形式中。因为文化是意识形态的最大载体，如何把意识形态的简单说教融入生动的文化形式中，是我国当前文化创新的重中之重。换言之，我们一方面要在内容上适当增加意识形态的含量，另一方面又必须在形式上淡化——更准确地说是隐藏——意识形态的比例。唯有如此，意识形态才能在文化贸易中自由流通，我们也才能在文化传播中让受众不由自主地接受其中的意识形态内涵。

在论及文化传播手段和方式的创新时，必须处理好本与末、目的和手段、内容和形式的关系。文化发展和传播的目的是提升受众的修养品味，向受众灌输某种意义、价值观和生活方式，而不能单纯地迎合受众的低级趣味。但是，在全球化和市场化时代，很有可能需要以迎合的形式来实现这一目的，即我们平常所说的"寓教于乐"。为此，需要在文化的形式和传播手段上创造各种喜闻乐见的方式。这里的关键是：我们不要把作为手段的迎合误读为目的，从而取代文化提升受众素质的目的，即为提升形式的吸引力，而以形式遮蔽真实的内容，甚至干脆以形式取代内容。当前我国的大众媒体的全面的娱乐化倾向、美国的消费主义倾向以及港台化倾向，都是将内容与形式本末倒置的表现。而这正是我们严厉批判的"文化工业"和"伪文化"的表现，是我们发展文化产业时应该竭力避免的陷阱，否则，我们的文化产业将不再是中华文化和社会主义意识形态的载体，而将蜕变成传播美国消费主义意识形态和娱乐主义意识形态的机器。

第二，合理区分公益性文化事业和经营性文化产业，协调好社会效益和经

① 胡惠林：《国家文化安全：经济全球化背景下中国文化产业发展策论》，《学术月刊》2000 年第 2 期。

济效益的关系。党的报告明确提出区分文化事业和文化产业的政策，廓清了作为公益事业的文化与作为商品的文化之间的关系，不仅解放了文化的生产力，也为公益性文化的发展拓展了空间。文化产业得到正名后，开发了文化的商品价值，也开发了一个新的生产领域和经济领域，包含着文化因子和经济因子的文化生产力，显示出旺盛的生命力；而文化事业的轻身和分化，减轻了政府的负担，政府可以集中财力和精力扶持公益性文化事业，为公益性文化事业的发展拓展了空间。

但是，哪些文化类型属于文化事业，哪些文化类型属于文化产业，却成了一个新的问题。显然，从意识形态角度看，文化事业的意识形态性要比文化产业的意识形态性更浓郁一些，或者说，前者与意识形态的关系比后者与意识形态的关系更密切一些。如果把本该属于公益性文化范畴的文化类型划入经营性文化范畴之中，就必然影响国家意识形态传播的力度和效度，损害文化的社会效益。而在一些地方政府，公益性文化需要财政投入，会增加政府负担，因此如果不加约束，必定会出现政府把所有文化类型都推给市场来操作，弱化其中的意识形态内涵的现象。为此，我们必须对现存的文化类型进行较为明确的分类，以防止上述现象的出现。

区分文化事业和文化产业的根本目的是充分发挥文化的社会效益和经济效益。党的十七大报告提出，文化发展要"始终把社会效益放在首位，做到经济效益与社会效益相统一。创作更多反映人民主体地位和现实生活、群众喜闻乐见的优秀精神文化产品。"也就是说，区分文化事业和文化产业，解放和发展文化生产力的根本出发点还是社会效益（包括意识形态效益），即使对外文化贸易，表面上呈现为经济效益，真实目的却是为了社会效益、国家效益特别是意识形态效益占据着十分显著的位置。因此，如果说在文化事业中，社会效益是唯一的或者绝对主导的，那么在文化产业中，在顾及经济效益的同时还得保证社会效益的应有地位，应该在同一文化产品中处理好这两方面的关系。实际上，无论是好莱坞大片还是麦当劳快餐，它们都很好地处理了经济效益与社会效益的关系，达到了两种效益的双赢，既赚了大把外汇，又成功地输出了美国的价值观和生活方式。① 对于我国刚刚发展的文化产业来说，一定要研究好

---

① 必须注意的是，社会效益是一个较为相对的概念，对于不同的主体而言其性质是不一样的。比如说好莱坞大片，其意识形态效益只有相对于美国政府来说才是正面的，而对于其他国家来说则是负面的。

这方面的课题，防止文化产业只顾经济效益而弃置社会效益，或者以经济效益损害社会效益的现象发生。这种现象在中国当前的文化市场实际上已经出现，必须及时遏制，以免其形成气候难以控制。

第三，培育大型文化企业特别是跨国公司，提升文化产品在出口产品中所占比重，改变文化产品贸易逆差的局面。抵制资本主义国家文化产品输入背后的帝国主义情结，关键在于本国文化产业自身的发展壮大。这种壮大一方面指它能满足国内人民不断增长的文化需求，占领国内市场份额，不给国外文化产品以可乘之机，另一方面则指它能成功地进入国际贸易流程，进入国外市场。长期以来，我国不大重视文化产品的出口问题，造成了严重的文化贸易逆差，为文化帝国主义入侵提供了绝佳机会，丧失了让他国人民了解和认识中国的机会，还丧失了大量的贸易机会。

如何改变这种严重的贸易逆差局面？在经营方式上，我们一定要按照市场化规则操作，由精通市场规则和对外贸易特点的公司和经理人从事文化产品经营，要竭力培育大型文化企业集团和跨国公司，从事文化产品出口业务。在文化产品的结构上，内容要突出中国特色，"越是民族的就越是国际的"，这既是文化产品开拓海外市场的需要，也是通过文化贸易让世界了解中国，传播中国文化的价值观和生活方式的需要。同时，文化产品的包装要迎合一般观众的消费品味，增强其适应性，要提升文化产品在包装上的科技含量，加大以文化产品推动文化产品市场的力度，即做好文化产品的广告宣传。

四、积极弘扬爱国主义，增强民族凝聚力

列宁曾给爱国主义下过一个非常经典的定义常为人征引："爱国主义是由于千百年来各自的祖国彼此隔离而形成的一种极其深厚的感情。"[1] 祖国是在一定的历史阶段上，由一定区域内的国土、国民和国家等基本要素所构成的社会共同体，它是各国人民赖以生存和发展的"政治的、文化的和社会的环境。"[2] 根据列宁的上述界定，爱国主义首先是建立在成员对国家这样一个社会共同体的认同和归属基础上的，然后衍生出对这个共同体的忠诚感和责任感，即"国家兴亡，匹夫有责"。由于构成国家的要素多种多样，包括领土、文化（宗教）、成员、语言、政治制度等在内，所以，爱国主义又表现为领土认同、文化（宗教）认同、成员认同、语言认同和政治制度认同以及对认同

---

① 《列宁全集》第35卷，人民出版社1985年版，第187页。
② 《列宁全集》第17卷，人民出版社1988年版，第170页。

对象的忠诚和捍卫。在这些认同中，领土认同是最为具体的，在中国，有着"故土难离"、"落叶归根"的传统，在西方，用以指涉"祖国"的几个基本概念——"父母之邦"（fatherland）、"祖国"（motherland）——都与"土"（land）密切相关，表达的都是这种最素朴的爱国主义情怀。

爱国主义的本质是集体主义，即在个人、集体与国家之间，国家利益高于一切。即使像美国这样到处宣称个人主义和自由主义的国家，"9·11"之后，以新保守主义为旗帜的布什也大力宣扬爱国主义，无论在意识形态建设上还是具体政策上都不惜违背其自由主义和个人主义传统①。由此可见，爱国主义是一个国家保持自身凝聚力和生命力的源泉，是实现国家动员和鼓励人民团结奋斗的一面旗帜，弘扬爱国主义也必须是意识形态建设中的重要内容。

爱国主义同民族认同是一个既相区别又密切联系的概念。"所谓'民族认同'，是指个人对其所属民族国家成员身份的认定，以及由此引起的归属感、忠诚心和奉献精神。"② 在这个界定中，民族认同与爱国主义本质上是一致的，都是对于作为社会共同体的"民族国家"的认同和忠诚。但是，更具体地讲，"民族"（nation）并不完全等同于"国家"（state）。"民族"主要指"一个享有共同的风俗、起源、历史和大多数语言的"想象的共同体，如在耶路撒冷建国之前的犹太民族，虽然流离失所、四海为家，但却依然是一个无法分割的民族，就在于他们对犹太教的共同认同。"国家"主要指领土以及领土范围内的最高权力结构以及权力机构的组织形式。由此可以推断，"国家"是一个有着确定的空间边界的共同体，"民族"则可能是一个超越国家边界的"想象共同体"，可能是超越国家范围甚至可能引发"民族认同"与"国家认同"的冲突，在群体性流动和个体性流动都显著增加的全球化时代，这种情况就更为突出。比如在美国，保守主义者们最担心的就是随着移民的增加以及移民对原有生活习俗和文化的认同（民族认同、种族认同）而造成美国丧失统一的文化纽带，造成国家认同即爱国主义的缺失。③

中国是一个多民族的国家，也是一个海外侨胞数量巨大的国家，一方面在尊重国内各民族自身的"民族认同"的同时，需要他们超越狭隘的"民族认同"而投入"国家认同"即爱国主义的怀抱，另一方面又要在尊重侨胞们对

① ［美］塞缪尔·亨廷顿：《我们是谁？》，程克雄译，新华出版社2005年版。
② 苏国勋：《从社会学视角看"文明冲突论"》，《社会学研究》2004年第3期。
③ 参见［美］塞缪尔·亨廷顿：《我们是谁？》，程克雄译，新华出版社2005年版。

户籍所在国的认同感的同时，培育和维持他们对祖国（父母之邦）的认同和热爱。这是一个矛盾，是我们在今天建设社会主义意识形态必须解决的核心问题之一。"中华民族"的概念是以"国家"为基础，指涉生活或者曾经生活在这个国度的人民所逐渐形塑出的统一的文化和情感纽带。这根纽带能够超越时空的限制，把海内外侨胞和在地的中华儿女都紧紧联系在"中国"这块土地上。因此，爱国主义教育的核心是"中华民族"认同感的教育。

在中国，"爱国主义、集体主义、社会主义教育，是三位一体、相互促进的。"① 一些反社会主义者企图将三者分割开来，但是，任何一种尝试都是徒劳的，必然走向爱国主义的反面。比如在台独、藏独以及欧盟解除对中国武器出口禁令等问题上，一些自称"爱国"的流亡海外的"民运"人士或者公开地站在台独一边，或者与达赖喇嘛勾结，或者支持热比娅，或者给欧盟发公开信要求欧盟不要解除禁令，虽然他们宣称其目的是反对共产党政权，但却在根本上伤害了整个中华民族包括海内外侨胞在内的中国人的利益和情感。这些事实恰恰证明了江泽民 1990 年的论断的正确性："在当代中国，爱国主义与社会主义本质上是统一的"②，是不可分割的。个中原因包括：（1）社会主义在中国的存在是客观事实，并已经融入到中国社会的各个方面，作为文化的社会主义也已经同中国传统优秀文化融和在一起，与中国的兴衰水乳交融，不可分割，任何反社会主义的行动必然是反中国的。（2）在当今中国，爱国主义与社会主义有机地统一于建设有中国特色社会主义的伟大实践中，社会主义为中国现代化建设提供了制度保障，而爱国主义则为之提供了不竭的动力来源。江泽民在多次谈话中阐述了爱国主义与社会主义的这种关系。1990 年，他在首都青年纪念五四报告会上发表讲话时指出："社会主义制度的建立，巩固和发展了新民主主义革命的成果，为我国社会生产力的发展和社会进步提供了可靠的保证和光明的前景，集中体现着国家、民族、人民的根本利益。"③ 1996 年5 月，在中国科协第五次全国代表大会上，江泽民又指出："爱国主义，是一个国家、一个民族凝聚人民的重要思想基础和不断追求进步的强大精神动力。……我们今天讲爱国主义，就是要热爱我们伟大的社会主义祖国，在党的领导下为祖国的繁荣富强贡献自己的智慧和力量。"④ 因此，中国当前的的爱国主

① 《江泽民 1993 年 1 月 15 日在全国宣传部长座谈会上的讲话》，《求是》1993 年第 5 期。
② 《十三大以来重要文献选编（中）》，人民出版社 1991 年版，第 1048 页。
③ 《十三大以来重要文献选编》（中），人民出版社 1991 年版，第 1048 页。
④ 《江泽民论社会主义精神文明建设》，中央文献出版社 1999 年版，第 137～138 页。

义教育，必须把坚持马克思主义和坚持社会主义道路有机地融入其中。

在经济全球化背景下，加强爱国主义教育，把弘扬爱国主义作为社会主义意识形态建设的重要内容，对于维护中国在国际交往中的各个方面的独立性、自主性以及本国利益都是非常重要的。如前所述，在当前经济全球化这一时代背景之下，一方面，人员流动更加频繁，世界各国相互依存、相互融合的广度和深度也达到了前所未有的程度，整个世界正在变成一个密不可分、相互依赖的整体，许多事务的处理有赖于国际性组织，为处理各种国际事务又必须建立许多普遍性的国际准则、道德标准，经济全球化浪潮正冲击着以爱国主义为基础的民族国家的政治文化，使原有的以爱国主义为基础的国家地域观念遭受质疑，一个后民族国家和后地方性文化时代似乎正在到来，民族和国家认同似乎已经过时。另一方面，西方发达资本主义国家作为经济全球化发起者和领潮人，为了推动贸易自由化的进程，促进资本在国际间的流动以获取更大利益，它们抛出"全球主义意识形态"，全球主义借着这种全球化潮流以及人们对民族国家和地方性文化的上述感受开始大肆宣传民族国家过时论。为了实现这种"超越民族国家"的意识，西方国家一方面正在极力造成一种假象，即全球化时代已经到来，原有的民族国家观念已经变得不合时宜，无须再提民族国家的主权与利益；另一方面极力把民族国家加强爱国主义教育的行为指责为一种"极端民族主义"的做法，贬之为与全球化相悖的一股逆流。① 这使民族国家的爱国主义教育受到前所未有的影响和挑战。同时，西方价值观伴随着经济全球化潮流长驱直入，直接冲击各发展中国家的几千年文明积累的本土文化，使其文化及意识形态处于"认同危机"之中，使得不同于西方价值体系的社会主义意识形态的建设显得尤其困难。

事实上，全球化并不必然导致民族国家的衰落，真正处于衰落命运的只是那些在不平等的世界经济政治格局中的弱小国家，相反，居于权力中心的美国的国家主权非但没削弱，反而有无限扩张的趋势。这是因为全球化对民族国家的作用力并非单一方向的，一方面，全球化加速了国际市场的开拓和跨国资本的流动，使不同民族和国家的联系日益加深；另一方面，全球化也促使国家之间的政治经济竞争更加激烈，作为国家权力的执行者，政府的社会管理职能不仅没减弱，反而有日益强化的趋势，这也说明民族国家的地位和作用在加强。正如印度学者卡普尔指出的，"尽管饱受中伤，民族国家体制仍旧可能是唯一

---

① 林伯海：《全球化时代民族国家的爱国主义教育》，《中国特色社会主义研究》2002 年第 1 期。

可以保护第三世界国家的人民免遭寡头垄断既得利益集团的极权主义体制之害的政治结构——具有讽刺意义的是，这种集权主义体制是通过发达国家的巨大国家实力实现的。"①

作为上述论断的例证，我们可以分析一下日本政府最近几年的一系列举动，从争取联合国安理会常任理事国席位到与韩国争夺"独岛"、与中国争夺"钓鱼岛"，所有一切都说明了民族国家势力不是在消失而是在日益凸显。而且，无论联合国还是世界贸易组织（WTO），其基本单位依然是民族国家，这些组织是民族国家之间达成一种契约关系的结果。

明白上述真相之后，我们就可以确定：加强爱国主义教育绝对不是开历史的倒车，而恰恰是揭露全球主义的谎言，抵制全球主义意识形态的重要法宝，只有以爱国主义为核心弘扬民族精神，增强民族凝聚力，才能自觉维护本民族国家在全球化浪潮中的自主权和独立性，才能逐步改变国际政治经济秩序中的不平衡局面。

五、探索有效的意识形态宣传策略

意识形态宣传是架设意识形态理论内化为行为主体的价值取向和行动指南之间的重要桥梁。有鉴于此，我们不仅要坚持"综合创新论"进行马克思主义理论创新，增强社会主义意识形态的理论吸引力以及改革文化体制，解放与发展文化生产力，增强社会主义意识形态的形式创新，还必须重视意识形态的传播和宣传，不断创新意识形态的传播方式，推动社会主义意识形态尽快内化为广大社会成员的价值导向和行为指南，才能使社会主义意识形态在全球主义冲击波中保持自身的独立性和自主性。

1. 牢牢把握舆论方向，正确引导社会舆论

媒体是意识形态宣传的一个特殊领域，是党、政府与人民相互沟通、相互理解的纽带。媒体舆论比哲学、道德、宗教等更直接、更广泛地影响着整个社会活动和人们的思想意识。根据信息理论的解释，一般说来，"传播信息越多，趋同程度越高，而传播越少，趋异程度越高。"② 因此，媒体成了"兵家必争"之地。当前主要存在两种与社会主义文化争夺媒体主导权的趋势。

① ［印］吉塔·卡普尔：《全球化与文化：探索虚空》，［美］弗雷德里克·杰姆逊等编：《全球化的文化》，马丁译，南京大学出版社 2002 年版，第 133 页。

② ［美］斯蒂文·小约翰：《传播理论》，陈德明等译，中国社会科学出版社 1999 年版，第 97 页。

（1）出现了消费主义与社会主义意识形态争夺媒体阵地的问题。弗里德曼指出，消费主义盛行的目的就是"通过改变人民的自我表像、需求结构来把人民转化为消费者，用来服务于资本主义积累。"① 20 世纪 90 年代以来，消费主义正在"隐性地"夺取新闻媒体的支配权，与社会主义意识形态争夺文化领导权。突出表现为：部分媒体背后受巨额的商业广告的拉动，娱乐性节目、广告占据了大量的空间，各种报纸的版面或各种电视频道设置尽量多的娱乐内容，靠它们来获得收入或者抬高收视率；互联网上的内容更是被娱乐、游戏、女性、汽车、旅游等栏目所左右。这些媒体事实上违背了宣传工作要"贴近实际、贴近生活、贴近群众"的"三贴近"原则，只是一味地迎合广告商人或跨国投资者的趣味，尽力迎合白领阶层的生活趣味和满足受众的猎奇、刺激心态。它已不关心广大受众的真实需要，思想文化性内容、政治信息都被商业广告、娱乐内容无情地排挤出去了。

消费主义正在悄然地改变着年轻人的生活观念，培育着他们狂热消费、肆意享乐的生活方式。这些没有经历过新旧两个社会生活的新时代年轻人，当国力暂时不能满足他们的消费欲望时，很自然地只会把当前我国社会主义社会的消费程度与西方发达资本主义国家进行横向比较，这样，他们就很难体会到社会主义制度的优越性，也就很难接受社会主义意识形态。甚至有人因消费欲望无法得到满足，铤而走险，走上了偷、强、扒等犯罪道路。这种趋势已引起了当下学界和政府的密切关注，如何根据国力来引导广大人民群众形成积极的、健康向上的生活方式和消费观念，需要媒体牢牢地把握正确宣传导向，引导社会形成正确的消费观、价值观。

（2）以"媒体公器论"迷惑"党管媒体"的原则。媒体"社会公器论"是从西方新闻学那儿捡来的一个口号，认为媒体应该远离意识形态宣传，给公民以绝对的言论自由权。它是资产阶级在上升时期为抗争封建社会的言论钳制、谋求发言权而使用过的一个口号，随着资产阶级掌握政权，资产阶级自己对这个口号已不感兴趣了。鼓吹"媒体公器论"，实际上是故意曲解公民的言论自由、新闻自由权利，搅乱人们的思想，取消党在媒体舆论中的领导权和社会主义文化在媒体中的主导权的目的。

传媒制作和传播讯息必须要考虑社会效果，不能随心所欲，这已成为传播

---

① 转引自朱旭东：《全球化历史进程中的中国社会主义文化》，贵州人民出版社 2002 年版，第 72 页。

系统中的一条铁律，古今中外，概莫能外。媒体有控制传播的能力，同时又因其是社会大系统中的一个子系统，必然受到所在社会的基本制度对它们的控制。① 传媒所在社会的性质，包括政治制度、生产力水平、文化传统及状况，既直接影响和制约着传媒，同时还要求传媒为它服务。

我们再来看看号称"新闻自由"的西方媒体是否是真正的"社会公器"。答案显然是否定的。西方媒体带有强烈的意识形态偏见。在全球瞩目的北京奥运会之际，德国一位资深新闻记者迪特·黑尼希因客观报道国际奥委会对中国开放互联网的情况介绍和积极评价而被革职，因参加北京奥运火炬传递而受到惩罚。② 再如"德国之声"电台中文部副主任张丹红女士，因为多次直言不讳地批评西方媒体在西藏问题上的歪曲报道而被停职。③ 从黑尼希事件和张丹红女士的遭遇中我们可以看到，"一遇到非西方事务，西方的'新闻自由'原则就被意识形态的偏执取代。""所谓的'新闻自由'实际上只是在同一价值体系内有效，维护的是西方主流社会的利益，而一旦走出西方封闭的利益体系，面对其他利益群体，西方媒体立刻散发出'独裁者'的味道。"④ 曾在《华盛顿邮报》任访问记者的李希光用"妖魔化"这个词精辟地概括出美国新闻媒体对中国形象的歪曲报道："美国的新闻和言论自由，对于中国问题说白了就是：只有歌颂美国的自由，没有批评美国的自由；只有拥护台独和西藏分裂的自由，没有反对台独和西藏分裂的自由；只有'持不同政见者'在美报刊上发表骂中国言论的权利，而没有他人发表拥护中国言论的权利。"⑤

由此可见，当今世界，没有哪个传媒可以超脱具体的社会制度而独立存在，所谓"公器"是不存在的，因此必然是虚伪的，是资产阶级的一种意识形态伎俩，它与"意识形态多元论"是一丘之貉，都是为了给各种反共产主义和反社会主义言论提供阵地。

认识到了这一点，我们必须坚持马克思主义的新闻观，即媒体只能是党、政府和人民的喉舌，自觉地遵循新闻媒体的党性原则，新闻报道要与党和政府的中心工作保持一致，更好地体现党的意志与人民心声；同时还要"把好关，

① 转引自严瑶：《媒体公器论姓"公"吗？》，《东方评论》2004 年 11 月 16 日。
② 汪嘉波：《从黑尼希事件看德国一些媒体"新闻自由"的虚伪性》，《光明日报》2008 年 8 月 29 日。
③ 时期：《"德国之声"记者因"亲华"被革职》，《参考消息》2008 年 8 月 28 日。
④ 单仁平：《西方"新闻自由"的折扣》，《环球时报》2008 年 9 月 1 日。
⑤ 李希光等：《妖魔化中国的背后》，中国社会科学出版社 1996 年版，第 20 页。

把好度"，不能让所谓的"公共知识分子"掌握话语权。

2. 建设高素质的意识形态传播队伍

社会主义核心价值体系的宣传是一项非常复杂和庞大的工程，需要理论工作者、宣传工作者、教育工作者、文艺工作者共同努力。

思想理论工作者担负着"认识世界、传承文明、创新理论、咨政育人、服务社会"的重要职责，是党和政府工作的"思想库"和"智囊团"。① 他们重在"以科学理论武装人"，在社会主义核心价值体系的宣传中，理论研究者需要立足当代又继承民族优秀文化传统，吃透社会主义核心价值体系的思想内涵，积极推动社会主义核心价值体系的多视角、多层面的研究，产生出众多的学术精品，为社会奉献高品位的精神产品。更重要的是，理论研究者不能仅仅局限于经院式的研究，应当紧密联系当前的社会实践，深入细致地进行调查，而不是走马观花式的问卷，力求比较全面、准确地把握社会各行各业中人们对社会角色的期待以及个人在履行社会角色的过程中与社会期待的差距，对社会各阶层的思想状况做到心中有数，这样，才能为政府的决策提供理论依据和数据参考，起到智囊和参谋的作用。

文艺工作者负责为人民提供喜闻乐见的、健康的、积极向上的、具有鼓舞力量的作品，以丰富人民群众日益增长的精神生活的需求，他们对社会消费观念的形成、社会道德的指引特别是对青少年的思想倾向能产生强大的示范作用。这一特殊性质决定了文艺工作者应该真正做到以优秀的作品鼓舞人，以高尚的道德感染人，为社会主义意识形态的宣传做出表率。

宣传工作者通过报刊、广播、电视、因特网等媒体把社会的主导价值观播散到千家万户。好的成功的宣传要以保障、维护、发展安定团结的政治局面为中心任务，以弘扬主旋律为着力点，大力弘扬民族精神和时代精神，以正确的舆论引导人。在社会主义荣辱观的宣传中，宣传工作者应积极宣传具有丰富的社会主义荣辱观内涵的典型案例，对那些热爱祖国、热爱人民、热爱科学、团结互助、艰苦奋斗、遵纪守法等先进典范需要加大精力宣传；同时对那些背离人民利益、好逸恶劳、违法乱纪、骄奢淫逸等社会问题，尤其对其产生的社会危害性要以非常直白的方式加以展示，以起到警示、醒世的作用。

学校是向学生进行正确的道德观教育、帮助学生树立正确的世界观、人生观和价值观的重要场所。教育工作者肩负着正确地传授科学文化知识和进行政

---

① 《关于进一步繁荣发展哲学社会科学的意见》，新华网，2004 年 3 月 20 日。

治思想道德教育的双重责任，重在言传身教，既要能抵制市场经济带来的种种诱惑，坚守节操、淡泊名利，真正承担起教书育人的重任，也要把社会主义核心价值体系的内容传授给学生，联系实际引导学生用心体悟，真正把社会主义核心价值体系内化为行动的指南。

中国共产党是我国的执政党，是共产主义思想和共产主义道德的实践者，党员尤其是党的高级负责干部，要高度重视全心全意为人民服务、大公无私、先人后己、不怕困难牺牲等高尚情操，[①] 而且要身体力行，"以身作则地把这些精神推广到全体人民、全体青少年中间去，使之成为社会主义精神文明的主要支柱。"[②]

3. 创新传播方式，达到"好的宣传就是做到不像宣传"的效果

意识形态宣传当前面临的困境是：在高度信息化社会里，实行简单的舆论控制和信息封锁，几乎是不可能的。同样，依靠传统僵化的意识形态宣传方式也使主流意识形态难以发挥其影响力。那么，主流意识形态以何种姿态出现，以何种方式传播，才能在丰富多彩的信息世界中吸引受众的注意力，使受众在潜移默化中接受主流意识形态，以达到"好的宣传就是做得不像宣传"的效果。要解决这一难题，我们必须创新意识形态的宣传方式。在这方面，我们党早在与国民党争夺意识形态阵地战中就积累了丰富的经验。

在整个抗日战争和国内战争时期，国民党掌握着意识形态国家机器和话语权力，"煽动"民众的条件远远优于共产党。但是，在非常艰苦的条件下，我们党成功地将抽象的理论转变为生动的人物形象，"将五四时期知识分子个人主义的'小资产阶级'的语言和感伤，浪漫，痛苦，迷惘的情调'转译'为老百姓喜闻乐见的语言和形式"，[③] 塑造了白毛女、小二黑、李有才、王贵与李香香、开荒的兄妹等等活泼健朗的中国农民形象，充分利用街头诗、秧歌剧、朗诵诗、黑板报、战地通讯等相当原始的传媒形式，构建起意识形态宣传的公共空间，以人民群众喜闻乐见的方式，以生动活泼的民族形式有效地提高了它的传播效率。

今天，舆论阵地在党和国家手中，传媒手段也更加丰富多样，意识形态的宣传应该积极吸取历史上的成功经验。

---

① 《邓小平文选》第 2 卷，人民出版社 1994 年版，第 367 页。
② 《邓小平文选》第 2 卷，人民出版社 1994 年版，第 368 页。
③ 佚名：《传媒与社会主义文化领导权》，www. studa. com/newpaper/2003.

首先，多创造具有社会主义意识形态内涵的文化产品，把社会主义意识形态融入易为广大人民群众接受的道德理想形象之中，增强主流意识形态的亲和力、吸引力、说服力。比如利用卡通形式多创作一些新时期的英雄小少年形象；对英雄事迹的报道要善于捕捉平凡事迹中的点滴闪光点，以增强真实感和民众认同感；多创造反映建国以来，特别是改革开放以来社会主义新中国的新面貌、民众生活的新变化的影视作品等等。只有拥有了丰富的、优秀的、健康的、符合"三贴近"原则的精神产品，才既可以使意识形态宣传避免空洞说教，又可以抵制各种性、暴力、犯罪等"伪文化"的侵蚀。

其次，采取群众喜闻乐见的方式加以宣传，避免简单僵化的说教。弗洛伊德认为，人的心理保护机制"反抗从外部灌输"，"意识操纵成功的一半要取决于如何使个体和社会群体的心理保护手段不起作用和停止起作用的本领。"① 在意识形态宣传过程中，避免使人产生思想被操纵的嫌疑，寓教于乐，使人们在潜移默化中接受社会主义意识形态，也就是实现了心理学上所说的"好的宣传就是做得不像宣传"的效果。

再次，要深入群众，宣传工作要细致化。因为只有深入群众中做细致的调查研究，而不是走马观花式的调查，才能真正接触到群众，了解主流意识形态有哪些观点灌输到了人们的意识中去，群众接受程度如何，群众如何评价这些观点。只有深入群众，才能听取群众有哪些现实社会需求；也只有深入群众，才能了解群众思想动态，洞察各种社会思潮得以产生和流行的社会情境。从而使主流意识形态的宣传做到有的放矢，改变以往意识形态领域内长期存在的官方努力宣传，民间反映冷淡的现象。

最后，意识形态宣传工作还必须保持一贯性和经常性。意识形态宣传是一项深入持久的工作，如果其中出现了断裂或偏差，敌对的意识形态就会趁势瓦解原有的社会秩序，使得广大社会群体失去行动规范的凭依，破坏社会稳定的大局。邓小平在反思"八九"政治风波的原因时指出：坚持四项基本原则和改革开放这两个基本点没错，错只错在"坚持得不够一贯"，"四个坚持、思想政治工作、反对资产阶级自由化、反对精神污染，我们不是没有讲，而是缺乏一贯性。"② 根据历史经验教训，我们只有把意识形态的建设和宣传作为一项经常性的工作建立起来，才可能避免因为忽视而造成的各种损失。

---

① ［俄］谢·卡拉－穆尔扎：《论意识操纵》（上），社会科学文献出版社 2004 年版，第 92 页。
② 《邓小平文选》第 2 卷，人民出版社 1994 年版，第 305 页。

4. 适应现代信息传播技术的发展趋势，把互联网络作为意识形态传播的重要阵地

互联网络自 20 世纪 90 年代末进入中国以来，得到了迅猛发展。根据中国互联网信息中心的研究报告，"截至 2010 年 6 月底，我国网民规模达 4.2 亿人，互联网普及率持续上升增至 31.8%。"[①] 继 2008 年 6 月中国网民规模超过美国，成为全球第一之后，中国的互联网普及再次实现飞跃，赶上并超过了全球平均水平。互联网不仅在城市，而且在农村也逐步普及；网络的使用，已经从过去简单的信息检索和接发邮件向多元化方向发展，如信息检索、网络通信、网络社区、网络娱乐、电子商务、网络金融、网上教育。网络化生存，在中国已经成为现实。

互联网络的普及和广泛运用，对社会特别是青少年群体带来的思想观念的冲击之大是难以估量的。互联网的互动性让网民的自主性得到空前彰显，互联网络的开放性使得网民能够接收来自各个方面的信息，思想观念高度多元化，传统的舆论监控手段变得捉襟见肘。总之，互联网络在中国已经成为公民参与公共事务的最为重要的平台，成为公民自主性和公共性发育的最为重要的空间，公民监督和干预公共事务的能力不断增强。从 2003 年的孙志刚案件，到 2007 年的华南虎事件，再到 2009 年的邓玉娇案件，互联网络作为一个公共舆论平台的效果日渐明显。因此，一方面是学者惊呼"网络公共领域"在中国已经出现，另一方面则是一些党政部门叹息"政府在网络上是弱势群体"。

我们必须清醒地认识到，作为一种新信息技术，互联网络对社会的改变是不可规避的，我们不能违背它，更不能逃避它。正如胡锦涛、温家宝等中央领导对互联网的重视一样，我们应该充分利用互联网这个新平台，与时俱进地改变意识形态宣传方式，因势利导地运用互联网开展意识形态宣传工作。事实上，包括 2008 年出现的 anti-cnn 网站、"什锦八宝饭"等在内的网络平台的出现，已经雄辩地证明，互联网络完全可以成为意识形态教育的新平台。总结互联网络意识形态教育的成功案例，我们可以大致确定它对意识形态教育方式的要求：第一，形式和语言要生动，要喜闻乐见，避免生硬地说教，如"什锦八宝饭网"就体现了这种通俗性和大众化；第二，必须强调互动性，允许和鼓励网民的交流和争论；第三，要用学理的，特别是社会学的视角，以个案分

---

① 中国互联网信息中心：《第 26 次中国互联网络发展状况报告》。http://research.cnnic.cn/html/1279173730d2350.html

析的方法，透析自诩为"社会之公器"的西方媒体的意识形态性，而不是简单地驳斥和攻击；第四，对网民的爱国主义情绪应该因势利导，给予他们自己创造网络交流平台的机会，如 anti-cnn 网站的成立和运营，就是网友自发组织的成果。

互联网络既是对社会主义传统的意识形态宣传方式的极大挑战，又为社会主义意识形态宣传方式的创新，真正做到"三贴近"创造了前所未有的机遇。谁能熟练运用互联网络，谁就能获得网民的心。我们相信这句话毫不过分。在意识形态宣传方面，我们要做的不是回避互联网、否定互联网，而恰恰是掌握互联网的运行规律，利用它、发展它。

六、和而不同：积极开展对外文化交流

"和而不同"① 思想是中华民族传统文化中蕴涵的伟大思想。它用非常简约的形式高度概括了古代中国人的共生理念，它对中国人民的生活、工作、交往、处世乃至国家的内政和外交等各个方面都产生了深刻的影响。在当今经济全球化背景之下处理不同文化之间的关系时，"和而不同"思想对于建构"一种全球共生文化"② 仍具有重要的借鉴意义。

坚持"和而不同"的文化发展战略，首先必须确认不同文化间平等对话的原则。目前各种文化之间的平等对话的最大障碍就是根深蒂固的我族中心主义——当前主要表现为欧洲中心主义和美国中心主义。正如法国人类学家阿兰·李比雄所说，欧洲中心主义导致"在人类认知领域，人文科学领域，我们所拥有的是一片已定性的土地，它由两大部分组成，一是我们所继承的'西方文明'遗产，一系列认知方式与语言的总和，二是我们对于世界上与我们有差异的其他文明的无知。"③ 众所周知，在将近两个世纪里，人类学家们与其研究"对象"的距离就是西方白人世界与为西方所控制的世界之间的距离。这种自我中心主义在多元文化互动的语境中，遭到了大多数学者的强烈批判，加拿大学者查尔斯·泰勒认为，自启蒙运动以来的西方中心主义论调"不仅压抑了其他文化，而且不能正确地评价其他文化，他们所作出的诋毁性

---

① "和而不同"出自《论语·子路》："君子和而不同，小人同而不和"。原意是说君子用自己的正确意见来纠正别人的错误意见，使一切恰到好处，而不盲从附和。而小人只是盲从附和，却不肯表示自己的不同意见（参见杨伯峻编著：《论语译注》）。

② 苏国勋：《全球化背景下的文化冲突与共生》，《国外社会科学》2003 年第 3~4 期。

③ ［法］阿兰·李比雄：《多元文化世界的相互认知》，乐黛云等主编：《跨文化对话》第 11 期，上海文化出版社 2003 年版，第 21~22 页。

的判断既缺乏事实上的根据，更是一种道德上的罪过。"① 没有平等原则，很难想象人们会对不同文化作出中肯的价值判断，要坚持平等对话原则就必须彻底摒弃这种我族中心主义。

坚持"和而不同"的文化发展战略，必须尊重各民族完全有保留其特性的权利。众所周知，仅从个别的、自身文化的观察出发，要获取对整个世界与他人全面而真实的认识显然是不可能的。这不仅仅是因为如维特根斯坦所言，"眼睛无法看自己"，也是由于因自身习惯、认识方式及语言表达的固化而产生的视角上的变形。特别是当具有我族中心主义或普遍主义意识的国家或民族强大起来时，他们总想用自己认可的某种文化去"统一"别的国家民族，总想通过行动去消灭别的国家的民族文化传统，而被统治者多半不愿意、不接受，甚至拼死抵抗，是故人类历史上演绎了一幕幕文化抗争史。温家宝总理2003年12月在美国波士顿哈佛大学商学院发表了题为《把目光投向中国》的演讲，其中说道，"人类因无知或偏见引起的冲突，有时比因利益引起的冲突更可怕。"② 更为重要的是，每一种文化类型都是在特定社会群体长期的生产生活过程中衍化而出的，具有其特殊的合理性和适应性，而且这种合理性和适应性只有当地人们才能亲身体受，很难为外人所完全理解。坚持"和而不同"的文化发展战略，就是要充分认识到每一种文化的上述社会合理性，承认不同文化在不同情境中所具有的特定价值。

坚持"和而不同"的文化发展战略，应该在尊重各民族传统文化的基础上，积极推动不同文化之间的对话。今天，在全球不同构成部分之间的交往日益频繁，坚持"和而不同"的文化发展战略，一方面必须如前所述，充分尊重异质性文化与我族文化保持独特性的合理性和必要性，尊重其生存权和发展权，另一方面又不能因此而完全陷入文化相对主义的泥沼，错误地认为不同类型和性质的文化之间完全无法沟通和理解，而是要积极挖掘不同文化之间存在的某些共同特点、面对的共同问题，努力建立不同文化之间的对话平台。换言之，就是要以"相互接受为基础"，逐步开拓一片"相互认识领域"，即"以尊重各自的思想定位为前提，毫不拘束地面对面交流的精神态度"，达到"相

---

① ［加］查尔斯·泰勒：《文化与公共性》，汪晖、陈燕谷主编：《文化与公共性》，三联书店，第304页。

② 温家宝：《把目光投向中国》，人民网，2003年12月11日。

互认识"① 的目的。这样，我们才能更为客观、全面、准确而真实地认识世界，达到不同民族、地域、国家之间的相互理解，缓和甚至消除各种世界性冲突。

综上所述，"和而不同"的文化发展战略对于抵制文化帝国主义，营造一个和平、稳定的国际环境起着至关重要的作用，用阿兰·李比雄的话说，就是"犹如是对人类认识之重新构架的拱顶石"②。

中国文化必须坚持"和而不同"文化发展战略，积极主动地参与全球文化交流。世界文化交流日趋频繁的今天，文化交融不是单一的"西方到东方"、"外国到中国"的老问题，而是一种新型的国与国、区域与区域、民族与民族之间交流和互动的问题，即"主体与主体"的关系。这一新的时代特征提出了一个引人深思的问题：中国文化如何在当代西方各种强势文化的影响下进行自我定位和自我构想？在全球共同文化形成的过程中，我们一直认真探寻、追问"中国特色社会主义文化占了多少成分，是否有一定地位。"③ 这"实际上也就是一个争取自主性，建立世界文化和世界历史抱负的问题。"④ 只有在正确的自我定位的前提下，我们才能以自信的姿态，积极主动地参与国际文化竞争中吸收其他文化的优秀成分，同时又保存自身民族文化的特色。

坚持"和而不同"的民族文化战略，首先我们必须认真探寻"中西"问题。在世界社会主义运动处于低潮、资本主义生产方式全球扩展的历史情境中，在所谓的"全球化"、"全球主义"语境下，我们应质疑中西问题是不是真的被化解了，答案是否定的。恰恰相反，中西问题是我们处理"全球化"问题、反思全球主义并积极地参与新的世界文化的建设的一个前提。当前思想领域内有些学者将现代化等同于西化，认为西方文明具有普遍主义的特质，是一种主流文明，中国只要靠上去、融入进去就能实现现代化。这种思想其实就是否认世界历史是世界各民族共同创造的历史，"放弃了本民族文化传统的特

① ［法］阿兰·李比雄：《多元文化世界的相互认知》，乐黛云等主编：《跨文化对话》第 11 期，上海文化出版社 2003 年版，第 21～24 页。
② ［法］阿兰·李比雄：《多元文化世界的相互认知》，乐黛云等主编：《跨文化对话》第 11 期，上海文化出版社 2003 年版，第 23 页。
③ 朱旭东：《全球化历史进程中的中国社会主义文化》，贵州人民出版社 2002 年版，第 298 页。
④ 张旭东：《"全球化"时代的文化政治》，乐黛云等主编：《跨文化对话》第 11 期，上海文化出版社 2003 年版，第 54 页。

殊性，也是放弃了中国对于世界文化和世界历史的抱负。"① 有鉴于此，我们要有勇气、有能力去思考江泽民提出的"和而不同"民族文化战略的具体内涵。在承认中西文化传承之间的差异的基础上，在"不同"的基础上通过沟通、商谈，求同存异，达到"和"（融合），而不是盲从附和西方，不是不分是非、无原则地苟同西方。

其次，在与西方文化的正面碰撞中，只有坚持"和而不同"的文化发展战略，我们才能更清楚地认识到中国社会主义文化的价值。世界上任何一种有生命力的文化，既能在各种文化间的相互碰撞交汇中发展完善，同时也能在相互交流中显示出自身的魅力。中国文化五千年的文明史，既吸收了其他文化的精华，也向其他文化提供了许多有价值的东西。尤其是社会主义文化，追求的是"平等、公正、民主"等有关全人类幸福的价值，而西方文化追求的是自由、富裕等发展经济的"理性化"思想。与社会主义意识形态相比较，它们在价值论上是不完整的，"因为它只能在较低级的层面上，比如经济理性等层面上来描述人类幸福。"② 社会主义意识形态的成功建设，将能有效地克服西方理性主义所产生的空洞和虚幻。西方左翼学者也寄希望于中国特色社会主义意识形态能不断地发展和完善，为医治马尔库塞所说的"单面人"病症提供可资借鉴的药方。美国政治哲学家利奥·施特劳斯充分肯定了社会主义意识形态对克服西方文化的不足所具有的价值："仅当我们变得能够向东方特别是中国学习，我们才能希望超越技术性世界社会；我们才能希望一个真正的世界社会。"③ 我们又有什么理由盲目趋从或屈服于西方理性主义呢？

我们理应有充分的信心让社会主义文化与西方文化进行正面碰撞、真正交会。在多元文化相互竞争、相互交流的过程中，我们必须把马克思主义的立场、观点、方法融入到对当代生活的创造中去，要让马克思主义理论介入当代世界主要理论的讨论中。同时要坚持用马克思主义立场、观点和方法对其他文化的思想内容和表现形式进行分析、鉴别、批判。只有这样，中国特色社会主义建设事业中的历史经验，以及正面的、积极的、建设性的和创造性的价值才

① 张旭东：《"全球化"时代的文化政治》，乐黛云等主编：《跨文化对话》第 11 期，上海文化出版社 2003 年版，第 55 页。

② 张旭东：《"全球化"时代的文化政治》，乐黛云等主编：《跨文化对话》第 11 期，上海文化出版社 2003 年版，第 57 页。

③ 转引自朱旭东：《全球化历史进程中的中国社会主义文化》，贵州人民出版社 2002 年版，第 304 页。

可能被我们当代人发挥出来。加入了中国特色社会主义文化，弥补西方文化的不足，将为世界文化的多样性增添新的色彩和活力，包含了中国特色社会主义文化因子的全球文化将会更加完美。

开展对外文化交流，应该坚持两手抓，一方面以"和而不同"处理不同文化之间的关系，另一方面又要坚决反对全球主义意识形态的扩张。"和而不同"文化发展战略是针对世界上各有差异但又互相尊重的文化类型而言的。我们在全球化条件下强调"和而不同"的思想和原则，根本目的是为了保护世界文化遗产的多样性，并希冀通过这种方式感化各种"文化帝国主义"的理论和行动，维护世界的和平与稳定，同时向世界展示中华文化热爱和平的本质。但是，正如前文已经指出的，意识形态的差异是由利益的差异决定的，不同利益要求之间的不可调和必然造成不同意识形态之间的冲突和对立的不可调和。更何况全球主义意识形态的本质就是侵略性的，是以对第三世界国家和弱势国家进行新一轮殖民为目的的，与社会主义意识形态具有本质性的冲突。在这个情势下，不加区分地以"和而不同"来化解矛盾和冲突，无疑是非常简单而幼稚的做法，只能招致全球主义意识形态更为猛烈的进攻。恰恰相反，对于全球主义意识形态的进攻，我们必须"以其人之道还治其人之身"，采取同样坚决的措施进行毫不妥协的斗争。

七、推动和谐世界建设，确立中国负责任的大国形象

如果说"和而不同"、"求同存异"是我们面对咄咄逼人的西方全球主义意识形态而采取的一种具有"守势"性质的反抗策略，那么，"和谐世界"的重要理念则是我国在全球话语权力争斗中主动出击的武器，是"中国崛起"的必要步骤。2005年4月22日，胡锦涛同志在雅加达亚非峰会上第一次提出"和谐世界"概念。2005年7月1日签署的《中俄关于21世纪国际秩序的联合声明》中，"和谐世界"第一次被确认为国与国之间的共识。2005年9月15日，在纪念联合国成立60周年首脑会议上，胡锦涛主席全面阐述了和谐世界理念的深刻内涵。2007年，党的十七大确立了"和谐世界"作为我国的外交目标和国际行动的指南："共同分享发展机遇，共同应对各种挑战，推进人类和平与发展的崇高事业，事关各国人民的根本利益，也是各国人民的共同心愿。我们主张，各国人民携手努力，推动建设持久和平、共同繁荣的和谐世界。"此后，"和谐世界"理念频频出现在重大国际场合，得到越来越多国家的理解和赞同，成为中国开展国际交往的重要基石。

王逸舟在解读"和谐世界"理念时指出，"和谐世界至少有以下内涵：第

一，它是对我国宝贵外交遗产的继承，是中国、印度等国在 20 世纪 50 年代倡导的和平共处五项原则在新时期的发扬光大；第二，它是 20 世纪 90 年代后期以来中国'新安全观'等重大理念的延续，是对话求安全、合作谋发展之类共赢思路的深化；第三，针对目前的国际形势和重大矛盾，它特别强调了不同文化、地域、民族和国家之间进行对话和加深理解的迫切性，特别看重保持全球社会、政治和文明形态之多样性的必要性；第四，它充分注意到南北世界差距扩大的严重后果，要求建立更加公平合理的国际经贸安排；最后，它当然需要"有理"、"有利"、"有节"地抵制少数国家的霸权主义，推动国际关系的民主化进程。"① 从上述解读中我们可以确定，"和谐世界"理念是对"和而不同"文化观念的继承和发扬，是"和平共处五项原则"的逻辑展开和延伸，更是我国在一个并不太平和公正的世界舞台上扮演重要角色，协调国际关系，引领全球化朝着多样、公平、公正与和谐的方向发展的努力，是中国重新崛起标志。

再进一步看，"和谐世界"理念是在全世界都不满意冷战结束之后美国的霸权地位、美国的全球主义造成日益严重的全球问题的背景下提出来的，它强调了不同国家之间的平等地位以及就国际性问题和全球性问题通过共同协商形成共识的理念，符合绝大多数国家的利益诉求。正是因为这个原因，"和谐世界"理念在国际上得到越来越多的承认和支持。

作为一种与全球主义完全不同的建构全球化的理念，"和谐世界"理念的践行需要一些国家的努力和引领。中国作为"和谐世界"理念的提出者，积极参与全球性事务，提出并讨论全球游戏规则，抵制霸权行径，参与涉及全球性问题的解决方案的制定，既符合世界各国的利益，也符合中国自身的利益，是树立负责任的大国形象和同其他国家平等、和平相处的重要机会。总而言之，"和谐世界"理念需要得到践行，才能有效地抵制全球主义意识形态，才能维护中国在全球化中的利益，才能为中国自身的发展道路、意识形态正名。

八、总结"中国经验"，不断发展中国特色现代化道路

改革开放 30 多年来，中国经济建设获得了持续的飞速发展，已经成为世界第二大经济体，中国在世界舞台上的地位日益重要。更为重要的是，中国经济成功地度过了 1998 年亚洲金融危机所带来的破坏性影响，并且在 2008 年以来的

---

① 　王逸舟：《建设和谐世界：一个重大的国际倡议》，《人民日报》海外版，2005 年 9 月 24 日。

世界金融危机中一枝独秀，成为世界经济复苏的重要引擎。与广大第三世界国家相比，中国在保持经济持续高速增长的同时，还有效地维护了政治稳定和社会秩序，保证了人民生活水平的持续稳定提高。中国取得的成就，与美国所推销的全球主义理念即新自由主义给广大发展中国家带来的破坏性影响形成鲜明对比。早在 2003 年前后，就有西方学者宣称新自由主义宪章"华盛顿共识"已经破产，取而代之的应该是"中国经验"、"中国道路"、"中国模式"或者"北京共识"。① 特别是在 2008 年由美国次贷危机造成的金融危机中，美国政府所奉行的新自由主义政策不仅给世界经济带来沉重打击，而且搬起石头砸自己的脚，直接导致了美国经济的严重衰退。无论是世界学术界、政治界还是经济界，都把批判的矛头对准了美国政府奉行的自由放任的经济发展政策，反思和批判以美国为主导的世界经济秩序成为过去一年多来世界政治界、经济界和学术界的核心话题。在人们的反思和批判声中，中国经验反而成了世界经济发展的样板，中国特色的现代化道路正在世界新一轮的金融危机中获得了新的发展。

在这种背景下，我们需要系统总结"中国经验"，向世界人民展示我们所选择的社会主义现代化道路。可以说，在某种程度上"中国经验"应该成为我国社会主义意识形态的一个组成部分，它不仅是国内民众教育的核心内容，也是向世界正名中国的重要武器。

在雷默 2003 年提出"北京共识"概念后，学术界兴起了研究"中国经验"的热潮，先后召开了几次研讨会，社会科学文献出版社先后出版《中国与全球化：华盛顿共识还是北京共识》、《中国模式与"北京共识"：超越"华盛顿共识"》两本论文集。俞可平对"中国模式"的内涵做了概括：首先是改革开放，第二是根据自身的国情积极参与全球化进程，并在参与全球化进程中始终保持自己的特色和自主性；第三是正确处理改革、发展和稳定的关系；第四是坚持市场导向的经济改革，同时辅之以强有力的政府调控；第五是推行增量的经济与政治改革，以渐进改革为主要的发展策略，同时进行必要的突破性改革。当然，"中国模式"还是存在自己的短处，包括：在以经济发展为中心的同时，对社会发展以及可持续发展关注较少；效率与公平的关系没有处理好，畸重畸轻；民主政治改革同经济改革、社会发展之间不太平衡；国家在公民责任承担方面尚需进步；公民社会的发展还需努力，需要建立国家与公民社

---

① 雷默：《北京共识》，黄平、崔志元主编：《中国与全球化：华盛顿共识还是北京共识》，社会科学文献出版社 2005 年版。

会之间的合作关系。① 2009 年，回望改革开放三十年和共和国建国六十年历程，以世界金融危机为契机，《读书》第 9 期发表了一组关于"共和国六十年与中国模式"的笔谈，重新提出应该总结"中国经验"。② 的确，在俞可平对"中国经验"做出总结之后的五年里，中国又发生了重大变化，物质文明、政治文明、精神文明、社会建设以及生态文明被并置，以同等地位快速发展。"科学发展观"强调了"以人为本"的统筹发展方式，"和谐社会"强调了公平、正义的社会建设目标。这说明，"中国经验"是一个开放的体系，需要我们不断进行总结和发现，用铁的事实来证明"中国经验"对于中国的适用性、对于发展中国家的可参照性以及对于世界经济发展的可借鉴性。

对于意识形态领域的斗争而言，"中国经验"不仅为我国意识形态的成功传播提供基础，而且，中国的社会主义价值观和意识形态本身就应该成为"中国经验"的组成部分。"中国经验"被接受的过程，就是中国意识形态被承认的过程。

---

① 俞可平、庄俊举：《热话题与冷思考——关于"北京共识"与中国发展模式的对话》，黄平、崔志元主编：《中国与全球化：华盛顿共识还是北京共识》，社会科学文献出版社 2005 年版。
② 朱汉云等：《共和国六十年与中国模式》，《读书》2009 年第 9 期。

余　论

　　行文至此，从逻辑上看，似乎该给本文打上最后的句号了。但是，问题并没有结束。这首先是因为，虽然社会主义制度完全战胜资本主义并最终实现共产主义的大同世界，是人类社会发展不可抗拒的历史规律，是勿庸置疑的历史发展方向，但是在我们所处的时代中，社会主义制度还不是很成熟，生产力水平还不高，资本主义制度的活力还没有完全穷尽，"一球两制"的政治态势还将保持较长一段时间。因此，社会主义意识形态与资本主义意识形态的并存与对峙，社会主义意识形态相对于后者暂时的弱势和守势地位，也是当代世界不争的事实。而且，二者之间的这种既相互共存、又相互对立的状态，将一直伴随着两种社会制度之间的较量而长期存在。上述状态意味着，在"一球两制"的历史现状下，社会主义意识形态在我国意识形态领域内的主导地位并不能无条件地得到担保。正如本文"导论"中指出的，维护垄断资产阶级秩序的各种意识形态的表现形式在不断改变，资产阶级"按照自己的面貌为自己创造出一个世界"的企图却一直没有改变。所以，研究资本主义意识形态的各种最新变化，揭示其各种宣传和观点的意识形态本质，研究社会主义意识形态在新的历史背景中的战略选择，将是一个一定时期内历久弥新的重大课题。

　　其次，从技术层面上看，意识形态斗争的胜负最终必须落实到意识形态传播和宣传的策略设计和选择上。在美国，流行着一句口号：好的宣传就是要做得不像宣传。换言之，真正的意识形态就是要装扮得最不像意识形态，与受众的生活方式、心理结构等尽可能保持一致。唯有如此，深具欺骗性的资本主义意识形态才能在受众不知不觉的情境下进入受众的知识构成和心智结构中，像一只看不见的手操纵着受众的思维、言语和行动。本文对资本主义意识形态的这种传播方式做了介绍和分析。社会主义意识形态虽然就其本质来说是完全不同于资本主义意识形态的，但它的理想性和未来性却要求它同样需要在操作技术上走化整为零、化说教为"润物细无声"的道路。而这一最为关键的方面在我国社会主义意识形态的建设中却未受到充分重视。虽然党中央一直在强调意识形态宣传要深入群众，采取群众喜闻乐见的形式，要做到"三贴近"，即贴近实际、贴近生活、贴近群众，但对具体操作技术的研究的缺失却使这些强调未能得到真正落实。本文虽然对如何实现社会主义意识形态传播技术的改进做了一些探讨，但是，这些探讨还是相当粗浅，对于建构高度有效的社会主义意识形态的运行和传播机制的重大任务来说还是远远不够的。或者说，本文仅仅提出了关涉这一主题迫切需要解决的一些问题，而对技术层面的问题没有开展更深入的探索。这些问题包括：如何使广大马克思主义研究者能固守一片境地，潜心进行马克思主义原著研究，特别是关于平等、自由、民主、人权等理论研究，增强马克思主义理论的战斗力，以摆脱长期以来受西方理论概念体系的禁锢，消除资本主义观点的影响；如何坚持"和而不同"的民族文化战略，与不同文化进行交流时，使中国特色的社会主义文化在世界民族文化园内能占有重要一席；如何进一步汲取心理学、传播学等多学科的理论成果，创新社会主义意识形态的传播和宣传方式，真正达到"好的宣传就是做得不像宣传"的效果，使社会行为主体自发地接受社会主义意识形态；如何正确引导互联网这种新媒体不被消费主义所主宰，而成为社会主义意识形态宣传的重要阵地。对这些问题的研究，需要多学科的合作，需要群体性力量的共同努力，需要中央的高度重视和支持，需要深入到实践中，在实践中理解和把握受众的心理和知识结构以及理想性的意识形态与这些现实的心理结构、知识结构的契合机制。

最后，如何处理"泛意识形态化"与"去意识形态化"的关系，也是一个悬而未决的问题。所谓"泛意识形态化"，就是认为人类所有的文明成果都是某种意识形态的载体，应该也能够服务于该意识形态。所谓"去意识形态化"，看到的则是意识形态所具有的对人的思维、言语和行动设置边界甚至轨道、压抑人的创造力和个体自由的可能性，因此要求把意识形态的传播和宣传限制在一定范围内，如经济就只能被看做是经济现象，而不能被当作意识形态的载体。"去意识形态化"的最极端的做法就是宣布意识形态完全是非法的，要消解一切意识形态。西方思想史经历了从"泛意识形态化"到"去意识形态化"，再到"泛意识形态化"的过程。从古希腊到启蒙运动时期，真善美总是合一的，因为真所以美和善，因为善所以美和真，反之亦然。以这种认识论为依据，所有的现象都可以用"善"和"恶"这样的意识形态话语来分析和概括，故这个时期是"泛意识形态化"的。进入启蒙运动时期以后，二元论切断了真、善、美之间的联系脐带，真之为真，不是因为其美而善，而恰恰可能是因为它的不善不美，反之亦然。在这个时期，经济、政治、文化、社会之间不再是相互叠压的关系，而是各说各话，互不搭界，科学也只是真理的象征，而与意识形态无涉。到了后现代主义破土而出的时代，真善美之间这种互不搭界甚至相互扞格的历史则宣告终结，三者之间虽然不再被认为是启蒙运动以前所设定的那种必然的正相关关系，而是一种悖论性的、偶然性的相关关系，但三者在现实社会生活中被扭结在一起却是不可规避的事实。科学被宣布为现代宗教，是意识形态的和道德的；经济也被宣布为是政治的，不同的人具有的特定审美趣味被认定为由其阶级地位和价值观念决定的。一个"泛意识形态化"的时代正卷土重来。但是，尽管后现代主义如此宣称和批判，迄今为止，"去意识形态化"仍然是西方强势国家政府把握的舆论界和理论界对外宣传的一致声音。

在新中国历史上，我们也经历了"泛意识形态化"和"去意识形态化"两个阶段。20世纪50年代末期，反右运动掀起了我国"泛意识形态化"的序幕，任何意见、任何行动都以意识形态标准来审查和批判，"文化大革命"时期这种"泛意识形态化"达到顶点。这种"泛意识形态化"的倾向不仅造成了中国浪费了20年的宝贵发展时间，而且严重扭曲了人性和社会生活。党的十一届三中全会的召开，促使了"泛意识形态化"在中国的终结，但我国并没有因此而走向"去意识形态化"的另一个极端，而是理性地看到了经济与政治、文化与政治之间的错综复杂的关系，意识形态仍然对发动经济改革、判断文化建设起着标准作用。但是，在现实生产和生活中，"去意识形态化"还在以各种极端形式表现出来。

正如后现代论者一针见血指出的那样，真善美从来不可分割，政治、经济、文化从来也不是相互孤立的，而是悖论性地纠缠在一起。虽然西方政界和理论界大谈"去意识形态化"，但他们在现实生活中从来没有真正"去意识形态化"，却是一个不断地"再（泛）意识形态化"的过程，如把全球化宣称为一个客观的社会历史进程，试图掩盖其由美国等西方强势国家一手操纵，具有明显的新殖民主义目的的事实。他们宣称并张扬"去意识形态化"，只不过是一种更为"意识形态化"的意识形态，其直接目标就是掩盖其行动的意识形态实质，并诱导异质文化国家摒弃自身的意识形态。

由此可见，极端的"去意识形态化"现象的危害是极其严重的。但是，我们又不能因此而重返过去的"泛意识形态化"时代。这样，保持意识形态在我国社会生活中的适当位置，怎样才能既不贻误社会主义现代化建设，又不丧失我国现代化建设的社会主义方向和中华民族的独立性和自主性，是一个仍需努力探索的重大实践课题。

一言以蔽之，在不得不接受全球化，又必须对全球化保持高度警惕的今天，社会主义意识形态的建设具有特殊的长期性和艰巨性特点，因此科学地研究社会主义意识形态的建设思路和具体策略，同样是一个艰难和长期的过程，需要理论工作者们的不懈努力。

参考文献

一、经典文献和领导人讲话

马克思与恩格斯:《马克思恩格斯选集》第1、2、3、4卷,人民出版社1995年版。

马克思与恩格斯:《马克思恩格斯全集》第1卷,人民出版社1956年版。

马克思与恩格斯:《马克思恩格斯全集》第2卷,人民出版社1957年版。

马克思与恩格斯:《马克思恩格斯全集》第7卷,人民出版社1959年版。

马克思与恩格斯:《马克思恩格斯全集》第46卷(上),人民出版社1979年版。

列宁:《列宁选集》第1、2、3、4卷,人民出版社1995年版。

列宁:《列宁全集》第17卷,人民出版社1988年版。

列宁:《列宁全集》第35卷,人民出版社1985年版。

毛泽东:《毛泽东选集》第1、2、3、4卷,人民出版社1991版。

邓小平:《邓小平文选》第3卷,人民出版社1993年版。

邓小平:《邓小平文选》第1、2卷,人民出版社1994年版。

江泽民:《江泽民论社会主义精神文明建设》,中央文献出版1999年版。

江泽民:《全面加强党的建设的伟大纲领》,人民出版社2000年版。

江泽民:《江泽民论有中国特色社会主义》,中央文献出版社2002年版。

胡锦涛:《在中央人口资源环境工作座谈会上的讲话》,人民网,2004年4月4日。

胡锦涛:《深刻认识构建社会主义和谐社会的重大意义,扎扎实实做好工作大力促进社会和谐团结》,《人民日报》,2005年2月20日第1版。

胡锦涛:《中共中央关于构建社会主义和谐社会的若干重大问题的决定》,人民网,2006年10月18日。

胡锦涛:《高举中国特色社会主义伟大旗帜为夺取全面建设小康社会新胜利而奋斗:在中国共产党第十七次全国代表大会上的报告》,《人民日报》,2007年10月25日。

胡锦涛:《在纪念党的十一届三中全会召开30周年大会上的讲话》,人民出版社2008年版。

李长春:《从"三贴近"入手改进和加强宣传思想工作》,《求是》2003年第10期。

李长春：《加强未成年人思想道德建设极为迫切》，新华网，2004 年 2 月 12 日。

二、中文著作

蔡拓：《全球问题与当代国际关系》，天津人民出版社 2002 年版。

查灿长：《当代世界经济发展新趋势》，新华出版社 2002 年版。

樊亢：《资本主义兴衰史》，北京出版社 1991 年版。

方克立：《现代新儒学与中国现代化》，天津人民出版社 1997 年版。

方书涛：《当前国际政治与社会主义发展》，世界知识出版社 2002 年版。

丰子义：《马克思"世界历史"理论与全球化》，人民出版社 2002 年版。

公羊主编：《思潮——中国"新左派"及其影响》，中国社会科学出版社 2003 年版。

韩德强：《碰撞——全球化陷阱与中国现实选择》，经济管理出版社 2000 年版。

何新：《思考：新国家主义经济观》，时事出版社 2001 年版。

何秉孟：《新自由主义评析》，社会科学文献出版社 2004 年版。

胡连生：《当代资本主义的新变化与社会主义的新课题》，人民出版社 2000 年版。

胡泳：《众声喧哗：网络时代的隔热表达与公共讨论》，广西师范大学出版社 2008 年版。

花建等著：《文化产业竞争力》，广东人民出版社 2005 年版。

黄平、崔志元主编：《中国与全球化：华盛顿共识还是北京共识》，社会科学文献出版社 2005 年版。

李崇富：《较量：关于社会主义历史命运的战略沉思》，当代出版社 2000 年版。

李惠斌主编：《全球化：中国道路》，社会科学文献出版社 2003 年版。

李希光等：《妖魔化中国的背后》，中国社会科学出版社 1996 年版。

李友梅、肖瑛、黄晓春：《社会认同：一种结构分析的视野》，上海人民出版社 2007 年版。

李友梅等：《改革开放 30 年：中国社会生活的变迁》，中国大百科全书出版社 2008 年版。

李玉珂：《经济全球化与一球两制格局的前景》，中央民族大学出版社 2003 年版。

刘建飞：《美国与反共主义——论美国对社会主义国家的意识形态外交》，中国社会科学出版社 2001 年版。

罗文东：《中国特色社会主义文化理念论》，中国法制出版社 2003 年版。

马德普：《社会主义基本价值论》，中央编译出版社 1997 年版。

马维野：《全球化时代的国家安全》，湖北教育出版社 2003 年版。

苏国勋、张旅平、夏光：《全球化：文化冲突与共生》，社会科学文献出版社 2006 年版。

宋惠昌：《当代意识形态研究》，中央党校出版社 1993 年版。

唐士其：《西方政治思想史》，北京大学出版社 2002 年版。

唐宝林：《马克思主义在中国 100 年》，安徽人民出版社 1997 年版。

童世骏：《意识形态新论》，上海人民出版社 2006 年版。

童世骏：《文化软实力》，重庆出版社 2008 年版。

王逸舟：《探寻全球主义国际关系》，北京大学出版社 2005 年版。

王晓朝：《基督教与美国文化》，东方出版社 1998 年版。

王晓德：《美国文化与外交》，世界知识出版社 2000 年版。

王列主编：《全球化与世界》，中央编译出版社 1998 年版。

王绍光：《民主四讲》，生活·读书·新知三联书店 2008 年版。

文甘君：《忧郁的俄罗斯在反思》，三联书店 2000 年版。

萧功秦：《与政治浪漫主义告别》，湖北教育出版社 2002 年版。

许新等：《超级大国的崩溃——苏联解体原因探析》，社会科学文献出版社 2001 年版。

杨立英等：《全球化、网络化境遇与社会主义意识形态建设研究》，人民出版社 2006 年版。

俞可平主编：《全球化时代的“社会主义”》，中央编译出版社 1998 年版。

俞可平主编：《全球化时代的“马克思主义”》，中央编译出版社 1998 年版。

俞可平、黄平等主编：《中国模式与“北京共识”：超越“华盛顿共识”》，社会科学文献出版社 2006 年版。

俞吾金：《意识形态论》，上海人民出版社 1993 年版。

俞正梁：《当代国际关系导论》，复旦大学出版社 1996 年版。

张岱年：《文化与哲学》，教育科学出版社 1988 年版。

张骥等：《文化与当代国际政治》，人民出版社 2003 年版。

张世鹏等编译：《全球化时代的资本主义》，中央编译出版社 1998 年版。

张世鹏：《全球化与美国霸权》，北京大学出版社 2004 年版。

张顺洪等：《英美新殖民主义》，社会科学文献出版社 1999 年版。

张树华：《当代俄罗斯政治思潮》，新华出版社 2003 年版。

张晓明等：《2010 年中国文化产业发展报告》，社会科学文献出版社 2010 年版。

郑永廷：《社会主义意识形态研究》，中山大学出版社 2001 年版。

郑永廷：《社会主义意识形态发展研究》，人民出版社 2002 年版。

中共中央党校科研部东西方政党和文化比较研究中心：《苏共的失败及教训》，中共中央党校出版社 1994 年版。

朱旭东：《全球化历史进程中的中国社会主义文化》，贵州人民出版社 2002 年版。

朱兆中：《中国社会主义意识形态建设纵论》，上海人民出版社 2003 年版。

三、中文论文

鲍宏礼：《经济全球化与全球主义战略：马克思主义与全球主义哲学思潮比较研究》，《理论与改革》2002 年第 5 期。

本报评论员：《坚持和谐文化建设的正确方向——论全面准确理解社会主义核心价值体系》，《人民日报》2006 年 12 月 20 日。

蔡拓：《全球主义与国家主义》，《中国社会科学》2002 年第 3 期。

常欣欣：《经济全球化对国际关系的影响》，《当代世界》1999 年第 2 期。

陈安国：《全球化语境中"人权高于主权"意识形态之批判》，《实事求是》2002 年第 2 期。

陈奎元：《繁荣发展中国特色的哲学社会科学》，《人民日报》2004 年 4 月 20 日。

陈德照：《关于世界多极化发展的几个问题》，《世界经济与政治》2000 年第 6 期。

陈鲁直：《全球化与全球主义生产方式资本主义》，《战略与管理》2003 年第 1 期。

陈剑澜：《康德的启蒙理性之问》，《读书》2004 年第 5 期。

陈龙：《媒介文化全球化与当代意识形态的涵化》，《国际新闻界》2002 年第 5 期。

陈昕、黄平：《消费主义文化在中国社会的出现》，《天涯》2000 年第 4 期。

陈学明：《苏东剧变后国际马克思主义大会的启示》，《复旦大学学报》1999 年第 6 期。

陈永亮：《全球化时代意识形态的变革》，《太平洋学报》2003 年第 1 期。

程恩富：《新自由主义的起源、发展及其影响》，《求是》2005 年第 3 期。

春阳：《评意识形态"多元化"等观点》，《求是》1990 年第 12 期。

崔恒昌：《试论国际人权保护的缺陷与不足》，北大法律信息网，2007 年 1 月 11 日，转引自 http://www.mzfz.net/Html/xfx/.

段若非：《什么是马克思主义，怎样坚持和发展马克思主义》，《当代思潮》2004 年第 3 期。

杜寒风：《全球化中的文化问题》，《当代世界与社会主义》1998 年第 3 期。

冯达成：《全球化时代我国意识形态面临的挑战与对策》，《广西社会科学》2002 年第 3 期。

冯虞章：《怎样认识所谓"普世价值"》，《"普世价值"八人谈》，载《思想理论导刊》2008 年第 11 期。

裴敏欣：《"软实力"也是强国之本》，《环球时报》2004 年 4 月 16 日。

房宁：《我国决不能搞西方的多党制》，《人民日报》2009 年 2 月 9 日。

甘阳：《中国道路：三十年与六十年》，《读书》2007 年第 6 期。

高放：《马克思主义面临当代资本主义的挑战》，《马克思主义与现实》2003 年第 3 期。

韩源：《全球化背景下维护我国文化安全的战略思考》，《毛泽东邓小平理论研究》2004 年第 4 期。

何秉孟：《在〈新自由主义评析〉出版座谈会上的讲话》，《马克思主义研究》2004 年第 4 期。

贺善侃：《全经济全球化背景下的价值认同与冲突》，《毛泽东邓小平理论研究》2003 年第 5 期。

侯惠勤：《弱化与强化：意识形态的当代走向与马克思主义的话语权——论邓小平理论和"三个代表"的一大理论创新》，《毛泽东邓小平理论研究》2004年第6期。

侯惠勤：《"普世价值"的理论误区和实践陷阱》，《马克思主义研究》2008年第9期。

胡惠林：《国家文化安全：经济全球化背景下中国文化产业发展策论》，《学术月刊》2000年第2期。

胡仁春：《文化产品进出口缘何出现"贸易逆差"》，《经济日报》2003年4月22日。

胡联合：《西方国家有多少搞"三权分立"的?》，《中国社会科学院报》2009年2月17日。

黄楠森：《热话题与冷思考——关于时代发展与马克思主义本土化的对话》，《当代世界与社会主义》2004年第3期。

吉炳轩：《新闻宣传要把好关，把好度》，《新闻战线》2004年第3期。

康晓光：《文化民族主义论纲》，《战略与管理》2003年第2期。

康晓光：《仁政：权威主义国家的合法性理论》，《战略与管理》2004年第2期。

李崇富：《认准大时代，拥抱新世纪》，《当代思潮》2000年第1期。

李崇富：《关于"普世价值"的几点看法》，《马克思主义研究》2008年第9期。

李崇富、昝瑞礼等：《学术综述：对当前国际金融危机的马克思主义解读》，人民网理论频道，2008年11月28日。

李德顺：《全球中的价值冲突与我们的战略》，《社会科学管理与评论》2003年第1期。

李强：《美国新帝国主义全球战略的政治哲学解读》，《思想理论信息》（清华大学高校德育研究中心编）2003年第30期，

李小江：《全球化：性别与发展》，《读书》2005年第3期。

李延明：《全球化与共产主义的历史趋势》，《马克思主义研究》2001年第6期。

李江源：《最符合我国国情的民主政治制度》，《人民日报》2009年2月2日。

李琮：《论经济全球化》，《中国社会科学》1995年第1期。

林伯海：《全球化时代民族国家的爱国主义教育》，《中国特色社会主义研究》2002年第1期。

林宏宇：《理想与现实的交互：全球化背景下的人权与主权》，《世界经济与政治论坛》2001年第1期。

刘宝村：《全球化的挑战和国家意识形态教育战略》，《马克思主义与现实》2008年第2期。

刘福森、蓝海：《消费主义文化价值观的后现代解读》，《自然辩证法研究》2002年第9期。

刘振江：《"民主和人权全球化"理论评析》，《国外理论动态》2007年第7期。

罗文东：《把握社会主义核心价值体系的灵魂——坚持以马克思主义为指导》，《光明日报》2007年8月7日。

孟晓驷：《中外文化产业比较研究》，深圳新闻网，2004 年 12 月 16 日。

祁亚辉：《全球化挑战民族国家的主权与疆界》，http：//www. xslx. com/htm/gjzl/gjzs/2006 - 09 - 09 - 20341. htm.

秋石：《民族复兴中的文化使命》，《求是》2004 年第 6 期。

任剑涛：《在两种宪政设计之间：自由主义与中国宪政改革》，http：//www. lwlm. com/guojiafaxianfa/200902/267430p3. htm.

沙健孙：《坚持马克思主义的指导地位反对西式教条主义》，《马克思主义研究》2004 年第 5 期。

单仁平：《西方"新闻自由"的折扣》，《环球时报》2008 年 9 月 1 日。

申小翠、肖瑛：《马克思与曼海姆的意识形态比较研究》，《广西大学学报》2004 年第 2 期。

申小翠：《"意识形态"概念的历史流变》，《中国社会科学院研究生院学报》2005 年第 4 期。

申小翠：《"全球主义"的内涵及其谱系》，《广西大学学报》2006 年第 6 期。

申小翠：《好的宣传是做得不像宣传》，《郑州大学学报》2007 年第 5 期。

申小翠：《全球主义的基本主张及其批判》，《马克思主义研究》2007 年第 12 期。

申小翠：《建构"全球化"的三种意识形态及其比较研究》，《广西大学学报》2009 年第 3 期。

沈湘平：《全球化的意识形态陷阱》，《现代哲学》1999 年第 2 期。

时殷弘：《中美"伦理与国际事物"学术研讨会述评》，《美国研究》1999 年第 3 期。

时翔：《"德国之声"记者因"亲华"被革职》，《参考消息》2008 年 8 月 28 日。

萨本望：《美国克林顿政府外交政策评析》，《国际政治》2001 年第 9 期。

苏国勋：《全球化背景的文化冲突与共生》，《国外社会科学》2003 年第 3~4 期。

苏国勋：《从社会学视角看"文明冲突论"》，《社会学研究》2004 年第 3 期。

苏国勋：《共生理念的社会学解读》，《社会学家茶座》2004 年第 3~4 期。

汤一介：《文化的多元共处："和而不同"的价值资源》，《跨文化对话》第 1 期，上海文化出版社 1998 年版。

田春生：《论俄罗斯经济转型前 10 年的政策失败及其原因》，何秉孟主编：《新自由主义评析》，社会科学文献出版社 2004 年版。

童世骏：《全球政治中的普遍主义和意识形态批判》，http：//www. internationalrelations. cn/2004.

王琳：《文化的全球化及文化产业的全球竞争策略》，《天津大学学报》2006 年第 2 期。

王伦光：《论全球化背景下价值认同与价值冲突的根源》，《理论与改革》2008 年第 3 期。

王庆五：《全球化与社会主义价值复兴》，《学习与探索》2000 年第 4 期。

王仁贵：《学者称中国基尼系数连续上升贫富差距拉大》，新华网，2009 年 5 月 18 日。

王绍光：《中央情报局与文化冷战》，《读书》2002 年第 5 期。

王小侠：《论威尔逊的全球主义》，《辽宁大学学报》2004 年第 2 期。

王炎：《从"虐俘"谈"帝国"内部的矛盾》，《读书》2005 年第 1 期。

王一程：《马克思主义是剖析"普世价值"问题的科学思想武器》，《"普世价值"八人谈》，载《思想理论导刊》2008 年第 11 期。

王逸舟：《建设和谐世界：一个重大的国际倡议》，《人民日报》海外版，2005 年 9 月 24 日。

王俊：《"儒家社会主义"的历史语境与局限》，《二十一世纪》网络版第 67 期，2007 年 10 月 31 日。

汪信砚：《全球化中的价值认同与价值观冲突》，《哲学研究》2002 年第 11 期。

汪嘉波：《从黑尼希事件看德国一些媒体"新闻自由"的虚伪性》，《光明日报》2008 年 8 月 29 日。

文彬、建林：《评"人权高于主权"》，《外交学院学报》2001 年第 4 期。

吴迎春：《如何面对经济全球化》，《人民论坛》2000 年第 7 期。

吴易风：《和青年朋友谈谈新自由主义》，《中华魂》2004 年第 1 期。

肖瑛：《中国传统文化体系的核心结构与中国历史之进路——关于"韦伯难题"的另类思考》，《唐都学刊》2003 年第 2 期。

肖瑛：《风险社会及其超越："反身性"与贝克的风险社会理论之建构》，《社会理论》2007 年第 3 期。

肖瑛：《法人团体：一种"总体的社会组织"的想象》，《社会》2008 年第 2 期。

肖瑛：《作为风险的认同与作为认同的风险——社会认同视角下的风险社会生产机制研究》，《社会理论论丛》2009 年第 4 辑。

徐绍刚：《执政党与意识形态》，《政治学研究》2003 年增刊。

徐亦让：《批判"人权高于主权"的谬论》，《哲学研究》2000 年第 10 期。

许志功：《关于坚持马克思主义指导地位的几个问题》，《前线》2004 年第 6 期。

严瑶：《媒体公器论姓"公"吗？》，《东方评论》2004 年 11 月 16 日。

杨冠群：《全球主义思潮与民族国家意识的碰撞——浅论跨国公司的是与非》，《国际问题研究》2002 年第 5 期。

杨国炎：《直接选举与间接选举的利弊比较》，《空军政治学院学报》1994 年第 2 期。

杨金海：《如何进一步从对马克思主义的错误的和教条式的理解中解放出来》，《当代学术论丛》第二辑，中央编译出版社 2004 年版。

杨金海：《党最根本的思想建设——有关实施马克思主义理论研究和建设工程的对话》，《河南日报》，2004 年 9 月 17 日。

叶启政：《均值人与离散人的观念巴别塔：统计社会学的两个概念基石》，《现代政治与自然》，上海人民出版社2003年版。

衣俊卿：《全球化的文化逻辑与中国的文化境遇》，《社会科学辑刊》2002年第11期

尹保云：《中国的意识形态重构》，《中国社会科学季刊》2000年秋季号。

俞海山：《中国消费主义解读》，《社会》2003年第2期。

俞可平：《全球化的二律背反》，《马克思主义与现实》1998年第4期。

俞正梁：《经济全球化进程中的新世界格局》，《复旦大学学报》2000年第1期。

袁贵仁：《社会主义意识形态的本质体现》，《人民日报》，2008年4月21日。

张岱年：《文化传统与综合创新》，《江海学刊》2003年第5期。

张秀玲：《社会主义意识形态及我国意识形态建设——兼论国际弱势意识形态发展的规律》，《江西社会科学》2003年第1期。

张旭东：《"全球化"时代的文化政治》，《跨文化对话》第11期，上海文化出版社2003年版。

张祖桦：《中国政治改革的总体目标：建立宪政民主体制》，《当代中国研究》1999年第3期。

中国社会科学院"新自由主义研究"课题组：《新自由主义研究》，《马克思主义研究》2003年第6期。

钟哲明：《评民族国家"过时"、"人权高于主权"论》，《北京大学学报》1999年第6期。

周穗明：《西方发展观的反思与新发展主义的兴起》，《岭南学刊》2002年第6期。

周新城：《关于"普世价值"的随想》，《马克思主义研究》2008年第9期。

周锦尉：《人民行使国家权力的最好形式》，《人民日报》2009年2月2日。

朱力宏等：《中欧人权观的异同及其对中欧关系的影响》，《国家行政学院学报》2002年第4期。

朱玲：《金融危机让马克思在西方再畅销》，《北京青年报》，2009年1月5日。

朱汉云等：《共和国六十年与中国模式》，《读书》2009年第9期。

四、汉译著作：

阿尔布劳：《全球时代——超越现代性之外的国家和社会》，高湘泽等译，商务印书馆2001年版。

鲍曼：《立法者与阐释者》，洪涛译，上海人民出版社2000年版。

鲍曼：《全球化——人类的后果》，郭国良译，商务印书馆2001年版。

贝克、哈贝马斯等：《全球化与政治》，王学东等译，中央编译出版社2000年版。

贝克、威尔姆斯：《自由与资本主义》，路国林译，浙江人民出版社2001年版。

贝尔：《资本主义的文化矛盾》，赵一凡等译，生活·读书·新知三联书店1998年版。

波德里亚：《消费社会》，刘成富等译，南京大学出版社2000年版。

波普尔：《开放社会及其敌人》第2卷，郑一明等译，中国社会科学出版社1999年版。

布迪厄、华康德：《实践与反思》，李猛等译，中央编译出版社1998年版。

布热津斯基：《实力原则：1977～1981年国家安全顾问回忆录》，邱应觉等译，世界知识出版社1985年版。

布热津斯基：《大失控与大混乱》，潘嘉玢等译，中国社会科学出版社1994年版。

布热津斯基：《大棋局：美国的首要地位及其地缘战略》，中国国际问题所译，上海人民出版社1998年版。

道格拉斯·C.诺斯：《经济史中的结构与变迁》，陈郁等译，上海三联书店1993年版。

德里克：《后革命氛围》，王宁等译，中国社会科学出版社1999年版。

德里克：《跨国资本时代的后殖民批评》，王宁译，北京大学出版社2004年版。

方纳：《美国自由的故事》，王希译，商务印书馆2002年版。

费瑟斯通：《消费主义与后现代主义》，刘精明译，译林出版社2000年版。

傅尔曼：《世界主义》，台北帕米尔书店1977年版。

福山：《历史的终结及最后之人》，黄胜强等译，中国社会科学出版社2003年版。

戈尔巴乔夫：《改革与新思维》，世界知识出版社1988年版。

戈尔巴乔夫：《戈尔巴乔夫言论选集》，苏群，人民出版社1987年版。

葛兰西：《狱中札记》，曹雷雨译，中国社会科学出版社2000年版。

哈特、奈格里：《帝国——全球化的政治秩序》，杨建国等译，江苏人民出版社2003年版。

亨特：《意识形态与美国外交政策》，褚律元译，世界知识出版社1999版。

亨廷顿：《第三波——20世纪后期民主化浪潮》，刘军宁译，上海三联书店1998年版。

亨廷顿：《文明的冲突与世界秩序的重建》，周琪等译，新华出版社2002年版。

亨廷顿：《我们是谁？》，程克雄译，新华出版社2005年版。

亨廷顿、伯杰主编：《全球化的文化动力》，康敬贻等译，新华出版社2004年版。

霍克海默、阿道尔诺：《启蒙辩证法》，渠敬东等译，上海人民出版社2003年版。

吉登斯：《现代化的后果》，田禾等译，译林出版社1990年版。

杰姆逊、三好将夫编：《全球化的文化》，马丁译，南京大学出版社2002年版。

卡西勒：《启蒙哲学》，顾伟铭等译，山东人民出版社1988年版。

卡拉－穆尔扎：《论意识操纵》（上、下），徐昌翰等译，社会科学文献出版社2004年版。

科兹、威尔：《来自上层的革命——苏联体制的终结》，曹荣湘等译，中国人民大学出版社2002年版。

孔多塞：《人类精神进步史表纲要》，何兆武等译，生活·读书·新知三联书店1998年版。

雷迅马：《作为意识形态的现代化》，牛可译，中央编译出版社2003年版。

罗伯森：《全球化：社会理论和全球文化》，梁光严译，上海人民出版社2000年版。

罗素：《西方哲学史》，何兆武等译，商务印书馆1996年版。

曼海姆：《意识形态与乌托邦》，艾颜译，华夏出版社2001年版。

莫德尔任斯卡娅：《世界主义是奴役各国人民的帝国主义思想》，蔡华五译，商务印书馆1962年版。

摩根索：《国家间政治》，徐昕等译，中国人民公安大学出版社1990年版。

约瑟夫·奈：《美国定能领导世界吗》，何小东等译，军事译文出版社1992年版。

约瑟夫·奈：《硬权力与软权力》，门洪华译，北京大学出版社2005年版。

尼葛洛庞蒂：《数字化生存》，胡泳等译，海南出版社1997年版。

尼克松：《1999：不战而胜》，王观生等译，世界知识出版社1989年版。

曼纽尔·卡斯特：《认同的力量》，夏铸九译，社会科学文献出版社2003年版。

培根：《新工具》，许宝骙译，商务印书馆1987年版。

齐泽克：《图绘意识形态》，方杰译，南京大学出版社2002年版。

瑞泽尔：《社会的麦当劳化》，顾建光译，上海译文出版社1999年版。

萨义德：《文化与帝国主义》，李琨译，生活·读书·新知三联书店2003年版。

桑德斯：《文化冷战与中央情报局》，曹大鹏译，国际文化出版公司2002年版。

瑟罗：《资本主义的未来》，周晓钟译，中国社会科学出版社1998年版。

施密特：《全球化与道德重建》，柴方国译，社会科学文献出版社2001年版。

施沃伦：《自觉全球主义：矛盾冲突与对策》，郑文园译，社会科学文献出版社2005年版。

汤林森：《文化帝国主义》，冯建三译，上海人民出版社1999年版。

希勒：《非理性繁荣》，李心丹等译，中国人民大学出版社2008年版。

小约翰：《传播理论》，陈德明等译，中国社会科学出版社1999年版。

雅科夫列夫：《"改革新思维"与苏联之命运》，高洪山等译，吉林人民出版社1992年版。

亚历山大：《世纪末社会理论》，张旅平等译，上海人民出版社2003年版。

五、汉译论文：

阿克斯佛德：《全球化》，《国外社会学》2002年第2期。

鲍伯·杰索普：《重构国家、重新引导国家权力》，何子英译，《求是学刊》2007年第4期。

德里克：《全球主义与地域政治》，王春梅等译，《天涯》2000年第3期。

戈尔巴乔夫：《社会主义思想与革命性改革》，《真理报》，1989年11月26日。

哈贝马斯：《哈贝马斯谈全球主义、新自由主义和现代性》，沈红文摘译，《国外理论动态》2002年第1期。

哈特、奈格里：《帝国、全球化与后社会主义政治》，《读书》2004年第7期。

赫尔曼：《全球化的威胁》，黄晓源编译，《新华文摘》2000年第1期。

海塔塔：《美元化、解体和上帝》，杰姆逊、三好将夫编：《全球化的文化》，马丁译，南京大学出版社 2002 年版。

卡普尔：《全球化与文化：探索虚空》，杰姆逊编：《全球化的文化》，马丁译，南京大学出版社 2002 年版。

凯尔纳：《正统马克思主义的终结》，俞可平主编：《全球化时代的马克思主义》，中央编译出版社 1998 年。

科茨：《一位美国学者对苏联解体的分析》，《真理的追求》2000 年第 7 期。

李比雄：《多元文化世界的相互认知》，《跨文化对话》第 11 期，上海文化出版社 2003 年版。

马特萨斯：《希腊学者谈全球化向社会主义过渡》，《国外社会科学》2000 年第 3 期。

穆尔：《"全球主义"不应被"妖魔化"：博鳌亚洲论坛一言集》，新华网，2003 年 11 月 4 日。

普罗迪：《开拓一片对话的空间》，王恬译，乐黛云等主编：《跨文化对话》第 11 期，上海文化出版社 2003 年版。

苏珊·斯特兰奇（Susan Strange）：《不完全的国家》（The Defective State），《代达罗斯》（Daedalus），1995 年春季号，转引自何增科编：《全球化与国家权力》，http：//www. chinaelections. org/newsinfo. asp? newsid = 24570.

塔布：《新自由主义之后还是新自由主义?》，吕增奎译，《当代世界与社会主义》2003 年第 6 期。

斯蒂芬·D. 克拉斯奈（Stephen D. Krasner），《国家主权的命运》，白分哲编译，选自美国《外交政策》2001 年 1/2 月号。

泰勒：《文化与公共性》，汪晖、陈燕谷主编：《文化与公共性》，三联书店 1998 年版。

沃勒斯坦：《坎昆：新自由主义攻势的崩溃》，路爱国译，《评论》（美国纽约宾汉顿大学费尔南德·布罗代尔中心）2003 年第 122 号。

六、英文文献：

Anderson, P. , 2002, "Internationalism：A Breviary", *New Left Review*, Vol. 14.

Axford. B. , 1995, *The Global System：Economics, Politics and Culture*, New York：St. Martin's Press.

Beck, U. , 1992, *Risk Society：Towards A New Modernity*, London：Sage.

Beck, U. , 1999, *World Risk Society*, Cambridge：Polity Press.

Beck, U. , 2001, "The Cosmopolitan Society and Its Enemies. " In *New Horizons in Sociological Theory and Research*, (ed.) by Tomasi, L. , Aldershot：Ashgate.

Beck, U. & Bonss & C. lau, 2003, "The Theory of Reflexive Modernization：Problematic Hypotheses and Research Programme. " *In Theory, Culture & Society* Vol. 20（2）：1 ~ 33.

Carlton, E. , 1977, *Ideology and Social Order*, London：Routledge&Kegan Paul.

Giddens, A. , 1990, *The Consequences of Modernity*, California: Stanford University Press.

Giddens, A. , 1993, *New Rules of Sociological Method*, Cambridge: Polity Press.

Goldmann, K. , 1994, *The Logic of Internationalism: Coercion and Accommodation*, London: Routledge.

James. , *Internationalism and Globalisation as Contexts for International Education*, http: // www. jim. cambridge@ ibo. org.

Kinloch, G. C. , 1981, *Ideology and Contemporary Sociological Theory*, New Jersey: Prentice-Hall.

Larrain, J. , 1979, *The Concept of Ideology*, London: Hutchinson.

Larrain, J. , 1994, *Ideology and Cultural Identity: Modernity and the Third World Presence*, London: Polity Press.

Manfred B. Steger. , 2005, *Globalism: Market Ideology Meets Terrorism*, Rowman & Littlefield Publisher Inc.

Munton, D. T. Keating. , 2001, Internationalism and the Canadian Public. *Canadian Journal of Political Science*, Vol. 34.

Seliger, M. , 1977, *The Marxist Conception of Ideology: A Critical Essay*, London: Cambridge University Press.

Singer, P. , 2002, *One World: the Ethics of Globalization*, New Haven: Yale University Press.

Sovel, B. , 2002, *Internationalism: Using Technology to Connect Students and Nations*, *Computer-Using Educators*. Inc. vol. 24 (March) .

Susser, B. , 1995, *Political Ideology in the Modern World*, Massachusetts.

Taubman, W. (ed.) , 1973, *Globalism and Its Critics: the American Foreign Policy Debate of the 1960s*, Lexington: D. C. Heath and Company.

Therborn, G. , 2000, "At the Birth of Second Century Sociology: Times of Reflexivity, Space of Identity, and Nodes of Knowledge. " In *British Journal of Sociology* Vol. 51 (1): 37 ~57.

Thompson, J. B. , 1992, *Ideology and Modern Culture*, Cambridge: Policy Press.

Waters, M. , 1995, *Globalization*, London: Routledge.

后　记

　　本书的原型是我的博士学位论文。2002 年秋季，我幸运地成为中国社会科学院研究生院的一名博士研究生。在中国社会科学院浓郁的学术氛围的熏陶下，在众多师长、同学和朋友的帮助和督促下，我获得了很大的进步，并于2005 年完成了博士学业。研究生院紧张而充实的学习生活为我日后的学术研究奠定了坚实的基础，学习和生活中的点点滴滴也凝结成了一个个美好的回忆。

　　我在研究生院师从李崇富教授。李老师特别强调做人、做事和做学问的统一，并切切实实地身体力行。在耳濡目染中，我从老师那里获惠良多，受益终生。李老师对我的论文选题和写作严格要求，悉心指导，拙文的研究思路、结构布局和书写方式都凝聚着老师的心血。师母对我的学习、工作和生活也倾注了无限关怀。在此，谨向导师和师母表示深深的谢意。

　　社会学所的苏国勋老师，既是我先生的导师，也热切地关心和指导着我。我第一次见到苏老师时，他就鼓励我拓宽视野，博采众长，并在后来的接触中不断为我答疑解惑，指点迷津。马列所（现马克思主义研究院）的吴恩远老师、李延明老师、罗文东老师，给予我许多的细心点拨和建议，使拙文增色不少。北京大学的钟哲明老师、中国人民大学的许征帆老师和梁树发老师、中央党校的吴雄丞、马克思主义研究院的赵智奎老师、国防大学的姜汉斌、空军指挥学院的尚金锁老师或作为我的博士学位论文的评审老师，或作为答辩委员会成员，不仅给予拙文较高的评价，更为重要的是提出了诸多宝贵的修改意见。研究生院的栾贵川老师，一直对我和我先生关爱有加。

　　读博期间，我很荣幸地结识了潘丽娟、王建均、宁德业、钟君、孙应帅、冷兆松、马洪宝、张剑、隋成竹、李瑞琴、奉茂春等学友；而且，我先生的诸多挚友李晓华、余孝明、刘昭阳、郭宏珍等始终如兄长一样照顾着我。

获得博士学位后，几经辗转，我们终于在上海安顿下来。上海大学社会科学学院简单素朴的人际关系，领导和同事的信任和帮助，让我的工作顺利而愉快。

　　在修改本书的几年中，买房、生子、上课、科研，多项任务交错，既要呵护嗷嗷待哺的幼子，又要认真备好每一堂课。在这个过程中，我的先生肖瑛给了我莫大的帮助和鼓励，经过十多年的风雨历程，他已是我人生中难以割舍的一部分，在我的生命中投下了无数的影子，不考虑他，我甚至已很难找到自我。我的父母和公公婆婆长期以来一直默默地支持着我们的选择和学习。特别是我的公公、婆婆，过去三年来一直守在我们身边，为我们煮茶弄饭，抚养幼子，在他们本该安享天伦之乐的时候，我给他们的回报相当的少，而他们向我付出的却是十二分的多。这种不平衡的交换关系也许只有他们才乐意永远地延续下去。我的儿子肖铫马上就要三岁了。这个调皮的小子，也许和他老爸一样并不喜欢他妈妈的专业和工作，他从呱呱落地起就不断干扰本书的修改工作，但他的成长和他制造的麻烦，更让我切身体会到身为人母的责任、动力和乐趣。

　　本书是我所主持的同名国家社科基金课题（项目批准号：06CKS008）的最终成果，并获得教育部社科中心"高校社科文库"、上海大学社会科学学院的"上海大学211三期思想政治教育教学与研究平台"的资助。在此，我谨向上述单位和基金表示衷心感谢。

申小翠

2010 年国庆于上海大学